与最聪明的人共同进化

潜在 CHEERS

HERE COMES EVERYBODY

CHEERS
湛庐

复杂经济学

经济思想的新框架

COMPLEXITY
AND THE
ECONOMY

[美] 布莱恩·阿瑟 著
W. Brian Arthur

贾拥民 译

浙江科学技术出版社·杭州

你了解复杂经济学吗?

扫码激活这本书
获取你的专属福利

扫码获取全部测试题及答案，
一起用复杂经济学家的眼睛
看待全新的世界

- 在复杂经济学家眼中，经济的自然状态是：（ ）

  A. 均衡的

  B. 非均衡的

- 在复杂经济学家眼中，经济未来的可预测性，不但存在着实践上的限度，还存在着理论上的限度吗？（ ）

  A. 是

  B. 否

- 以下哪项不是复杂经济学的特征？（ ）

  A. 分散的交互作用

  B. 没有全局性的控制者

  C. 集中组织

  D. 永恒的创新

扫描左侧二维码查看本书更多测试题

复杂性科学奠基人、圣塔菲研究所元老
技术思想家

布莱恩·阿瑟
W. Brian Arthur

复杂性科学奠基人

1987年的一天，布莱恩·阿瑟正在斯坦福大学校园里走着，准备到自己的办公室去。突然，一辆自行车围着他绕了个圈儿，然后停在了他面前。骑自行车的人是诺贝尔经济学奖获得者肯尼斯·阿罗。阿罗说："9月份在圣塔菲研究所有一个学术会议，一群经济学家和一群自然科学家交流思想，你想不想去？"阿瑟立即回答："太好了！"对阿瑟来说，这样的会议太有吸引力了。

这次会议彻底改变了阿瑟的人生道路。阿瑟决定加入圣塔菲研究所，投身跨学科的复杂性科学领域。1988年，阿瑟开始主持圣塔菲的第一个研究项目："经济可被看作进化的复杂系统"（The Economy as an Evolving Complex System）。这个项目汇集了各领域最优秀的人才，包括概率论专家戴维·莱恩（David Lane）、物理学家理查德·帕尔默（Richard Palmer）和理论生物学家斯图尔特·考夫曼（Stuart Kauffman）等，真正实现了跨学科的综合研究。圣塔菲研究小组的实践，开创了跨学科研究的新模式。

由于贡献突出，他荣获了复杂性科学领域的首届"拉格朗日奖"。作为圣塔菲的元老级人物，阿瑟在科学委员会（Science Board）任职时间长达18年，在理事会（Board Of Trustees）任职10年。阿瑟是复杂性科学的重要奠基人。

"复杂经济学"创始人

阿瑟拥有加州大学伯克利分校经济学硕士学位和运筹学博士学位，37岁就成为斯坦福大学最年轻的经济学教授。

对于复杂的经济系统，阿瑟的研究思路不是将物理学方法"移植"到经济学中，或者将非线性动力学应用于经济学，而是紧紧抓住"收益递增"这一核心不放。

在斯图尔特·考夫曼和约翰·霍兰德的帮助下，阿瑟率先启动了"人工股票市场"研究项目。基于有限理性的归纳推理，这个系统成功模拟了现实股票市场时而出现的"泡沫"和"崩溃"现象。

圣塔菲研究所旁边有一个爱尔法鲁酒吧。每个周四晚上，爱尔法鲁酒吧都有爱尔兰音乐专场，有的专场往往会爆满。如果酒吧里的人不太多，待在那里就很愉快；但是如果酒吧过于拥挤，它能够给你带来的乐趣就会少很多。阿瑟猜想，在某个特定的晚上，如果每个人都预测许多人会来，那么他们就不会来，这样的结果就会否定预测；如果每一个人都预测很少有人会来，那么他们就都会来，这样的结果同样会否定预测。这就是说，理性预期在这种情况下是自我否定的，因此，能够正常发挥作用的理性预期就无法形成了。

阿瑟很好奇：人工系统中的行为主体在面对这种情况时的行为会是怎样的呢？这就是著名的"爱尔法鲁酒吧问题"。1993年，阿瑟的相关研究论文发表了。这一次，在演绎推理和归纳推理的对决中，又是归纳推理完胜。

1999年，阿瑟在《科学》杂志发表了一篇论文，把他对复杂经济系统的思考进行了系统总结，并将这种不同于传统的经济学观点称为"复杂经济学"（complexity economics），一门新的经济学科就此诞生！

复杂经济学用更具一般性的方法来研究经济，它必将取代传统经济学而稳步走向经济学中心。1990年，由于研究复杂经济学方面所取得的丰硕成果，阿瑟荣获"熊彼特奖"。

2019年，阿瑟因为在复杂经济学领域的研究贡献，获得了"引文桂冠奖"。

首屈一指的技术思想家

技术给我们带来了舒适的生活和无尽的财富，也成就了经济的繁荣。一句话，我们的世界因技术而改变。

但是，技术的本质究竟是什么？它又是怎样进化的呢？这些问题让阿瑟苦苦思索。

阿瑟发现，技术与音乐有几分相像。我们都见过作曲家谱写的乐谱，我们也认识其中的每个音符。但如果有人问什么是音乐，构成整个音乐的每个音符都来自哪里，那就是一个非常深入的哲学问题了。

阿瑟的收益递增理论认为，首先发展起来的技术往往具有占先优势，再通过规模效应降低单位成本，并利用普遍流行导致的学习效应和许多行为主体采取相同技术所产生的协调效应，致使该技术在市场上越来越流行，人们也就相信它会更流行，于是该技术就实现了自我增强的良性循环。

"收益递增规律"所导致的"正反馈机制"，会导致强者越强、弱者越弱的"路径依赖性"。计算机键盘的QWERTY布置就是一例，尽管这种布置效率并非最高，却统治了市场。

阿瑟通过深入研究得出结论：科学与经济的发展，都是由技术所驱动的，而我们通常是倒过来思考的。实际上，人类解决问题的需要，才是推动人们重新结合现有技术，进而促进新一代技术出现的动力。就像生命体一样，所有新技术都是已有技术的"组合进化"。

作者演讲洽谈，请联系
BD@cheerspublishing.com

更多相关资讯，请关注

湛庐文化微信订阅号

湛庐 CHEERS 特别制作

古典经济学是人类农业文明的结晶,新古典经济学是人类工业文明的结晶,复杂经济学是人类信息文明的结晶!布莱恩·阿瑟的《复杂经济学》,为我们了解这个正在我们身边发生,并且将主导人类经济未来发展愿景的形态,提供了一种全面、直观和深刻的启迪。

叶 航
浙江大学跨学科社会科学研究中心主任,浙江财经大学经济学院教授

越来越多的学者同意,传统经济学的思想框架和知识谱系,难以解释这个快速变化的世界。这个世界面临的既不是市场失灵的问题,也不是政府失灵的问题,而是理论失灵。在阿瑟看来,经济学思想失灵的根源,在于过去还原论、确定性思想的禁锢。作为复杂经济学思想的创立者,阿瑟在这本书中用过去30年的历史文献,详细解读了复杂思想与经济学思想相互交融的心路历程,可谓字字珠玑,篇篇经典。

段永朝
苇草智酷创始合伙人,财讯传媒首席战略官

几百年后,很有可能我们会发现,以还原论思想为指导,试图建立一套类似牛顿力学的体系,去清晰刻画超级复杂的经济系统,是一场彻头彻尾的败局!希望幸

运如你，在几百年前就读到《复杂经济学》这本书。

周 涛
电子科技大学教授

自人类进入信息时代，世界经济发生了翻天覆地的变化，新现实呼唤着更具解释力的新理论。布莱恩·阿瑟的《复杂经济学》开拓了经济学研究的新领域，而其中的"复杂性思维"对于我们理解当今所处的时代环境具有深刻的启示。

吕琳媛
电子科技大学教授

布莱恩·阿瑟改变了我们看待经济现象的方式！经济系统的复杂性，一方面是由人们千差万别的预期所导致的，另一方面，收益递增规律也决定了经济的未来进化。阿瑟用"复杂性思维"写出的这本《复杂经济学》，值得读者朋友们一读再读！

肯尼斯·阿罗
诺贝尔经济学奖获得者

布莱恩·阿瑟用他多年研究经济复杂性所写的文字，巧妙地搭建了一个经济思想的新框架，让他首创的"复杂经济学"一下子丰满起来。书中不时透出他那爱尔兰风格的幽默。阿瑟率先提出的"爱尔法鲁酒吧"问题，今天仍吸引着无数的后来者探究下去。如此有深度又好读的复杂经济学精品，真是独一无二！

约翰·霍兰德
密歇根大学计算机科学、工程学和心理学教授，"遗传算法之父"

布莱恩·阿瑟是推动经济思想改变的关键人物。《复杂经济学》把阿瑟对复杂经济的研究和他对技术本质的研究完美地结合在一起，既展示了他的创造性才华，也体现了他思维方式的组合进化。这本书为读者指明了经济学的未来发展方向。

大卫·柯南德尔
明德学院经济学教授

布莱恩·阿瑟是回报递增经济学的先锋人物。他是研究技术本质及其与经济关系的先锋。对于"复杂性"这一时髦而又难以理解的概念，《复杂经济学》给出了清晰的诠释。

马丁·舒彼克
耶鲁大学经济学教授，现代博弈论创始人

布莱恩·阿瑟关于技术本质的独到见解，会启迪所有的人，不论他们是技术的批评者、支持者，还是那些困惑不解的人。

凯文·凯利
《连线》创始主编

我们的Java，就是根据布莱恩·阿瑟的思想开发的。

埃里克·施密特
谷歌公司前董事长

推荐序一

理解"涌现秩序"

汪丁丁

北京大学国家发展研究院教授

就我所知,包括这本文集的作者阿瑟在内,研究"复杂现象"的学者们都承认,"复杂性"与"人"是最难定义的两大观念,如果坚持"内涵定义"而不是"外延定义"的话。例如,关于"人",我只能跟随黑格尔说,人的本质是精神,而精神的本质是自由。关于"复杂性"(英文"complexity"有远比"complication"更复杂的含义),我也只能说,它的本质(或"等价观念")是"涌现秩序",而"涌现"的本质是怀特海在《思维方式》里阐述的"过程"。我曾写过一篇晦涩短文《涌现秩序的表达困境》,几年前,阿瑟这本《复杂经济学》的译者贾拥民用来做他另一本译作的序言。我把那篇文章也附在文后了。

阿瑟2015年3月4日在新加坡南洋理工大学"涌现模式研讨会"(Emerging Patterns Conference)上的演讲《复杂性与西方思想的迁移》(*Complexity and the Shift in Western Thought*),或许是他为自己这本《复杂经济学》提供的最新注释。此处,西方思想的核心是"科学"。阿瑟列出西方科学的四大基石(我更喜欢称之为西方科学的"心理基础"):(1)秩序,或我更喜欢的表达,"秩序感"。(2)基于数学方程,或者,依照罗素和怀特海写作《数学原理》的初衷(将数学表达为逻辑的延伸),符合逻辑的表达。(3)可预测性,我认为这是最关键的。西方的崛起,借用赫拉利《人类简史》的概括,关键就是"知识与资本"的联姻。并且,在詹姆士《实用主义》哲学阐释之后,赫拉利正确地指出,培根"知识就是力量"的意思是,能增强人类力量的知识才是知识,而知识的真伪则是从属性的议题。从低等生命到高等生命,只要演化形成了在感觉神经元与运动神经元之间的"中介神经元"(inter-neurons)的网络,即可称为"中枢"的神经系统,行为就开始由"想象"(预测)与"行动"(实现)两个阶段组成。预测准确则行动效率高,也就是知识增强力量。(4)平衡状态或均衡状态,这是因为要预测就要观察(收集数据),而不平衡或非均衡的过程是很难观察的。

我同意张五常的判断,经济学,在社会科学诸学科中,最符合科学的上列四性质。在同一演讲中,阿瑟指出,生物学是对上列四性质的最大挑战。因为,生物系统虽然有秩序感,却是开放的系统。并且,生物学一般而言不能表达为数学方程或模型。再者,生物演化通常不可预测。最后,生物过程不是均衡状态。由于一百多年来达尔文学说取得的辉煌成就,还由于基于牛顿力学的社会科学越来越难以适应互联网时代的复杂现象,西方思想正从牛顿的机械论模式向达尔文的演化论模式迁移。阿瑟这本《复杂经济学》,旨在阐明他多年甚至毕生努力要建立的"复杂现象的经济学"基本框架。

于是,阿瑟必须寻求一种新的表达。我读《复杂经济学》这本书,还没有见到这一令人期待的新的表达。直观而言,经济学的研究方法可概括为是"从本质到现象"的,我更喜欢说是"由内及外"的研究方法。经济学家根据观察得到一组内涵定义——他希望解释的经济活动的前提条件(偏好与约束),因为内涵定义是根据事物的本质而形成的，所以经济学家能从这组定义有逻辑地演绎出可在现实中获得验证（可证伪）的命题。与这一方法或许刚好相反的研究方法，是生物学的，可概括为是"从现象到本质"的，或者用我更喜欢的语言，就是"由外及内"的研究方法。与康德不能内涵地定义"人"的本质一样，生物学家不能内涵地定义"生命"的本质，于是生物学家只能从最表层的现象开始观察并确立自己的理解——即形成他所研究的生命过程的外延定义，并根据外延定义继续收集数据，以便得到更深入的理解和更深入的外延定义，从而更接近他所研究的生命过程的本质性的理解，逐渐观察并理解更深层的现象——这是一个不能穷尽的理解过程，以至于阿瑟指出，这一理解，它自身就是涌现秩序的一部分。读者必须时刻记着，这位阿瑟就是写了《技术的本质》的阿瑟。在学术思想史的视角下，阿瑟的思路更充分地表现于他关于技术之本质的论述中——我概括为两句话：（1）在演化视角下，技术就是有生命的；（2）在静态视角下，生命就是技术。

对于涌现秩序的表达困境，阿瑟必须解决的根本问题是：如何将经济学由内及外的研究方法与生物学由外及内的研究方法整合在同一理解框架内？

附言 COMPLEXITY AND THE ECONOMY 涌现秩序的表达困境

涌现秩序（emerging orders）怎样表达，我相信，这一问题始终困扰着哈耶克，[①]也同样困扰当代研究复杂现象（包括演化社会理论）的学者，而且尤其因为意识到这一问题的深刻含义，与欧陆和英美的其他思想传统相比，哈耶克更欣赏苏格兰启蒙时期的经验主义传统。[②]

[①] Paul Lewis. Emergent properties in the work of Friedrich Hayek, *Journal of Economic Behavior and Organization* vol. 82, 2012, pp. 368-378.

[②] F. A. Hayek. Freedom, reason and tradition, *Ethics* vol. LXVIII, no. 4, 1958, pp. 229-245.

首先，根据哈耶克的描述，将"复杂现象"区分于"简单现象"的认知特征在于，微观层次的行为主体不可能预见哪怕是服从最简单规则但数量极大的行为主体之间相互作用之后涌现出来的宏观秩序的样式，尽管他们可能事后理解这些样式。① 其次，哈耶克相信，语言、人类的社会网络、每一个人脑内大量神经元的交互作用网络，这三类现象是复杂现象的经典案例。② 最后，哈耶克试图论证：（1）存在"模糊型"与"清晰型"这两种不同的人类大脑或心智结构，（2）与清晰型大脑相比，模糊型大脑更富于原创性，因为，（3）脑内的创造性过程是一种复杂现象。③

从最简单的社会网络仿真不难看到，只要存在奈特所说的"不确定性"（而不是"风险"），并且只要相互作用的行为主体数目足够大，则不论行为规则多么简单，仿真研究者都不可能预见微观行为的宏观秩序。哈耶克试图论证的，在引入哪怕是最少量的奈特所说的"不确定性"之后，更可能获得清晰论证。为什么哈耶克必须假设有数量极大的行为主体服从哪怕最简单的行为规则？数量极大，意味着不可预期的小概率事件必定发生，相当于引入了奈特所说的"不确定性"。杨格（Peyton Young）在20世纪90年代得到的一个著名结果是，在随机过程的作用下，两个具有完备理性的博弈参与者相互观察对方策略的"学习过程"可以不收敛或收敛于错误的均衡。④ 因此，对于复杂现象之发生，与奈特所说的"不确定性"的作用相比，个体理性是否完备并不很重

---

① F. A. Hayek. Rules, perception and intelligibility, *Proceedings of the British Academy* vol. XLVIII, 1963, pp. 321-344; F.A. Hayek. The theory of complex phenomena, in M. Bunge, ed., *The Critical Approach to Science and Philosophy: Essays in Honor of K.R. Popper*, 1964, pp. 332–349.

② G. R. Steele. Hayek's sensory order, *Theory and Psychology* vol. 12, no. 3, 2002, pp. 125-147.

③ F. A. Hayek. *New Studies in Philosophy, Politics, Economics and the History of Ideas*, 1978.

④ H. P. Young. The possible and the impossible in multi-agent learning, *Artificial Intelligence* vol. 171, 2007, pp. 429-433; D.P. Foster and H. P. Young. On the impossibility of predicting the behavior of rational agents, *Proceedings of the National Academy of Sciences*, vol. 98, issue 222, 2001, pp. 12848-12853.

要，或者说，理性不完备只是奈特所说的"不确定性"的另一种表达，例如，表达为"C-D gap"的有限理性。[1]

在任何理解之前，先有表达。[2]怀特海的意思是，凡重要的，总要表达。面部表情、手势、声音、语言、文字、行动、情绪、群体行动和政治、战争和契约，凡有所表达的，都有重要性。绝大部分感受，不能获得而且可能永远不能表达。[3]许多被意识到的表达可称为"presentation"（呈现）或"representation"（再呈现）。虽然还有许多呈现或再呈现的重要性，从未被我们意识到。要概括无数具体的表达，荣格尤其重视"符号"，[4]他相信符号能够涵盖全部文化及其意义。关键是，人类或许永远只能理解符号的一部分含义，[5]而由符号激发的精神过程的绝大部分是无意识的——个体无意识和集体无意识。[6]脑科学进展到拉尔夫·阿道夫斯（Ralph Adolphs）提出"社会脑"概念以来，[7]符号互动论与社会交往理论获得了脑科学术语的表达。符号的含义在社会交往中呈现于具体情境，孔子解仁，只在《论语》描述的那些具体情境之内阐释这一符号的含义。完全脱离情境的符号，蜕变为"指号"（signs）。可以认为，符号是历史性的，而指号是逻辑性的。也因此，符号含义是不可穷尽的。于是，符号含义在历史过程中的呈现，与社会交往和人类的实践活动，有了密切联系，它们一起构成海勒女士阐释的"文化创造"

---

[1] Ronald Heiner. The origin of predictable behavior, *American Economic Review*, 1983, 1985.
[2] Alfred North Whitehead. *Modes of Thought*, Lecture Two "expression".
[3] Gerald Edelman. *Second Nature: Brain Science and Human Knowledge*, 2006.
[4] Carl Jung. *Man and His Symbols*, 1960.
[5] Roy Wagner. *Symbols that Stands for themselves*, 1986.
[6] *The Collected Works of Carl Jung Vol. IX: The Archetypes and the Collective Unconscious*, Second Edition.
[7] Ralph Adolphs. The social brain: the neural basis of social knowledge, *Annual Review of Psychology* Vol. 60, 2009, pp. 693-716; Tania Singer. The past, present and future of social neuroscience, *NeuroImage* Vol. 61, 2012, pp. 437-449.

过程。[1]

涌现秩序是历史过程，因为这些秩序只能通过"历史"（一系列的事件）呈现自身。斯密恪守"有限理性"原则，他从未将他对具体情境的政治经济分析扩展为一般原则，他始终对"体系之危险"（the danger of system）保持警惕。事实上，斯密的这一态度是苏格兰启蒙时期经验主义传统的心理特质。就斯密而言，这是一种源于斯多葛学派的身心修养。或许受到波兰尼的影响，[2] 哈耶克对斯密的经验主义态度有一种远比同时代人更深切的理解。根据哈耶克的（或他尚未清晰表述的）理解，涌现秩序几乎是不能表达的，至少不能用统计方法来表达。(参阅《哈耶克文选》冯克利中译本"复杂现象论"这一章第4节的"统计学在处理模式复杂性上的不当"）。如果一颗清晰的头脑试图将某一新观念的全部内涵逻辑地表达到排除了任何隐秘知识的程度，那么，这一新观念的"新意"就将完全消失。因此，哈耶克相信，与创新过程相适应的是模糊型头脑。

---

[1] Agnes Heller, *The Three Logics of Modernity and the Double Bind of the Modern Imagination*, 2000.
[2] Michael Polanyi. *The Tacit Dimension*, 1966.

了不起的阿瑟

张翼成

欧洲科学院院士，瑞士大数据与网络科学中心主任
新经济体系的奠基之作《重塑》作者

很高兴看到布莱恩·阿瑟的大作《复杂经济学》和《技术的本质》由湛庐介绍给中国读者。阿瑟是复杂科学圣地圣塔菲研究所的创始人之一，与其他批评主流经济学的经济学家不同的是，他曾在主流经济学领域获得过很高的地位与成就。比如，他三十出头就被聘为斯坦福大学的终身教授了，而且他关于经济发展路径依赖的研究成果对当代的主流经济学有非常大的影响。最著名的诺贝尔奖获得者之一肯尼斯·阿罗（Kenneth Arrow）就曾经发表文章为阿瑟鸣不平：保罗·克鲁格曼（Paul Krugman）获奖理论的提出时间其实比阿瑟晚一年以上，有抄袭之嫌，但是阿瑟加入了反主流阵营，所以与诺贝尔奖失之交臂。好了，不扯远了，哪个圈子没有"内幕"呢？

我在二十几年前应邀去圣塔菲短住，最令我难忘的就是住在阿瑟最爱的爱尔法鲁酒吧（一年后发生火灾，现在重建了）的后面，再一个就是结识了几位重量级学者，当时谈得最惬意的就是阿瑟。他当时介绍了他与那个酒吧同名的新作。该工作的新思路让我茅塞顿开，从此与经济现象结下了不解之缘。我回到瑞士一个月之后，正好有个新报名的博士生达米安·沙莱（Damien Challet）要开题。我就说，咱们物理人应该把阿瑟的思想换个形式实现，两个月后我们就发表了《少数者博弈论》。没想到该文发表以后，数以百计的物理人也发现经济现象太诱人了，然后就有了经济物理这个新领域。换句话说，如果没有当年阿瑟的启蒙，经济物理等领域会像今天这样吗？

这两本书是阿瑟对他一生工作的总结，与其说是总结，倒不如说是反思。他清楚地认识到人们对经济社会现象的认知是很有限的，这一点他与托马斯·库恩一致。阿瑟以此为出发点分析经济现象，尤其是企业如何创新。他与主流经济学的最大区别是，他认为信息极不完备，而且不可能存在平衡态。受他的启发，我们也在湛庐出版了《重塑》这本书。与阿瑟不同的是，我们仅仅关注消费市场，没有在更大的范围内探讨信息经济的意义，但我们的底层哲理是一脉相承的。

相信阿瑟的《复杂经济学》和《技术的本质》会惠及国内各行各业的读者大众，在对主流经济学摧枯拉朽的批判中，在建立一个大的新理论框架过程中，这两本书是不可多得的指路明灯。

布莱恩·阿瑟访谈录

> 经济学领域正经历着100多年来最为深刻的变化。
>
> 埃里克·拜因霍克
>
> 经济学的新古典主义时代已经结束,取而代之的是复杂性时代。
>
> 理查德·霍尔特、小巴克利·罗塞尔和戴维·科兰德

问:经济学领域究竟发生了什么?

答:经济学正在发生重大变化。在过去的二三十年里,经济学家们认为,他们的标准方法,即新古典经济学,已经严重脱离了现实。新古典经济学假设人们是超理性的,在一个静态的、均衡的世界中进行决策。然而,经济学已经发生了分化,许多经济学家着手寻找更加现实的假设。因此,我们看到了行为经济学、收益递增经济学、进化博弈论的出现。复杂经济学也是如此。

问：那么，什么是复杂经济学呢？

答：复杂经济学是看待经济的一种完全不同的方式。复杂性其实是席卷了所有学科的一场运动，而不仅仅是一个研究课题。复杂系统是指组成系统的多个元素，要适应或响应这些元素自己创造的模式。复杂系统中的元素可以指元胞自动机中的元胞，或指交通系统中的汽车，前者会对相邻单元的状态做出反应，后者会对它前面或后面的汽车做出反应。当然，"元素"及它们所响应的"模式"在不同的情境下各不相同。但是无论如何，元素必须适应它们共同创造的世界，即总体模式。在这里，时间通过调整和变化自然而然地进入了系统：随着元素做出的反应，总量发生变化；而随着总量的变化，各种元素又重新做出反应。

经济中自然会出现复杂系统。经济行为主体，不管是银行、消费者、企业，还是投资者，都会不断调整自己的市场行动、购买决策、价格，并做出预测，以便适应所有这些市场行动（或决策、或价格、或预测）所共同创造的市场形势。所以，复杂经济学是看待经济的一种非常自然的方式，从某种意义上说，它已经存在200多年了。复杂经济学实际上是一种关于正在涌现的事物的经济学，它关注模式形成、结构变化、创新，以及永远的创造性毁灭的后果。

问：复杂性观点是否有逻辑基础？

答：当然有。正如我所指出的，经济中的参与者要不断地调整他们的市场决策、策略和预测，以适应这些行动（或决策、或策略、或预测）共同创造的市场形势。在这种情况下，理论经济学家很自然地就会去研究经济行为主体所创造的模式的展开。但是这显然是复杂的。因此，为了得到解析解，历史上的经济学选择了简化问题的道路。它反过来问了这样一个问题：什么样的行为导致了这样一种结果或模式，该结果或模式又导致了没有任何经济行为主体愿意去改变这种行为。换句话说，历史上的经济学提出的问题是，经济中的何种模式看上去是处于均衡状态的，即与创造它们的微观行为（或行动、或策略、或预期）是一致的。因此，一般均衡理论问的是：生产和消费的商品，在什么价格和什么数量上是与所在经济体的各个市场的价格和数量的整体模式相一致的，不会产生改变的激励？经典博弈论问的是：在给定对手可能选择的策略、行动或分配的前提下，什么样的策略、行动或分配是一致的，即对于一个行为主体来说，在何种标准下是最好的反应？这也算得上是研究经济学的一种比较自然的方法，却是"收益递减"的。

因此，很自然地，我们试图超越这种均衡方法，追问这样一个问题：经济行为主体的行为是如何不仅仅限于与它所创造的总体模式相一致的？或者，这个问题就是，经济行为主体的行动、策略或预期通常是如何对它们所创造的模式做出反应的，而且还可能内生地随它们创造的模式的变化而变化？换句话说，我们很自然地要问，当经济不处于稳态时，即不处于均衡状态时，经济是如何运行的。这就是复杂经济学。在这个更一般的层面上，我们也许可以推测，经济运行的模式可能会在足够长的时间后稳定下来，收敛到一个简单的、均质的均衡状态。但也可能是这样：它们表现出不断变化的、永远新奇的行为模式。它们可能会呈现出稳定状态下不会出现的新现象。

问：那么，是不是可以说复杂经济学和非均衡经济学密切相关呢？

答：是的。它们密切相关。事实上，我有时宁愿选择非均衡经济学这个术语。"复杂经济学"这个术语，是我在1999年为《科学》杂志撰写的一篇关于"复杂经济学"的文章中创造的。当时编辑要求我为这种新的经济学方法命名，所以我称之为"复杂经济学"。我稍微有点后悔。"非均衡"强调中断和破坏，这源于经济行为主体为了适应不断变化的情况而不断进行的调整；"复杂"则强调经济行为主体对其他经济行为主体所导致的变化的反应。这两个概念密切相关。

问：复杂性与不确定性也是密切相关的，是不是？

答：是的。在复杂性方法中，你不能假定经济行为主体面临的所有问题都是确定的。这是因为，经济行为主体根本不知道其他经济行为主体可能会如何做出反应。他们不知道别人怎么看待同样的问题。因此，这是真正奈特（Knight）意义上的不确定性。这种不确定性意味着，经济行为主体需要"认知地"构建他们的问题，即必须"理解"问题，才能解决问题。所以这就将我们带入了认知经济学和行为经济学的世界。

问：你是怎么进入这个领域的？

答：在整个20世纪80年代，我一直在努力研究收益递增经济学。现在，收益递增经济学是复杂经济学的一个分支。当时我在斯坦福大学工作。1987年，肯尼斯·阿罗邀请我去圣塔菲研究所参加一个会议。当时，圣塔菲研究所才刚刚起步。一年后，我又回到圣塔菲研究所，领导一个名为"作为一个不断进化的复杂系统的经济"的研究项目。这其实就是圣塔菲研究所的第一个正式的研究项目。我们开始追问这样一个问题：经济失衡时会是什么样子？在这个研究项目中，我有一些非常优秀的同事：概率理论家戴维·莱恩（David Lane），物理学家理查德·帕尔默（Richard Palmer），理论生物学家斯图尔特·考夫曼（Stuart Kauffman），计算机科学家约翰·霍兰德（John Holland）。弗兰克·哈恩（Frank Hahn）、肯尼斯·阿罗（Kenneth Arrow）和汤姆·萨金特（Tom Sargent）则是访问研究员。从这个研究项目开始，复杂经济学成长了起来。当然，当时还有其他一些人也是这种新的经济学方法的建设者，在这里我想特别提一下以下学者的名字：彼得·艾伦（Peter Allen）、罗伯特·阿克斯特尔（Robert Axtell）、埃里克·拜因霍克（Eric Beinhocker）、乔希·爱泼斯坦（Josh Epstein）、多因·法默（Doyne Farmer）、阿兰·基尔曼（Alan Kirman）和李·特斯法齐（Leigh Tesfatsion）。现在，这种经济学研究进路已经蓬勃发展起来了，涌现了许多非常活跃的年轻学者。这一切都要追溯到圣塔菲研究所最早在这个领域做出的持续努力，而且很多方法也是在圣塔菲研究所最先出现的。

问：这种强调非均衡性和复杂性的观点，在经济学中是否已经有一段悠久的历史了？

答：在经济学中,这种思路其实已经有很长的历史了。我们正在探索的许多主题，如创新、中断、颠覆、在真正意义上的不确定性情况下的决策等，在熊彼特、凡勃伦、哈耶克、沙克尔，以及许多其他经济学家那里，都曾经被研究过。它们并不是经济学中的新问题。所不同的只不过是，我们现在可以更加严格地对这些主题进行研究。我们拥有了更多、更强大的工具，包括更复杂的概率理论，我们还可以在严格的控制下进行计算机实验。

问：你曾经谈到过，在经济学领域有两个非常重大的问题。它们是哪两个？

答：第一个问题是经济内部的配置（allocation）问题。在市场内部和不同市场之间，商品和服务的数量及它们的价格是如何决定的？对这个问题的回答，可以由一般均衡理论、国际贸易理论和博弈论等伟大理论来代表。第二个问题是经济内部的形成（formation）问题。经济最初是怎么出现的，又是怎么随着时间的推移成长起来并发生结构性的变化的？关于这个问题的回答，体现在关于创新、经济发展、结构变化，以及历史、制度和治理在经济中的作用等方面的思想上。配置问题现在已经被理解得比较充分，而且也已经高度数学化了。但是对于形成问题，经济学界现在的理解还很少，也几乎没有数学化。复杂经济学要研究的正是经济中结构的形成，因此它对形成问题和配置问题同样关注。

问：这是不是争议的焦点？

答：不，不再是了。复杂经济学是均衡经济学向非均衡情况下自然的延伸。而且由于非均衡包含了均衡，所以复杂经济学是经济学的扩展或一般化。这已经不再有争议了。复杂经济学的出现是不可避免的。这只是很多未来要完成的工作的开始。

问：如果复杂经济学真的像你说的那么重要，那么为什么我们在大学经济学系看不到复杂经济学呢？

答：不是的。其实我们已经看到不少了。但是，任何学科的改变，都需要一代人或更多时间才能完成。罗伯特·阿克斯特尔很喜欢举的一个例子是，博弈论花了四五十年的时间才算完全进入主流经济学殿堂。早在20世纪60年代就已经出现的行为经济学，也是到现在才刚刚开始登堂入室。从这个角度来看，复杂经济学仍有二三十年的时间才会进入主流。当然，对于我们这些研究者来说，也不是没有补偿，因为在一个全新的领域从事研究工作是最有趣的。我认为复杂经济学才刚刚起步。

问：你刚才说复杂经济学是不可避免的，为什么这么说？

答：因为这不是一个喜不喜欢的问题。所有的学科都在经历重大转型，从将世界视为高度有序的、机械的、可预见的、在某种程度上静态的，转变为将世界视为不断进化的、有机的、不可预测的、处于永远发展中的。物理学、化学、数学、地质学等都是这样，经济学也不例外。虽然现在经济学相比其他学科稍微有点落在后面了，但是它终究是要追随时代精神的。

问：那么，复杂经济学是不是有什么"杀手级应用"，即没有它就不能做的事情？

答：有关复杂经济学的"杀手级应用"，我能想到的有两个。一个是我在20世纪80年代发展起来的收益递增经济学。它阐明了网络效应是如何导致"锁定"，或者说市场被一个或少数几个参与者统治的。这种工作是不能通过均衡经济学来完成的,因为这本身就不是一个均衡现象。现在,硅谷已经完全接受了这个理论,并根据它来运行了。

另一个"杀手级应用"是资产定价。复杂经济学从不假设存在一个(理性预期)均衡,也不打算去找到这样一个均衡。它假定,投资者并不知道市场是怎么运行的,必须自己去学会怎么做才是有效的,而这种学习本身就会改变市场。我们的实验结果重现了实际市场中出现的现象:技术交易(利用过去的价格模式来预测股票趋势,以获取利润)、价格和成交量高度相关、高波动性阶段和低波动性阶段交替出现(GARCH 行为),等等。我们的理论解释了现实世界中的金融现象。

推荐序一　**理解"涌现秩序"**

汪丁丁
北京大学国家发展研究院教授

推荐序二　**了不起的阿瑟**

张翼成
欧洲科学院院士，瑞士大数据与网络科学中心主任
新经济体系的奠基之作《重塑》作者

中文版序　**布莱恩·阿瑟访谈录**

引　言　**复杂性思维造就复杂经济学**　　　／001

　　在过去几十年里，完全理性、均衡、收益递减、独立的行为主体等关键假设，引起了很多经济学家的质疑。人们迫切需要全新的经济学观点，以应对非均衡、充满不确定性的经济世界。1999 年，基于在圣塔菲研究所成长起来的"复杂性思维"，布莱恩·阿瑟首次提出"复杂经济学"这个概念。

○ 结缘圣塔菲研究所　／006
○ "人工股票市场"项目　／012
○ "爱尔法鲁酒吧"问题　／016
○ 技术是如何进化的　／016
○ 复杂经济学的诞生　／022

01　什么是复杂经济学
经济思想的新框架　　／027

　　复杂经济学以一种不同的方式来思考经济，它将经济视作不断进行自我"计算"、不断自我创建和自我更新的动态系统。它强调偶然性、不确定性、意义构建和"一切变化皆有可能",是一门以预测、反应、创新和替代为基础的"动词"学科。复杂经济学正在取代新古典经济学而稳步走向经济学的中心。

○ 经济与复杂性 / 031
○ 内生的非均衡 / 034
○ 建立非均衡状态下的理论 / 038
○ 三种典型的非均衡现象 / 044
○ 正反馈 / 051
○ 经济的形成 / 053
○ 泡沫和崩溃是市场的基本趋势 / 059
○ 一门基于"动词"的科学 / 063

02 "爱尔法鲁酒吧"问题
归纳推理和有限理性 / 067

"爱尔法鲁酒吧"问题是个很有意思的决策问题。"很多人会去"的预期会导致几乎没人去,而"不会有人去"的预期则会导致许多人去。为什么理性预期会导致自我否定?现代心理学家认为,在复杂的或不确定的情况下,演绎推理会显得"力不从心",这时人们主要依靠归纳推理进行决策。

○ 归纳思维 / 071
○ 60 人!归纳推理揭开的谜底 / 075
○ 归纳推理的多彩世界 / 080

03 圣塔菲人工股票市场
内生预期的资产定价 / 083

资产定价理论认为:行为主体是完全异质的,他们的预期需要不断适应市场,而市场本身则是他们的预期共同创造的。实验表明,在归纳预期的股票市场上,市场行为显著地偏离了理性预期均衡,真实股票市场上的泡沫和崩盘等特征也都一一出现。

○ 市场是理性的吗 / 086

○ 为什么归纳推理是有效的 / 091
○ 归纳预期的市场 / 096
○ 两种市场体制的涌现 / 102
○ 是普遍规律，还是人为假象 / 113
○ 金融市场是个复杂系统 / 116

04 收益递增和路径依赖
技术竞争、正反馈及历史事件导致的锁定 / 119

复杂技术被采用后，往往表现出收益递增的特性。技术被采用得越多，获得的经验就越多，技术被改进得也就越多。当多种收益递增的技术为获得由采用者组成的市场而"相互竞争"时，某些看似微不足道的偶然事件可能变得相当重要，导致经济最终可能被"锁定"到某些不可预测的、较差的结果上。

○ 简单模型：仅存在两种技术 / 123
○ 一般框架：考虑随机性小事件 / 134
○ 收益体制与路径锁定 / 138
○ 动态收益递增会导致糟糕的"锁定" / 140

05 经济中的过程与涌现
"复杂性视角"下的经济系统 / 141

复杂经济的显著特征告诉我们：传统经济学所使用的数学方法将面临极大挑战。把复杂性科学引入经济领域，将带来三个重大影响。所谓的"共同知识"，只能是通过具体的互动过程来获得经验，却无法用演绎推理方法获得。由行为主体之间重复互动模式所定义的网络结构，正成为新的研究热点。

○ 复杂经济的六大特征 / 146
○ "复杂性视角"带来的三大影响 / 148
○ 三个新热点 / 151

06 再好的经济和社会系统也会被"玩弄"
"压力测试"是防范操控行为的良方 / 163

再好的经济系统,也可能存在被他人利用的漏洞。我们可以借鉴工程上的失败模式分析法,对政策设计进行"压力测试",模型中无须加入任何"剥削"元素。行为主体在做策略选择时,会发现某些行动特别有效,这时"剥削"行为就显露了身影。通过计算机的自动预警,我们就能采取相应的防范措施。

○ "剥削"的4种类型 / 168
○ "压力测试"的作用 / 174
○ 用"涌现"发现新行为 / 178
○ 自动预警 / 183
○ 补上"失败模式反思"这一课 / 185

07 技术究竟是如何进化的
在实验室中观察到的组合进化 / 187

技术的进化机制,就是创造新的组合并选择那些有效的组合。所有技术都是从已经存在的技术中被创造出来的。复杂技术是涌现出来的!不过,这是通过先创造简单的、作为构件的技术来实现的。正如我们所预料的那样,只有少数技术被证明是创造"子孙后代"技术的关键构件。

○ 电路设计的进化 / 193
○ 新技术的涌现 / 196
○ 技术的扩展 / 199
○ 创造性毁灭的风潮 / 203
○ 复杂技术是涌现出来的 / 205

08 技术进化所引发的经济进化
经济是从它的技术中涌现出来的 / 207

众多的技术集合在一起,创造了一种我们称之为"经济"的东西。经济从它的技术中浮现,不断地从它的技术中创造自己,并决定哪种新技术将会进入其中。每一个以新技术形式体现的解决方案,都会带来新的问题，这些问题又迫切需要进一步得到解决。经济是技术的一种表达，并随这些技术的进化而进化。

○ 经济就是技术的一种表达 ／210
○ 结构性变化 ／213
○ 解决方案带来的新问题 ／218

09 复杂性的进化
是越来越复杂，还是随时可能坍塌 ／223

我们经常认为，随时间进化的系统，一般都会变得越来越复杂。实际上却并非如此。复杂性随系统进化而增加的机制有三种：协同进化多样性的增加、结构深化和捕获软件。在这三种机制下，复杂性的增加都是间断性的和世代性的。由于前两种机制是可逆的，因此复杂性也可能随时坍塌。

○ 机制1：协同进化多样性的增加 ／227
○ 机制2：结构深化 ／232
○ 机制3：捕获软件 ／237
○ 复杂性的坍塌 ／242

10 认知科学
打开经济学黑箱的金钥匙 ／245

当人类行为主体面对复杂的或不确定性的决策问题时，他们在推理时所运用的不是演绎理性。那么，他们用的是什么呢？认知科学告诉我们，在这种情况下，我们会"联想地"进行思考：我们从经验中找到类似的情境，并用这些情境去拟合我们所面对的问题，然后从中得到一些启示。

○ 心智是什么 ／250
○ 心智是快速的模式完成器 ／254
○ 认知过程建模 ／257
○ 理论很重要，经验也很重要 ／260
○ 认知真的有那么重要吗 ／265

5

11 确定性的终结
不确定性是经济世界的主旋律 / 267

很多年来，确定论和理性主义思想主导了理论经济学，这让许多经济学家深感不安。如果我们以完美的演绎推理预期采取行动，那么我们的预期就创造了正在试图预测的世界。但如果没有关于他人的预期的知识，任何一个行为主体的预期，从逻辑上看就不可能形成。实际上，经济中存在着根本的不确定性。

- 经济是确定的吗 / 270
- "起飞时段选择"的困惑 / 273
- "资产定价"的困惑 / 276
- 现实世界是这样的 / 281

结语 复杂的经济需要复杂经济学 / 287

在经济系统中，人类行为主体能够通过思考自己将要采取的行为可能带来怎样的结果，对自己的策略和预测进行调整，因此，完美的演绎推理就失效了。源于收益递增的正反馈是经济系统的重要特征。复杂经济学不是标准经济学理论的附属物，而是一个更一般的、超越了均衡观念的理论。

- 复杂经济学是一种超越均衡的经济理论 / 290
- 一只"轻推的手" / 291
- "归纳理性"的胜利 / 293
- 经济世界怎能少了"泡沫"和"崩溃" / 295
- 经济是依赖于过程的、有机的和永远进化的 / 296

附录 未来的经济学原则 / 299

注 释 / 303

参考文献 / 317

译者后记 / 343

COMPLEXITY AND THE ECONOMY

引 言

复杂性思维造就复杂经济学

在过去几十年里,完全理性、均衡、收益递减、独立的行为主体等关键假设,引起了很多经济学家的质疑。人们迫切需要全新的经济学观点,以应对非均衡、充满不确定性的经济世界。1999 年,基于在圣塔菲研究所成长起来的"复杂性思维",布莱恩·阿瑟首次提出"复杂经济学"这个概念。

引言
复杂性思维造就复杂经济学

任何一个学科都可能会进入这样一种"动荡期":原先曾经被认定是理所当然的许多理论,似乎都不再那么可靠了;从事这个学科的人则公开探讨什么东西可以替代它们。经济学现在就处在"动荡期"中。一部分原因是发生于2008年的金融危机,但是对经济学传统理论的反思则在很早之前就已经开始了。过去30年,乃至更长的一个时期里,经济学家圈子内有一种氛围一直在非常缓慢地潜滋暗长:完全理性、均衡、收益递减,以及永远只需面对有明确定义的问题的独立行为主体等关键假设,至少在某种程度上是不可信的、限制性太强的,或者说在一定意义上是迫不得已的。经济学家现在讨论得更多的是,行为理性、非均衡、收益递增,以及相互联系着的行为主体,他们决策时面对的是包含着根本的不确定性的问题。因此,除了标准的新古典主义的进路之外,经济学家还开辟了许多其他进路。

其中一个进路就是"复杂经济学"(complexity economics)。我本人一直是这个领域的积极参与者。现在,我认为将自己以往撰写的文章归拢到一起,出版一本文集的时机已经成熟了。这本文集中的各篇文章都以经济与复杂性问题

> 复杂经济学（Complexity Economics）是一门超越了均衡层面的经济学理论，认为经济不是确定的、可预测的、机械的，而是依赖于过程的、有机的、永远在进化的。

为核心，这些文章的写作时间跨度很大，早的可以追溯到20世纪80年代中期，晚的则止于当下此刻。这本文集的思想，与我以前出版的另一本讨论经济中的收益递增和路径依赖问题的文集，一脉相承。[1]

当然，所有这些"新"思想都不可能真的是"全新"的。在多年以前，甚至一个多世纪以前，许多经济学家就已经独立地以各种不同形式提出过了。但是对于这类洞见，以往一直缺乏处理它们的手段，如世界是不完美的，世界不是一架机器，整个世界无法被还原为一些只与实体的数量或"水平"的变化有关的简单方程式。不仅所需的技术还不成熟，而且所需的心态或心智结构也未具备。另外，也不存在一个以这些新思想为基础的、内在一致的经济学框架。

不过，在刚刚过去的几十年里，这种情况已经完全改变了。拼图的缺失部分已经逐渐填补上了，处理新的假设所需要的各种技术也慢慢发展成熟了。这些技术包括非线性动力学、非线性随机过程、基于主体的计算以及更一般的计算理论等。而且，人们的心态也变了。现在，在科学界，包括经济学界，研究者普遍认为，我们面对的世界不是一个完全有序的、原则上可以还原为几个数学方程式的系统；相反，在很大程度上它是有机的和算法式的，即它是在原来就已经建立起来的系统基础上进化的，而且还是逐步进化的。由于这种种原因，经济学内慢慢地出现了一种基于上述更加现实的假设的研究进路。一个新的经济学框架正在形成。

本书反映了我对这个新框架的发展做出的贡献。总的来说，这些文章的核心思想可以归结为：经济不一定处于均衡状态。在这个系统中，行为主体会不断地改变自己的行动和策略，作为对他们共同创造出来的结果做出的回应。这也就是说，在这个系统中，

> **复杂性（Complexity）** 是混沌性的局部与整体之间的非线性形式，由于局部与整体之间的非线性关系，我们不能通过局部来认识整体。

行为主体会不断地创造出一个"生态"来，而这个生态恰恰是他们自己必须与之相适应的。当然，这个观点的源头可以追溯到在20世纪70年代出现的所谓的"复杂性思维"（complexity thinking）。"复杂性思维"的成型，归功于布鲁塞尔、斯图加特和安娜堡的几个研究小组的工作，不过它最初的源头则来自斯坦福大学和麻省理工学院等大学的一些独立的研究者。不过，就经济学中的"复杂性思维"而言，却主要是在圣塔菲研究所（Santa Fe Institute）成长起来的。在20世纪80年代后期，圣塔菲研究所刚刚诞生，那里的一个研究小组就已经开始系统性地把经济视为一个不断发展的复杂系统来进行研究了。这个研究小组成立后的前两年，我本人领导了它的工作，而且自那之后一直与它保持着密切的联系。本书收录的文章表明了这些思想是如何发展起来并最终导致一门崭新经济学形成的。

本书中的各篇文章并不是一个"计划好的"研究过程的结果。它们是在一个很长的时期内断断续续写成的，而且受到了我的同事和圣塔菲研究所的一般思考方法的很大影响。其中有几篇文章曾经在著名的学术期刊发表过，其他一些文章则没有什么值得炫耀的"出身"。这些文章中有一部分是在圣塔菲研究所写的，其余文章则是在斯坦福大学写的。这些文章体现了我在写作时的思想，但是无法揭示这些思想为什么会产生以及它们是如何产生的。因此，为了帮助读者更好地理解它们，我先简要地叙述一下当初导致它们出现的背景和情境。

结缘圣塔菲研究所

我在本书中阐述的绝大多数思想都始于一个事件。

那是在1987年4月的一天，我正在斯坦福大学校园里走着，准备到自己的办公室去，突然，一个人骑着自行车围着我绕了个圈子，然后停在了我面前。那是肯尼斯·阿罗（Kenneth Arrow），他跨在自行车上，头上还戴着一个头盔。阿罗告诉我，9月份将会召开一个学术会议，让一群理论经济学家与一群自然科学家交流思想；与会的经济学家由他来确定，物理学家则由菲利普·安德森（Philip Anderson）来确定。会议将在圣塔菲研究所举行，那是位于落基山脚下的一个刚刚启动的小型研究所。他问我想不想去参加，我立即回答："没问题！"尽管我还不知道自己在会议上要讲些什么，但是这个想法听上去就非常吸引人了。

几个月之后，会议如期在圣塔菲研究所举行。我发现，这是一个真正意义上的"重量级"会议，远远超出了我自己的想象。在与会的10位经济学家中，阿罗确定的人选包括了拉里·萨默斯（Larry Summers）、汤姆·萨金特（Tom Sargent）、何塞·沙因克曼（Jose Sheinkman）和威廉·布兹·布罗克（William Buz Brock）。而菲利普·安德森选择的10位科学家（物理学家）中，则包括了约翰·霍兰德（John Holland）[①]、戴维·吕埃尔（David Ruelle）、斯图尔特·考夫曼（Stuart Kauffman）和戴维·派因斯（David Pines）。这次会议是在圣塔菲研究所租来的一所修道院的小教堂中举行的，环境清雅静谧，会议的日程安排也非常宽松。每天上午，先由一位与会者发言，然后大家讨论；到下午，再由另一位与会者发言，然后大家一起讨论。所有这些学者，不仅要学习对方学科中解决问题的方法，还要搞明白对方学科是如何提出问题的，而且还有必要了

[①] 约翰·霍兰德所著的经典之作《涌现》（*Emergence*）中文简体字版已由湛庐引进、浙江教育出版社于2022年4月出版。——编者注

解对方学科在考虑问题时的思维方式。许多问题，在经济学界通常不会有人提起，但是在这里都被物理学家们正儿八经地提出了：你们这群经济学家为什么要坚持完全理性？你们为什么要给出这么强的线性假设？当然，经济学家们也问物理学家：一个系统，例如自旋玻璃，明明还没有达到稳定状态，你们为什么就说问题已经"解决了"？共识是，在经济学和物理学中，都需要讨论混沌理论和非线性动力学，同时这两个学科都要对正反馈和相互作用进行建模。白天的会议结束后，与会者晚上还要继续讨论，不过不是集中到一起，而是两三人一组，互相交流想法和探讨问题。

这个会议是高强度的，既令人精神振奋，同时也令人疲惫不堪。当10天的会议终于宣告结束时，与会者并没有得到任何明确的答案，但成果还是有的。在物理学家一方，他们理解了经济的极端复杂性：经济世界中的元素，即人，与物理世界中的元素，即"格子中的离子"不一样，因为人这种"元素"在决定下一步做什么的时候，不仅要依据自己和其他"元素"的当前状态，同时还要依据他们对这些"其他元素"，在给定他们自己可能做什么的条件下，可能会做什么样的推测。而在经济学家一方，也对现代物理学有了全新的真切感受：现代物理学强调相互作用和非线性；物理系统不但可以存在多个可能的最终状态，而且缺乏可预测性。这也就是说，经济学家也理解了物理学的复杂性。

会议结束后，我听到了一个消息：圣塔菲研究所接下来要有大动作。研究所的决策机构，即新成立的科学委员会决定，一旦会议收尾工作完成，就立即启动一个长期的研究计划，名为"经济可看作是进化的复杂系统"。他们邀请约翰·霍兰德和我明年来圣塔

> **复杂系统**（Complex System） 是由大量组分组成的网络，不存在中央控制，通过简单运作规则产生出复杂的集体行为和复杂的信息处理，并通过学习和进化产生适应性。

菲研究所主持这个研究项目。我在斯坦福大学刚好可以休一个年假，因此立即接受了；但是约翰却难以从密歇根大学脱身，因此只好婉拒。这样一来，就只能由我一个人来主持圣塔菲研究所的第一个研究计划了。该计划将从1988年8月正式开始执行。

回到斯坦福大学后，我的当务之急是，为这个新研究项目找到一批一流学者，组成一个高效的团队，并确定它的研究方向。我在这次会议中结识的一些学者可以参加这个研究计划。约翰·霍兰德答应来工作几个月，物理学家理查德·帕尔默也将会参与进来，而且他的时间还更充裕一些。斯图尔特·考夫曼则愿意长住在圣塔菲研究所。然后，我又从我自己的社交网络中寻找合适的人选。我邀请了戴维·莱恩和尤里·埃尔莫利耶夫（Yuri Ermoliev），他们两人都是出色的概率理论家。阿罗和安德森帮了我大忙。有几个人，我费尽唇舌也无法说服他们加入，而身为诺贝尔奖得主的阿罗和安德森却只要打一个电话，他们就马上兴冲冲地过来了。至于研究方向，我一时之间还难以确定。一开始，物理学家默里·盖尔曼（Murray Gell-Mann）提出了一个建议：我们应该发布一份关于"构建一个全然不同的经济学"的宣言。但是，我对此还没有足够的信心；事实上，我这时还不能肯定我们究竟要设置哪些研究主题。虽然我已经在经济与复杂性这个方向上做了相当多的工作，但是现在可以供我们选择的主题范围更加广泛了。从这次会议来看，许多人倾向于把混沌理论作为一个核心主题，但是对我来说，这种想法没有什么吸引力。大体上，我认为我们更应该关注收益递增的问题，这是我更加熟悉的领域。相反，对于将物理学方法"移植"到经济学中来，和将非线性动力学应用于经济学研究的思路，我不是很感兴趣。但是，我们也许能够研究经济学中的计算这个有意思的课题。

1988年，当这个研究项目正式启动时，我们对研究方向的讨论更加深入了，不过仍然没有最后的定论。我们还在寻找前进的道路。我从圣塔菲研究所给肯尼斯·阿罗和菲利普·安德森打电话，征求他们的意见。他们又与这个研究项目的资助人、花旗银行的约翰·里德（John Reed）取得了联系。里德的回复是：想做什么都可以，只要研究的问题是关乎经济学的基础的，不是传统的、常规的就行。对于我及研究团队中的其他成员来说，这个"指示"不啻一个美好的梦境。我们可以做我们想做的任何事！这极大地激发了我们的热情。在圣塔菲研究所，不会有来自本学科的同事在旁边盯着我们，更不会有人来问我们为什么做一些迥异于传统的事情。

事实上，在我们的小团队之外，圣塔菲研究所还有几位来自物理学或理论生物学的同事。斯图尔特·考夫曼就是其中一位，我们立即邀请他加入了我们的研究项目。圣塔菲研究所确实没有更多的渠道为我们提供研究人员。当时，它还只是一个寂寂无闻的初创研究机构，偏居落基山脉一隅，既没有学生，也没有教室；既没有院系，也没有学科。它自身也可以说是一个"实验品"，而且它的创办者还强调，就是不能有学科之分。

我们不停地讨论，主要的讨论场所就是那个修道院的厨房。我记得，有一天清晨，考夫曼说，你们经济学家为什么只研究均衡时如何如何？如果去研究非均衡经济学又会怎样？很可能，所有经济学家都像我一样，脑海中曾经闪过这个问题，却从来没有真正认真地去思考过。无论如何，当考夫曼提出这个问题时，我呆住了，其他经济学家也一样。我找不到合理的答案。它与下面这个问题属于同一类问题：如果不能考虑重力，那么物理学将是什么样子？作为一个思想实验，这个问题当然是可以想象的，但它确实可以说是一个奇怪的问题。我们在考夫曼提出的这个问题上卡壳了，于是我们将它先放到一边，继续寻找前进的方向。

不过到了那个时候，我自己感兴趣的一个方向有一半已经成型了。这个方向是在前一年的会议上浮现出来的。就在会议的第一天午餐后的讨论中，约翰·霍兰德描述了他对"分类器系统"（classifier system）的研究。这里所说的"分类器系统"，大体上就是指这样一种系统，它由一系列描述"条件-行动"（condition-action）的规则连接而成。举例来说，一个规则可以是，如果系统的环境满足条件A，那么就执行动作R；另一个规则可以是，如果系统的环境满足条件D，那么就执行动作T；而第三个规则可以是，如果A为真，同时R动作被执行为假，那么就执行动作Z；诸如此类。行为者所采取的行动不但会改变环境，而且还会改变系统的整体状态。这样一来，只要将一系列这种"如果……那么……"规则串联在一起，你就可以让系统"识别"不同环境，并适当地执行特定的动作，就像大肠杆菌能够"识别出"环境中的葡萄糖梯度，并且朝适当的方向游动一样。此外，你还可以让系统从某些不那么好的规则开始，并用随着时间流逝而发现的更好的规则来替换那些不那么好的规则。这就是说，系统可以学习和进化。

当听霍兰德谈到这些时，我就已经非常兴奋了。我环顾四周，想看看同一房间内一起参加讨论的其他经济学家是不是也有我这种感受。没有任何证据表明他们有着跟我一样的感受。事实上，其中有一位经济学家甚至利用这个时间在午后小睡。不知何故，我有一种越来越强烈的感觉：在某种程度上，这可能就是我们最终的答案，而我们必须做的就是找到适当的问题。可以这么说，霍兰德正在描述的是"智能体"（intelligence）这样一个框架，或者说适当的行动是可以在系统内自动进化的。稍后，我向霍兰德详细请教了他的思想。1987年，我们在圣塔菲研究所的同一所房子里一起住了两个月，并讨论了好几次，但是我们两人都未能阐明如何将这些思想直接与经济学联系起来。

不久之后，我不得不返回斯坦福大学，因为我要在那里讲授发展经济学的课程。渐渐地，我形成了一个想法：我可以与约翰·霍兰德设计一个原始的人工经济，在我的计算机上运行。这个人工经济将使用他的学习系统，来生成越来越复杂、互为基础的行动规则，以此来模拟一个经济体从最简单的原始形式开始，发展为复杂的现代形式的进化过程。在我想象出来的图景中，这个微型经济体及其迷你经济主体，将"安居"在我办公室角落的一台电脑里，自发地进化。只要我按下回车键，整个进化过程就开始了，然后我就可以去做其他事情了。也许几个小时后，我一回来就叫我的同事："快来看看这些经济主体的行为，他们正在用黑曜石交换羊毛呢！"让计算机一直运行下去，一天后，也许我就会看到，为了进行交易，货币已经进化出来了，而且原始的银行也出现了。再过几天，股份公司也会出现。再到后来，我们将会看到中央银行、保险公司、工会及工人偶尔举行的罢工，甚至可以观察到期权交易的行为。这无疑是一个雄心勃勃的研究思路。我打电话将它告诉了霍兰德。他非常有兴趣，但是那时候，他和我都不知道到底怎样才能实现这个人工系统。

那时的情况就是如此。直到1988年6月的夏天，我们的研究方向仍然没有最终明确下来，但是研究项目已经启动了。不久之后，霍兰德和我再次在圣塔菲研究所聚首。我非常渴望对这种能够以某种形式自我进化的经济体进行研究。有一天，我和霍兰德在峡谷路一家名为"宝贝"（Babe）的餐馆吃午饭，他问我这个想法是怎么来的，如何才能将它落到实处。我告诉他，我发现，要让整个经济系统自发进化确实很难，但是还有一个更加简单的思路也许是可行的。我们可以模拟股票市场，而不直接模拟整个经济的进化。这个股票市场将是完全独立的。它将存在于计算机上，并且只有很少几个经济主体。更准确地说，"他们"是电脑化的投资者，每个投资者实际上是一个计算机程序。这些经济主体（即投资者）将会买入或卖出股票，试图发现涨跌趋势，甚至进行投机活动。我们可以从最简单的经济主体开始，然后允许他们通过运用霍兰德的"条件-行动"规则进行学习，这样他们就会逐渐变得聪明起来。我们可以对这个"股票市场"的行为进行分析，并将这些结果与真实市场的结果进行比较研究。霍兰德非常喜欢这个想法。

"人工股票市场"项目

入秋之后，一个基于计算机的股票市场模型的研究项目正式启动了。我们已经确定，我们这个"市场"中的"投资者"都是一些计算机程序，因此"他们"可以在一台放在我办公桌上的电脑里做出各种投资决策并进化。这个思路是很清晰的。但是我们经过多方尝试，依然未能成功地将股票市场行为归结为一系列的"条件-行动"规则。这样一来，我们的模型就显得过于特别（ad-hoc）了，然而我认为它还不够简洁、不够清晰。这时候，汤姆·萨金特正好从斯坦福大学来圣塔菲研究所访问，他建议我们直接以罗伯特·卢卡斯（Robert Lucas）于1978年提出的股票市场模型为基础来构建我们的模型。这个建议是可行的，而且那样的话，我们的模型也会很简洁，同时也容易实现。当然，卢卡斯的模型是一个数理模型，它是用方程式表示的。为了便于分析，他的模型中的所有投资者都是同质的：他们以相同的方式对市场信号做出反应，而且正确程度都是同样的平均水平。卢卡斯已经以数理方式证明，股票价格将随着最近的收益序列而波动。

相比之下，我们的投资者对股票市场的看法会有所不同，而且他们必须学会去判断：在股票市场上哪些东西是有效的、哪些东西是无效的。我们可以利用约翰·霍兰德的方法来实现这一点。我们这个人工股票市场中的投资者，将制定自己的"市况–预测"（condition-forecast）规则。例如，如果价格在过去三个交易期内都在上升，并且成交量下降超过了10%，那么预测下一个交易期的价格将会上升1.35%。我们还允许，每个投资者可以运用好几个

> **涌现（Emergence）** 就是指系统中的个体遵循简单的规则，通过局部的相互作用构成一个整体的时候，一些新的属性或规律就会突然一下子在系统的层面诞生。

这种规则，即复合规则或多重假说，它们都可能是适用的。关键是，在任何时候，他们都将按照最近被证明是最准确的那个规则来采取行动。当然，每个投资者运用的规则或假说是因投资者而异的。每个投资者以随机选择的规则开始，如果规则无效就会被抛弃，如果成功则可以被重新组合，从而潜在的新规则将会涌现出来。从一开始时，我们的投资者可能并不是非常"聪明"，但是随着时间的推移，他们会发现哪些规则是有效的，而且变得更加"聪明"起来。当然，这样也就改变了市场，于是我们的投资者可能不得不随时调整规则并发现新规则。

股票市场模型的第一个版本是在一台麦金塔计算机上运行的。负责编程的是物理学家理查德·帕尔默，他所采用的编程工具是Basic语言。我们的第一个目标是，努力让人工模拟股票市场运行起来，即让我们的投资者（计算机程序）根据他们自己当前对市场的了解，在市场上进行出价和要价，并让整个市场正确地出清。这些目的很快就实现了。令人沮丧的是，经过初步观察，我们并没有发现这个人工股票市场的结果与标准的经济学模型的结果有任何不同之处。但是，随后通过更加细心的观察，我们注意到了真实的市场现象也出现在了这个人工股票市场中：小小的泡沫、小小的崩溃，以及价格和成交量的相关性，还有高度波动的交易时段与相对静止的交易时段的交替出现。我们的人工股票市场呈现出了现实世界中的现象，而标准经济学模型，即经济主体是同质、

拥有理性预期能力的模型，是不可能得到这种结果的。

我们的人工股票市场，可以再现标准经济学模型不能再现的真实现象，这令我非常兴奋。在那个时候，我们就已经知道，我们做的是全然不同于传统的事情。我们正在模拟的是这样一个市场：个人采取行动相互竞争，并从他们的行动中进化出了一个"生态"。这个生态是个体之间的交互行为创造出来的，这是不可能通过基于方程式的标准经济学方法得到的。如果预测规则是由特定的条件触发的，并且每个投资者所采取的预测规则都是不同的，那就太复杂了，是无法用标准经济学方法来研究的。而且，我们这个人工系统与1986年前开始出现的其他基于规则的计算机仿真模型也不一样。在那些模型中，一方面，规则的数量很少；另一方面，所有规则都是事先固定好的。计算机仿真实验的目的只是让各种规则相互竞争，从而完成对它们的测试。我们的规则则是可以改变的，也会变异，甚至会"变得更加聪明"。我们有了一个真切的感觉，这个计算机仿真模型将使我们能够避免标准经济学模型，或者通常基于规则的系统过分简化的毛病。不过，我们并不认为我们的模型是对整个市场的模拟。我们只是把它当成一个实验室的实验来看的。利用它，我们可以先构建出一种基本情境来，然后系统地进行调整，来探索各种可能出现的结果。

对于这类研究，我们还没有一个恰当的名字。有一个阶段，我们称之为"基于元素的建模方法"，以便与基于方程的建模方法区分开来。大约三年后的1991年，约翰·霍兰德和约翰·米勒（John Miller）合作发表了一篇文章，系统地讨论了基于"人工适应主体"（artificial adaptive agents）建模的方法。[2] 而在经济学界，人们则采用了"基于主体的建模方法"这个名字。

在圣塔菲研究所，经济学研究项目启动后的第一年里，我们还考虑了其他的一些问题。我们的思路是，不要去试图提出一个全新的经济学一般方法，尽管萨缪尔森（Samuelson）和其他的经济学家在几十年前就是这么做的。相反，我们将重新考察一些已知的经济学问题，一些经济学中已经有了定论的问题。我们要从我们自己的、不同于传统的角度去重新解决这些问题。于是，约翰·鲁斯特（John Rust）和理查德·帕尔默开始以这种方式研究双向拍卖市场。戴维·莱恩和我则用随机模型研究信息扩散（information contagion）问题，而信息扩散模型是社会学习模型的早期版本。我原本以为，收益递增和正反馈的思想可以定义经济学研究项目启动后第一年的工作。但是他们并不这么认为。从根本上看，真正能定义这一年工作的是约翰·霍兰德提出的适应和学习的思想。我还以为，我们的进展可能是比较缓慢的，因为我们似乎没有得到太多的结果，但是到了第一年结束时，即1989年8月，肯尼斯·阿罗却告诉我们，与20世纪50年代考尔斯基金会资助的研究项目在最初的几年相比，我们的项目推进得更快，也更被人们所认可。

1990年，我离开圣塔菲研究所，回到了斯坦福大学。圣塔菲研究所的研究项目则由其他人接手。在整个20世纪90年代和21世纪初，这个项目在不同的项目主任的领导下，一直在继续着，而且相当成功。由于各位主事者有着各自的兴趣，这个项目下的研究主题有几年显得比较反传统，有几年则显得相对正统。1995年，我又回到了圣塔菲研究所，继续参与这个研究计划，历时5年之久。

收录在本书中的大多数经济学文章，都源于圣塔菲研究所经济学研究计划的头10年。关于我们的人工股票市场，我们先于1992年在《理学A》（physica A）杂志上发表了一篇文章，后来又于1997年发表了另一篇文章。本书收录的是后一篇文章。这篇文章引起了广泛的关注，而且对"基于主体"的经济学研究产生了持久的影响。

"爱尔法鲁酒吧"问题

发表于 1994 年的另一篇文章也受到了高度关注（收录于本书第 2 章）。我把这篇文章称为"爱尔法鲁酒吧"问题，因为它的灵感来自我对圣塔菲研究所旁边的一家名为"爱尔法鲁"（El Farol）的酒吧的观察。每个星期四晚上，爱尔法鲁酒吧都有爱尔兰音乐专场，往往会爆满。如果酒吧里的人不太多，那么待在那里就很令人愉快；但是如果酒吧过于拥挤，那么它能够给你带来的乐趣就会少很多。我猜想，在某一个特定的晚上，如果每个人都预测有许多人会来，那么他们就不会来，这样的结果就会否定预测；如果每个人都预测有很少人会来，那么他们就会来，这样的结果同样会否定预测。这就是说，理性预测（即理性预期）在这种情况下是自我否定的，因此能够正常发挥作用的理性预期就无法形成。

我很好奇的是，人工系统中的行为主体在面对这种情况时的行为会是怎样的。于是在 1993 年，我编写了一个程序，然后写了一篇文章。这篇文章发表在《美国经济评论会议文章》（American Economic Review Papers and Proceedings）上。读到这篇文章的经济学家几乎不知道该说些什么、做些什么。但是，它引起了著名物理学家、自组织临界理论的提出者帕·巴克（Per Bak）的注意。帕·巴克把它传真给了很多同事，于是突然之间，"爱尔法鲁"成了物理学家圈子中一个广为人知的名字。三年后，弗莱堡大学的物理学家达米安·夏利和张翼成，在我这个"爱尔法鲁"问题的基础上提出了少数者博弈（Minority Game）模型。[3] 现在，"爱尔法鲁"问题和少数者博弈已经得到广泛而深入的研究，见诸学术期刊的文章已经达到了几百篇之多。

技术是如何进化的

到了 1997 年，我又有了一个新的想法，不过这个想法与圣塔菲研究所的经济学研究计划没有直接的关系。我对技术产生了浓厚的兴趣。一开始，这种兴趣本身令我很困惑。尽管我的早期教育背景是工程技术学，但是这种兴趣的出现仍然显得有点奇怪，因为对技术魅力的着迷似乎与我的主要兴趣，即对经济学或复杂性的兴趣无关。我以前也研究过与"技术"相关的问题，但是当我开始深入探究各种技术为了被采用而展开竞争这种思想时，这种兴趣却消失了。我注意到，我所观察的所有技术，没有任何一个是纯粹地产生于某种灵感的。所有新技术都是原先已经存在的技术的组合。举例来说，激光打印机是由计算机处理器、激光器和静电复印技术组合而成的，计算机处理器引导激光器在复印机的硒鼓上"涂上"字母或图像，然后再复印出来。

我还意识到了其他的一些东西。1992年，出于好奇心，我一直在研究喷气式发动机。我希望搞清楚的是，在一开始出现的时候，喷气式发动机是那么简单，而在接下来的短短二三十年内，它们却变得如此复杂了，这是为什么？当时，我还一直在学习C语言编程。在我看来，用C语言编写的程序的结构与喷气式发动机的结构基本上是相同的。它们都有一个中央功能模块，还有一些支持这个核心模块的子模块，后者是用来正确地设置和管理核心模块的。就某项给定的技术而言，随着时间的推移，如果添加上一些突破了以往的物理界限或能够更好地解决问题的子技术，那么就可以进一步"挤压"核心模块，让它发挥更大的性能。因此技术在刚出现时是简单的，但是随着技术的进化，更多的零件和子模块将不断地添加进来。1993年，我在《科学美国人》杂志上发表了一篇文章，讨论了各种系统为什么会越来越倾向于复杂和精致的问题。[4]

逐渐地，我心中有了这样的一种感觉：对于技术，我有一些一般性的东西可说。是的，我应该可以提出一个关于技术的一般理论。在此之前，我已经广泛阅读了与技术问题有关的文献，并且下定决心要学习和掌握多种技术。事实上，我对20来种技术都有很好的了解。到最后，我研究过的技术不仅包括了前面提到过的喷气式发动机，而且也包括了早期的收音机、雷达、蒸汽机、信息包交换技术、晶体管、麦克风、计算技术，甚至还包括了其他一些奇怪的"技术"，如青霉素等。这项研究工作的大部分是在圣塔菲的圣约翰学院（St. John's College）图书馆中完成的，也有一部分则是在我现在工作的施乐帕洛阿尔托研究中心（Xerox Parc）完成的。我总结出了技术形成和出现的一般模式。所有技术都是对现象的刻画和运用。归根结底，技术无非是用于实现人类目的的现象。现象是可以划分为不同"家族"的，如化学方面的、电子方面的、基因组方面的，因此也就形成了化学技术、电子技术、生物技术等这样的技术群。

而且从总体上看，如下这一点是显而易见的，不仅像喷气式发动机这样的单个技术会在其生命周期中不断进化，所有单个技术的总体集合在如下意义上也是进化的：在任何一个时刻，所有技术就像所有物种一样，都可以通过一条"祖先线"追溯到某项早期技术。但是，技术进化的基本机制却不是达尔文式（Darwinian）的。新技术并不是随着早期技术的微小变化的不断积累而出现的。很显然，喷气式发动机肯定不是从空气活塞发动机的微波变化的积累中产生的。新技术来自对早期技术的组合或集成，人类的想象力和聪明才智也在其中发挥了重大作用。这就是说，有一个不同于达尔文式的技术进化机制，我称之为通过组合而进化（Evolution by Combination），或组合进化（Combinatorial Evolution）。

当然，这种进化机制同样也存在于生物进化当中。生物进化中出现的最重大的转变，绝大部分都是组合式的。单细胞生物以组合方式成为多细胞生物，原核生物以组合方式成为真核生物。但是，这种事件的发生频率是极低的，要等上很多亿年才会出现一次。生物的日常进化机制是达尔文式的微小变化的积累，以及对这种变化的差异性选择。相比之下，在技术的进化中，主要的进化机制是组合式的，当然在新技术出现之后，也不排除达尔文式的技术进化，即微小变化的积累。

经过一个时期的研究，我相信对于技术是如何出现的，作为整体的技术集合是如何进化的，我已经洞若观火了。接下来，我想试一试，能不能在实验室里或计算机上实现这种技术的进化。2005年前后，我在富士施乐的FXPAL实验室工作，它实际上是富士施乐公司在帕洛阿尔托建立的一个智库。在那里，我遇到了计算机科学家沃尔夫冈·波拉克（Wolfgang Polak）。我提议我们可以进行这样一个计算机实验：把一些原始技术放到一起，组成一锅"技术之汤"，在这锅"技术之汤"中，各种技术可以随机地进行组合。由此得到的技术组合，即某种潜在的新技术，如果没有用就抛弃；如果有用就保留下来，并将其加入那锅"技术之汤"，用于进一步的技术组合。这样一个能够以上述方式不断创建技术集成的系统，能不能以"自展向上"（bootstraps）的方式使技术从简单进化为复杂？我们尝试了好几个系统，但是都没有成功。就在那个时候，我们读到了一篇非常漂亮的文章，它是由理查德·伦斯基等人撰写的，并发表在《自然》杂志上。[5] 伦斯基和他的同事利用遗传算法进化出了数字电路。这篇文章启发我们，数字技术似乎是一种天然培养基。如果你把两个数字电路组合起来，你就可以得到另一个数字电路；当然，新的电路可能是有用的，也可能是没有用的。

然而，我们的实验并不容易。努力尝试了几个月之后，波拉克终于让我们的系统运行起来了。它利用简单的电路"创建"出新的电路。我们先准备好一锅由最简单的2位与非（nand）电路组成的"汤"，这种电路是数字电路的基本构件。然后按下回车键，再等上20个小时，看看从这锅汤中，能不能创建出什么逻辑电路。结果很理想，我们观察到了各种各样的电路。首先形成的是一些最基本的电路。然后出现的是一些中等复杂程度的电路，如4位的等于（equal）电路、3位的小于（less than）电路，等等。到最后，还形成了8位异或（exclusive-or）电路、8位与（and）电路和8位加法器（adder）。如果不细想，你可能觉得这没有什么了不起的。但是不要忘记，一个工作正常的8位加法器其实非常不简单，即将8位的x加到8位的y上，产生9位结果的z，它拥有16个输入针和9个输出针。而拥有16个输入针和9个输出针的电路组合，其种数高达$10^{177\,554}$之多，但只有一种8位加法器是能够正常工作的。这不是随机的。因为我们这个实验有25万个步骤，通过这么多步随机地发现一个8位加法器的概率，是完全可以忽略不计的。因此，我们这个连续集成过程，能够把原始基本构件组合起来，生成有用的简单构件，然后再把这些简单构件组合起来，生成进一步的构件。这无疑是非常强大的。现实世界中的真实技术也是以这种方式进化的。技术已经以自展向上的方式，从少数技术发展到许多技术，从原始的简单技术发展为高度复杂的技术。

我们在《复杂性》杂志（Complexity）上报告了我们的实验。但奇怪的是，我们这篇文章基本没有受到什么关注，也没有多少人来评论它。原因何在？我的猜测是，因为它是一篇夹在裂缝当中的文章。它既不是关于生物进化的，也不是讨论遗传算法的；它不是纯技术的，也不是纯经济学的。而且，我们的实验也没有解决某个特定的问题。它只是生成了一个有用的电路工具箱或电路库，就像某种编程语言的开发者提供的有用的函数库一样。但是关键在于，这个工具箱或库完全是进化出来的，我认为这可以说是一个奇迹。我拥有电气工程学位，波拉克拥有计算机科学学位，如果你要求我们亲自动手去设计一个8位加法器，那么我们就不得不从数字电子技术从头开始设计。但是现在，我们设计出了一种算法，它可以通过进化自动设计出这种电路。我相信，这是一种非常卓越的思想。而且我还认为，在本书所收录的这些文章中，这一篇文章有特别重要的意义，它阐明了一种处在不断进行中的进化，还阐明了一个不同于生物进化的进化机制，即通过组合或连续集成的进化。

然而，不知怎么的，我内心深处总有一种想法挥之不去。我认为，所有这一切都必须与经济进化相适应。如果用更准确的表达，应该是经济从一开始是如何在这一切中形成的。在我研究技术的过程中，我逐渐意识到，一方面，经济创造了技术；另一方面，同时也是更加重要的一方面是，技术即我们用来满足人类需求的技术集合创造了经济。因此，经济不仅是技术的容器，而且还是技术的表达。随着技术的进化，以及全新技术的引入，经济必然会发生变化。经济做什么，要发生变化；经济如何做，也要发生变化。经济的整个安排上，包括它的制度和机构上都必须发生变化，以适应于新的"做事方式"。简而言之，经济结构必须发生变化。

我在 2023 年出版的《技术的本质：技术是什么，它是如何进化的》(*The Nature of Technology: What It Is and How It Evolves*)[①]一书中，报告了上面这些发现。这本书受到了专业工程师的热烈欢迎，并且已经被翻译成了多种语言。在本书收录的这些文章中，其中有几篇是在写作那本书时的"中间产物"，有一篇则是那本书的一个组成部分。从开始到结束，我对技术的本质和进化的研究花了整整 12 年的时间。我发现这个课题非常令人着迷。特别感到惊喜的是，我发现了技术集合进化的机制，还认识到了技术是一种具有自身内在逻辑结构的事物。通过这些研究，我越来越相信，技术本身的每一方面都是复杂的、有结构的，就像经济或法律体系一样。当然，技术也是一个非常美好的事物。

---

① 该书构建了关于技术的理论体系，阐明了技术的本质及其进化机制，是技术思想领域的开创性作品。中文简体字版已由湛庐文化引进、浙江科学技术出版社出版。——编者注

复杂经济学的诞生

我的思想之旅是由多条研究路线构成的。这些研究路线，在当年的我看来似乎是截然不同的。但是到了后来，尤其是今天，当我回过头去重新思考它们，再结合我在圣塔菲研究所和其他机构的同事的工作来看，我却发现，从这些研究路线中，一种全新的经济学观点已经慢慢生成了，而且逐渐地浮出了水面。1999年，我在《科学》杂志上发表了一篇文章，对我早期在这个方面的思考进行了初步总结。[6]《科学》杂志的编辑坚持要求我给这种不同于传统的经济学观点取个名字。于是我称之为"复杂经济学"。现在回想起来，复杂经济学的特征是非常清楚的。经济不一定处于均衡状态，经济通常都是处于非均衡状态。经济行为主体不是全知全能和完全理性的，他们必须理解他们所处的情境，并且在这样做的时候必须搜寻适当的策略。经济不是给定的，不可能是一个简单的技术容器；技术形塑了经济，在这过程中经济的结构是会变化的。因此，经济是有机的、分层的，后一层形成于前一层之上；经济永远都在变化，永远都在呈现新异性；在经济内部，结构会浮现，在持续了一定时间后又会消融。我要强调的是，所有这一切绝对不只是一种诗意化、人文化的描述，而是一种严谨的经济学观点，它能够被严格定义、被精确地探究和分析。

我经常被人问起，这种全新的经济学如何适应于标准的经济学分析？它难道不是标准经济学的一种简单的变体吗？用经济学家理查德·布朗克（Richard Bronk）的话来说，它会不会被"无缝"吸收进新古典经济学框架中？对于这些问题，我的答案是否定的。这种不同的经济学框架，既不是单纯利用计算机来进行基于主体的建模，也不是将对技术变迁的更加深刻的理解，加入内生经济增长模型中去。这种经济学要做的事情、所关注的东西、所依据的基本假设，都不同于标准经济学，它特别关注非均衡。这就是说，除了采用的方法不同之外，要解决的问题是不同的，解的概念本身也是不同的。

要理解这一点，首先应明确一个有效的途径，标准的新古典经济学源于一种特殊的观察和认识世界的方式。新古典经济学继承了启蒙运动的思想，即我们观察到的混乱无序的世界只是表面现象，背后隐藏着秩序、理性与完美。它还继承了19世纪末的物理学观念，尤其是这种观念：大量相互作用的同质元素，可以通过简单的联立数学方程式一次性地全部分析清楚。到了20世纪中叶，这种观念在经济学中导致了如下这种愿景：经济学理论的核心，可以简单地用数理方程表示的定律来刻画，从而实现公理化。经济学理论的其他一些部分，如宏观经济学或制度经济学理论，也许不得不暂时先放一放，但是经济学理论的核心则肯定是可以被"规训的"，即被有序化和规律化的，并还原为数学。

这个研究纲领充其量只获得了部分成功，当然这部分成功的意义也不容小觑。其作用体现在，一方面，经济学的"门户"得到了清理，以前已经被接受为"经济学理论"的大量松散的、草率的论断被排除掉了；另一方面，人们对市场和资本主义制度的内在优势更加尊重，理解也更加透彻了。但是，我相信这种努力也导致了思想的僵化，还导致了一种貌似正义、实为党同伐异的判断标准。某些东西可以被承认为经济学理论，而另一些东西则不被允许，最终的结果是经济学成了一个无法接纳其他思想的封闭体系。由此进一步导致了政治、权力、阶级、社会、根本的不确定性、创造生成和发展对经济的影响，全都被"关在了经济学殿堂的门外"。最终结果则事与愿违，这个研究纲领，至少它的超理性版本，已经失败了。如果进行波普尔式（Popperian）的证伪检验，那么2008年的金融崩溃及随后几年世界经济的表现，已经不容置疑地证伪了这个研究纲领。没有人敢说，市场之所以在很短的时间内失去了一半的价值，是因为那些公司突然失去了一半的有用性，但公司一如既往还是那些公司。也没有人敢说，欧洲一些经济体的失业率高达20%，而且仍在上升，是因为劳动者的偏好突然完全改变了，因为人们仍然像以前一样想得到工作。2009年，《经济学人》(The Economist)杂志的一篇文章严厉地指出，华尔街绝不是金融危机的唯一受害者，标准的新古典经济学也是，它已经随着金融的崩溃而崩溃了。

只要稍稍反思一下，对于这种高度纯化的经济思想所遇到的困难，任何人都不应该感到惊讶。进入现代以来，尽管学习过程是非常缓慢的，但从"西方思想"学到的一个重要教训就是：如果我们努力尝试将任何一个事物还原为或化约为纯逻辑的，如我们试图确定诸如真理、存在或生命这类概念的"终极意义"，或者试图将某些研究领域，比如说将哲学、数学或数理化的经济学还原为若干狭隘的公理，那么这种努力必然会招致失败。世界是不可能被还原为纯逻辑的，也是不可能被锁入纯逻辑的铁笼里的。或迟或早，世界总有一天会突破纯逻辑，将真实混乱的一面呈现在世人面前，上面这类研究纲领必定会以失败而告终。

新古典经济学的"纯粹秩序"正在被缓慢地取代，这个事实本身就是尊重现实的表现，这种新生的敬意是许多研究经济学的学者所共有的。稳步前进的行为经济学就是这样一种新的经济学，市场心理学则是另一种。还有，那些越来越依赖于对制度和技术的理解的经济发展理论，也是如此。本书给出的经济学新框架，即"复杂经济学"，也是如此。现在，除了我们在圣塔菲研究所的最初成员，很多人都在研究复杂经济学。

令我感到惊讶，同时也让我非常高兴的一个事实是，这种经济学新框架中的许多"现代"主题，与熊彼特、斯密、穆勒、马克思和凯恩斯等伟大思想家的思想非常契合，与许多制度主义者和政治经济学家的理论也非常吻合。他们都认为，经济涌现于技术，经济结构是不断变化的，经济不一定处于均衡状态，决策者面临根本的不确定性。复杂经济学与这些思想之间的正式联系，还没有完全建立起来。现在这种联系，更像是将我们这些新想法与过去讨论过的一些想法串联起来的思维线索。但是它们确实表明，经济学重新发现了它曾经失去的一些东西。现在，对于形成中的经济、非均衡的经济，我们终于开始有了一个统一的理论图景了。

本书中收录的文章，其写作时间跨度很大：从我1987年第一次去圣塔菲研究所时开始，一直到今天为止。不同篇章之间不可避免有一些重叠之处。其中有些文章的目的，是为了向更广泛的普通读者介绍我们的主要观点，并从不同的角度探讨这些思想。这些文章得益于许多其他学者在经济学、复杂性科学和其他领域的研究工作，特别是我在圣塔菲研究所的同事约翰·霍兰德、斯图尔特·考夫曼、戴维·莱恩和理查德·帕尔默。它们也得益于其他一些与我们当初在圣塔菲研究所的团队没有多少密切联系的学者的研究工作，特别是彼得·艾伦、罗伯特·阿克斯特尔、乔希·爱泼斯坦、阿兰·基尔曼和李·特斯法齐，他们都为这种新的经济学框架做出了贡献。此外，这些文章还借鉴了新古典主义的公式化表达方法，毕竟我所接受的学术训练就是这个。在这些文章中，有一些是全面的分析，另一些则是散文性质的文章。它们基本上是按主题，而不是按写作时间来排序的。但是从总体上看，研究文章大部分集中在本书的前半部分，而散文则集中在后半部分。读者可以按自己喜欢的顺序来阅读它们，我鼓励读者这么做，同时也希望他们进一步阅读相关领域的文献。

如果将本书收录的所有文章合到一起来看，一个统一的思考主题或框架就会浮现出来。以往那种行为主体不复存在了，以前他们面对的是定义明确的、有明确概率结果的问题，并运用完美的演绎推理，从而可以达到均衡。而现在取而代之的是这样一种行为主体：他们必须理解他们面对的环境，必须运用手头拥有的任何一种推理方法，必须接受并做出调整以适应结果，而且他们自己的调整可能导致结果不断变化。

1996年，研究经济思想史的专家戴维·科兰德（David Colander）说了这样一个寓言：

> 一个世纪以前，经济学家站在两座高耸山峰之间的底部，而山峰则隐藏在云层当中。他们想爬上高峰，但是不得不先决定要攀爬的是哪一座山峰。他们选择了有明确定义、遵循数学秩序的那座山峰。但是，当他们费尽千辛万苦登上了那座山峰，站到了云层上之后，才发现另外一座山峰要高得多。那就是过程和有机主义之峰。

在过去这些年里，许多经济学家已经开始攀登另一座山峰了。在这个征程中发现的任何东西，我都会非常感兴趣。

COMPLEXITY AND THE ECONOMY

01

什么是复杂经济学

经济思想的新框架

复杂经济学以一种不同的方式来思考经济,它将经济视作不断进行自我"计算"、不断自我创建和自我更新的动态系统。它强调偶然性、不确定性、意义构建和"一切变化皆有可能",是一门以预测、反应、创新和替代为基础的"动词"学科。复杂经济学正在取代新古典经济学而稳步走向经济学的中心。

01
什么是复杂经济学

本章是一个导论，讨论了本书其他章节的诸多主题。本章的目的是为复杂经济学提供一个框架。复杂经济学建立在经济不一定处于均衡状态这个基本命题的基础之上。经济主体，如企业、消费者、投资者，不断改变自己的行为和策略，以便对他们共同创造的结果做出反应，而且这种反应进一步改变了结果，这又需要他们重新进行调整。因此，经济主体生活在这样一个世界里，他们的信念和策略要不断地接受结果或"生态"的检验，而这种结果或"生态"正是这些信念和策略一起创造的。

以往的经济学在很大程度上回避了如上这种非均衡观点，但是只要我们接受它，就可以观察到标准的均衡分析中无法观察到的模式或现象。这些模式或现象以一定概率出现，持续一段时间后可能会消散，并且在经济的"中观层面"上，即微观层面和宏观层面之间发挥作用。我们还认为，经济并不是给定的、一成不变地存在着，而是在一系列技术创新、制度和安排的不断发展中形成的，这种技术创新、制度和安排还会引出进一步的技术创新、制度和安排。因此，在复杂经济学看来，经济是运动着的、永远在"计算"自身的。或者说，经济无时无刻不在重新构建自身。均衡经济学强调秩序、确定性、演绎推理和静态分析，而复杂经济学则强调偶然性、不确定性、理解（即意义建构）和对变化的开放心态。

本章是专门为本书撰写的，它的基础是我于1999年发表在《科学》杂志上的论复杂性与经济的文章。当时，我正在帕洛阿尔托研究中心的智能系统实验室做外聘教授。在此，我非常感谢罗南·阿瑟（Ronan Arthur）、理查德·布朗克、戴维·科兰德、多因·法默、玛格达·丰塔纳（Magda Fontana）、奥利·彼得斯（Ole Peters）、戴维·赖斯曼（David Reisma）和威廉·塔布（William Tabb）等人的宝贵意见。

* * *

在过去的25年间，一种与以往的经济学有着全然不同的经济学观点的复杂经济学，逐渐诞生并缓慢地发展起来了。复杂经济学认为，经济不一定会处于均衡状态；在经济学中，计算与数学同样非常有用；在同一种经济状况下，既有可能出现收益递增，也有可能出现收益递减；经济不是给定的、一成不变地存在着，而是在一系列制度、安排和技术创新的不断发展中形成的。在很大程度上，复杂经济学的研究起源于20世纪80年代后期的圣塔菲研究所。不过，现在对复杂经济学进行研究的学者已经非常多了。[1] 复杂经济学也引发了不少疑问。例如，复杂经济学这种不同的思考经济问题的框架能为我们带来什么，它怎样才能发挥作用，又适用于哪些领域？复杂经济学会不会取代新古典经济学，又或者它会不会融入新古典经济学？如果存在一种逻辑框架的话，复杂经济学是如何在这种框架下发挥作用的？

本章的目的就是来回答上述问题，尤其是最后一个问题的。为了达到这个目的，我在本章中要完成的工作，不是对复杂经济学进行综述，也不是提供一份"复杂经济学导游图"，而是要给出一个思考这种新经济学观点的框架，一个连贯的逻辑框架。首先，我将论述复杂经济学的若干基本原则；然后，我将在我自己以前发表的两篇文章，以及其他一些学者研究的基础上，阐明复杂经济

01
什么是复杂经济学

学的核心要点。[2]

在本章中，我将证明复杂经济学绝不仅是标准经济学的延伸，也不只是标准经济学模型再加上基于行为主体的行为。复杂经济学以一种全然不同的方式看待经济，给出了一个完全不同的图景。在这个图景中，行动和策略是不断进化的，时间变得至关重要，结构不断形成且不断重组，标准的均衡分析中不可见的现象将浮现出来并得到研究，介于微观层面和宏观层面之间的中观层面也是非常重要的。与新古典主义理论中的世界相比，复杂经济学中的世界更接近于政治经济学中的世界，那是一个有机的、进化的、充斥着历史偶然性的世界。

经济与复杂性

接下来，我们先来讨论经济本身。经济是一个庞大而又复杂的，由各种各样的制度安排和行为构成的体系。在经济这个体系中，不同的行为主体，如消费者、厂商、银行、投资者、政府机构，从事着各种各样的活动，如买卖、投机、贸易、监督、生产产品、提供服务、对公司投资、制定策略、探究、预测、竞争、学习、创新，以及调整适应，等等。用现代术语来说，经济就是一个有着无比庞大的并发行为（concurrent behavior）的并行系统（parallel systems）。市场、价格、贸易协定、制度和产业，全都形成于这些并发行为中，并最终形成了经济的总体模式或聚合模式（aggregate pattern）。

一种历史悠久的、可以追溯到亚当·斯密时代的经济学观点认为，这种总体模式形成于个体行为，而个体行为反过来又会受到这种总体模式的影响。这里存在着一个递归循环，正

> **复杂性科学（Complexity Science）** 一门研究系统中相互作用的要素如何生成整体模式，整体模式反过来又如何导致这些要素发生变化，或导致这些要素调整以适应整体模式的科学。

031

是这种递归循环使经济具备了复杂性。复杂性科学研究系统中相互作用的要素如何生成整体模式，以及整体模式反过来又如何导致这些要素发生变化，或导致这些要素调整以适应整体模式。复杂性并不是一种理论，而是一种科学运动。例如，我们可以研究大量单个汽车在行驶中如何共同形成了某些交通模式，这些模式反过来又如何影响单个汽车的位置。复杂性是关于结构形成的：结构是如何形成的，这种结构形成又是如何影响和导致客体的生成的。

从复杂性的视角出发去研究经济或经济中的某些领域，就意味着要探究经济是如何进化的，也就意味着要深入详细地研究个体行为主体的行为，是如何共同形成某种结果的，以及这种结果反过来又是如何改变他们的行为的。换句话说，从复杂性的视角出发，要研究的是个体行为者如何应对其行为共同创造出来的模式，以及这种模式是如何实现自我调整的。通常来说，这是一个难度很大的问题。这就要求我们探究一个过程是如何从多个行为主体的有目的的行动中生成的。也正因为如此，历史上早期的经济学，采用了更加简单的、便于进行数学分析的方法来处理各种经济问题。这种更加简单的方法，要探究的不是行为主体如何应对他们的行为所形成的总体模式，而是什么样的行为，如行动、策略、预期是能够被这些总体模式所支持的，或者说是符合这些总体模式的，或者说是与这些总体模式相一致的。

以往的经济学要探究的是，何种模式不需要微观行为做出改变，何种模式将处于静止状态或均衡状态。比如，一般均衡理论要研究的问题是，被生产出来的商品的价格和数量，和被消费掉的商品的价格和数量如何做到一致，才会符合各个经济市场的价格和数量的总体模式，因而行为主体也就没有受到激励去做出改变。又如，经典博弈论要研究的问题是，在给定博弈对手可能选择的策略、行动和资源配置的情况下，一个行为主体根据某种判断标准，应该选择什么样的策略、行动和资源配置，才是最优的行动选择。再如，理性预期经济学要研究的是，什么样的预期符合所有这些预期共同创造的结果，或者说平均而言能够被所有这些预期共同创造的结果所验证。

这种便捷的均衡理论，不失为研究经济模式的一种自然方法，同时也为数理分析留下了用武之地。利用这种方法来推进经济学研究无疑是可以理解的，甚至可以说是适当的，而且该方法也确实带来了累累硕果。这种方法的核心理论建构是一般均衡理论。它不仅在数学上是严谨的，而且还通过对经济的建模，使我们得以在心智上对经济进行重构，从而给了我们一种刻画经济的方法，一种全面理解经济整体的途径。这一点无疑是极其有价值的。除了一般均衡模型之外，其他理论，如厂商理论、国际贸易理论和金融市场理论的均衡模型，也都是非常有价值的。

不过，这种"均衡建模法"也不是没有代价的。许多经济学家都不认同这种均衡建模法，以及在它基础上形成的新古典经济学理论。理由是它假设了一个理想化和理性化的世界，这扭曲了现实世界，而且为这个世界所选定的基本假设也往往只是为了便于分析。[3] 我本人也持同样的反对意见。正如许多其他经济学家一样，我也赞赏新古典经济学的美好，但在我看来，新古典经济学的理论建构过于纯粹、过于脆弱了，必定会在现实世界面前碰个头破血流。新古典经济学生活在一个有序、静态、可知、完美的柏拉图式的世界当中。在这个世界里，现实世界的模糊不清、混乱无序和真实多变是完全不存在的。

当然，所有杰出的经济学家都非常清楚，现实世界中的经济远比新古典经济学世界中的经济更加丰富多彩。有人或许会认为，我们可以这样做，一方面坚守均衡概念作为我们思考经济问题的基础，同时在另一方面，通过经验和直觉来填补更加丰富的现实内容。但是，这还远远无法令人满意。如果我们预先假定经济是均衡的，那么就等于设置了一个过滤器，我们就无法观察到经济中的很多现象。这是因为均衡本身的定义就决定了，均衡的经济没有改进或进一步调整的余地，没有探索和创造的空间，也没有任何暂时性现象的存身之地。在均衡理论中，任何可以在经济中带来改变的东西，如适应、创新、结构变化及历史本身，都会被绕开或被忽略。由此而产生的新古典经济学，也许算得上一个完美的理论建构，但是它缺少真实性、活力和创造力。

那么，如果"允许"经济学考虑更多的可能性，并且能够研究行为主体如何应对他们共同创造的模式，又会怎样呢？这会不会使一切都变得有所不同呢？到时候我们又将会有什么样的发现呢？

内生的非均衡

首先要指出的一点是，只要我们探究"行为主体可能如何应对"这样一个问题，其实就已经隐含地假定经济是非均衡的了。这是因为，如果新的应对方法是可能的，那么这些方法就会改变结果，所以由定义可知，这不可能是均衡的。接受过良好的新古典经济学训练的经济学家，可能会对非均衡假设持反对意见，因为标准经济学理论认为非均衡情况在经济中无足轻重。萨缪尔森在1983年就曾经说过："那么不稳定的非均衡状态，即使真的存在，也必定只是暂时的、非持久的状态……读者诸君，你们见过几次竖起来的鸡蛋呢？"[4]

这些经济学家明确地告诉我们：均衡就是经济的自然状态。

但是，我认为事实并非如此，绝对不会如此。我敢肯定，非均衡状态才是经济的自然状态，经济始终处于变化当中。这不仅是因为经济总是面临着外部冲击或外界影响，而且还因为非均衡本身就产生于经济的内部。内生的非均衡的出现，主要出于两个原因：第一个原因是根本的不确定性或奈特意义上的不确定性；第二个原因是技术创新或技术变革。下面让我们依次来阐述。

第一个原因是根本的不确定性。经济中所有关于选择的问题都与未来发生的事情相关，这些事情既可能马上就会发生，也可能过段时间才会发生。因此，经济中的选择问题，必定在一定程度上与未知的事情相关。在某些情况下，行为主体拥有充分的信息，或者能获取可能会发生的事情的准确概率分布，但是在很多其他情况下，即在绝大多数情况下，他们并不拥有这些信息，甚至根本不知道这些信息，也无法估计出概率分布。[5] 例如，我可能会选择某一种新技术进行风险投资。在刚开始时，我可能完全不知道这种技术会不会成功、公众对它的接受程度如何、政府会对它进行怎样的监管，也根本不知道会不会有人把同类产品引入这个市场。然而，我必须有所行动，因为我对相关的情况，即根本的不确定性完全一无所知，所以所谓"最优"行动根本就不存在。当其他行为主体也参与进来时，情况会变得更糟。在那种情况下，这种不确定性就会自我强化。如果我不清楚具体情况，我只能认为其他人也不清楚。我不仅必须形成自己的主观信念，还必须形成有关主观信念的主观信念，而且其他行为主体也必须这样做。由此，不确定性带来了更进一步的不确定性。[6]

当然，我的这个观点并不是一个新观点。其他经济学家，尤其像沙克尔（Shackle），已经撰写了大量论著论述这一点。只有将这个观点理论化，才能显示出重要的理论意义。当我们无从得知结果是什么时，它所带来的决策问题是无法清晰明确地加以界定的。问题本身都未能在逻辑上界定清楚，针对这些问题的缘由也就不可能有一个合乎"逻辑"的解决方法，因此理性，即纯粹的演绎理性（deductive rationality），也不可能得以明确地界定。在这种情况下，演绎理性不仅只是一个糟糕的假设，而且它本身根本就不可能存在。也许有可能存在聪明的行为、合乎情理的行为，也许可以存在富有远见的行为，但是从严格意义上来说，根本不存在合乎演绎理性的行为。因此，我们不能假设这种理性。

当然，所有这些并不意味着人们面对经济问题时束手无策、寸步难行，也不意味着人们不会做出选择、采取行动。行为经济学告诉我们，情境往往决定了人们如何决策，也无疑让我们直接利用它来"替我们发现"结果。此外，认知科学也告诉我们，如果某个决策很重要，那么人们有可能会摆脱当前情境的影响，他们会努力通过推断、猜测，以及利用过去的知识和经验去分析这个决策。他们会发挥自己的想象力，尽可能地预测未来，并以此为依据来做出决策。确实，正如沙克尔所指出的，"每个人都会发挥自己的想象力，努力想象未来的样子，这种想象过程是其决策过程中一个至关重要的组成部分。"依据沙克尔等人的这种洞见建立决策模型的一种方法是：假设行为主体对自己身处的环境形成了某种个人信念或假设，也有可能是一系列信念或假设，即内部模型，并且不断地对他们的信念或假设进行更新。这也就是说，当他们在探索时，他们以此为依据不断对自己的行动和策略进行调整、舍弃和替换。[7] 总之，他们是在利用归纳不断前行。[8]

这种探索行为的不断实现，导致了经济中永恒存在的布朗运动。由于行为主体的探索、学习及适应，经济永远都处于破坏性运动之中。正如我们将会看到的那样，这些破坏性运动会被放大，成为显著的现象。

破坏性运动的另一个动力是技术变革。大约在 100 年前的 1912 年，熊彼特提出了一个著名的观点，他指出"经济体系中存在着一种力量，这种力量能够破坏任何可能达至的均衡"。这种力量来源于"生产方式的新组合"，我们现在称之为技术的新组合。经济学并没有否认这一观点,但是它必须假设经济均衡能够不时地进行调整,以适应外界的变化。

然而,这种技术力量的破坏性很强,远远超出了熊彼特所设想的范围。新技术需要更多的其他新技术来支持。例如,在人们发明了电脑以后,电脑就需要或"要求"更强大的数据储存技术、计算机编程语言、计算算法及固态开关设备,等等。而且,新技术也为其他新技术的出现创造了条件。举例来说,真空管的问世,使得无线电的传送和接收、广播、继电器电路、早期计算机以及雷达等技术的出现成为可能,或者说它为后来的这些技术提供了"供给"。同时,这些新技术反过来又催生了对更新技术的需求和供给。由此可见,一项新技术并不是只会使均衡受到一次性的破坏,相反,新技术永远都是更新技术的创造者和需求者,而且这些更新技术本身,也需要创造出比自己更新的技术。我要再次提请读者注意这个过程自我强化的性质。由此而导致的结果并不是偶发性的破坏,而是持续性的、一浪催生一浪的破坏大潮。在整个经济中,这种破坏并行出现,在所有维度上同时发生。技术变化会内生地、不断地创造出更进一步的变化,从而使经济处于永远的变化之中。

从时间维度来看,技术的破坏性影响发挥作用的速度,要慢于纯粹源于不确定性的布朗运动。但是,技术的破坏性影响会导致更大的剧变。技术的破坏性影响本身,也会带来进一步的不确定性,因为各行各业,如工商界和产业界,根本不可能知道下一步进入自己领域的技术会是什么。因此,不确定性和技术这两个因素,都会导致这样一个现象:行为主体没有任何确定性的方法来做出决策。

现在,一种全新的看待经济的方法正在崛起,它不同于标准的均衡性经济学方法。由于在经济中,不确定性和技术变革无所不在,而且毫无疑问,它们二者渗透了经济的各个层面，行为主体必须探索着前行、"学习"自己面临的决策问题并对出现在眼前的机会做出反应。在我们所处的世界里，行为主体的信念、策略和行动创造了某种状态、结果或"生态"。而与此同时，行为主体的信念、策略和行动，都要接受这些状态、结果或生态的"检验"。再者，更加微妙的是，行为主体进行的探索，还会进一步改变经济本身以及行为主体所面对的环境。因此，行为主体不仅要面对自己试图解决的问题，而且他们在解决问题过程中的每一个行动，合起来还会改变当前的结果，这就要求他们必须再次做出调整。换句话说，我们处在一个复杂的世界当中，这种复杂性与非均衡有着密切的联系。

建立非均衡状态下的理论

面对内生的非均衡，我们应该怎么办呢？如果庞大的经济一直随着行为主体的活动处于"沸腾"之中，借用熊彼特的一句话，那么我们要处理的似乎就是一种"无法纳入分析范围的混沌"。面对这个难题，以往的标准经济学的态度可以用两个成语来描述：束手无策和退避三舍。但是，如果我们决定不步标准经济学的后尘，并且我们坚定自己的立场，认真对待非均衡问题，那么我们必须怎样做才能继续向前呢？我们能够得出一些有用的结果吗？我们会有什么样的发现呢？当然，首先要回答的一个问题是，在非均衡状态下进行理论化建模意味着什么。

有一种观点认为，经济的很多组成部分可以被视为处于近乎均衡的状态，对于它们，标准理论仍然是适用的。同时，对于经济的其他组成部分，我们则可以将它们视为处于暂时偏离了最具吸引力状态的状态，仍然可以研究它们向这个最具吸引力的状态收敛。但是，这种观点仍然把经济当成了一台高度平衡、能够自动调整的机器,认为它只会暂时偏离均衡状态。固守这种观点,只会使我们既不能了解经济在均衡状态之外的表现,也不能刻画经济在非均衡状态下极具创造力的一面。

研究非均衡经济的一种更好的方法是,研究经济的各种"当前状况"。正是在这些当前状况中,形成了决定未来事件或事物的那些条件。经济是一个系统,而且这个系统中的各个元素,都会根据"当前状况"来不断更新自己的行为。[9] 如果采用另外一种更加正式的说法,我们可以说,经济就是一种持续的"计算"(computation)。这是一种极其庞大的分布式计算,也是一种大规模的并行计算,而且这种计算是随机的。[10] 这样一来,经济就可以视为一个以一系列事件为序不断进化的系统。从这个角度来看,经济是有算法规则的。

虽然以这种方式看待经济有一个风险,有人可能会说,这只是为了迎合科学的当代潮流。但是基于这种思想,我可以阐明一个很重要的观点。让我们暂且假设我们掌握了经济的算法,或者更进一步地说,假设自己就是拉普拉斯(Laplace)或"上帝"[11]那样的人,在我们掌握的经济或感兴趣的某个经济领域中,"采取"下一步行动时,所要遵循的数量庞大但总数有限的各种具体机制。有关计算的一个基本定理告诉我们,一般来说,如果我们随机选择了某种算法,是没有方法,或者说没有系统的解析方法能够提前算出该算法或电脑程序是否会终止,而不是永远持续或循环下去的。因为我们只能规定,如果某种算法的输出,符合一组特定的数学条件或得到了某个给定的"解"(solution)就终止计算,那么一般来说,我们并不能确定这种算法是否合适。总之,没有任何解析方法能够提前确定某种给定的算法是否合适。[12] 我们所能做的,无非是按照算法计算下去,然后看看它会带来什么结果。如果某个算法足够简单,我们还是经常可以观察到,它会带来某种特定的结果。但是,当我们不能决定算法的结果时，算法就不必过于复杂了。

因此，我们必须更加谨慎一些。对于一个高度互联的体系来说，均衡或闭合解（closed-form solution）都不是缺省结果。而且，如果均衡或闭合解是确实存在的，那么必须解释它们存在的理由。从计算的角度思考这些系统，并不意味着我们有意回避解析分析，严格地说，解析分析是非常必要的。我们经常要对非均衡系统的定性特点进行很多非常有用的预分析，以便更好地理解它们背后的机制。然而，在研究非均衡系统的结果时，唯一准确的方法仍然是计算。

> **非均衡系统（Nonequilibrium System）** 一些经济学家认为，非均衡状态才是经济的自然状态，经济始终处于变化当中。这不仅是因为经济总是面临着外部冲击或外界影响，而且还因为非均衡本身就是产生于经济内部的。

现实经济背后的算法并不是随机选择的，而是高度结构化的。因此，一种可能出现的情况是，现实经济的"计算"总是会得到非常简单的结果；另一种同样可能出现的情况是，现实经济的计算也总是无序的、无定形的。在我们所研究的经济领域内，通常不会出现这两种情况。尤其是在有强大的抗衡力量发挥作用的情况下，我们经常可以观察到一些大型结构，即一些与均衡不严格对应的吸引域。在这些吸引域内或当不存在吸引域时，我们也能观察到某些机制，它们会造成某些不是随机产生或消亡的现象、子模式或子结构。对此，我们可以用物理学中研究的太阳来进行类比。从远处看，太阳是一个由气体组成的巨大球体，而且是一个处于均衡状态之下的球体。但是在这个"均衡"的内部，还存在着一些强大的机制，它们引起了许多动态现象，如巨大的磁环和磁拱、冕洞、X射线耀斑，以及最高时速可达 7.2×10^6 千米的等离子射线大规模爆发等。太阳这个巨型"气球"确实呈现为一个松散的球体，但是它从来都没有处于均衡状态。相反，它一直处于不断的运动之中，这种运动源于更早之前的扰动，而且它破坏了达到均衡的可能性。这些现象都是局部的，并且能够发生在各种维度上。再者，这些现象都是短暂的，它们的出现、消失和互动，从时间上看都是相当随机的。

我们在经济中也经常可以观察到类似的情况。要建立非均衡状态的理论，就是要揭示那些起作用的大吸引子（如果它们真的存在的话），同时还要研究其他子结构或现象，这些子结构或现象可能因大吸引子的特点和行为而出现。我们可以利用精心设计的计算机实验来做到这一点，通常是对结果进行统计分析，从而将各种现象及导致这些现象的机制识别出来。在很多情况下，我们可以为某种现象建立一个较简单的"玩具模型"（toy model），该模型应该能够刻画该现象的基本特征，并允许我们利用数学理论或随机理论来研究这种现象。但是要记住，研究的目标并不一定是要给出确定的方程式或达到某些必要条件，相反，正如所有的理论一样，我们的目标是获得一般性观点。

接下来，让我们通过一个真实的、利用计算机完成的非均衡研究，来将上述要点融合起来。这是一个经典案例。

1991年，克里斯蒂安·林格伦（Kristian Lindgren）设计了一个在计算机上进行的锦标赛。在这个锦标赛中，各种策略随机配对，进行重复的囚徒困境博弈，以便分出高下。在这里，我们不必考虑囚徒困境博弈的细节，而是直接把它视为一个有一系列指定策略的简单博弈。所谓博弈策略，就是指给定对手最近采取的行动，另一方应该如何行动。如果某个策略带来的结果很好，那么就重复该策略并进行策略突变；如果某个策略带来的结果很糟糕，那么该策略就会被移除。林格伦允许博弈参与者拥有对另一方和自身最近采取的行动的深层记忆，从而可以"深化"策略。这样一来，用我们在这里采用的术语，就可以说这些策略在"探索"策略空间。如果策略不是很成功,那么就可以进行改变和调整。林格伦发现,在锦标赛开始之初,简单策略,如"一报还一报"策略是占优策略,但是过了一段时间后,"更深层"策略出现并战胜了原来的简单策略。随着时间的推移,又出现了能够"剥削"以前更深层策略的更加深层的策略,这个过程是在相对稳定期间和动态不稳定期间的相互交替中完成的(如图1-1所示)。

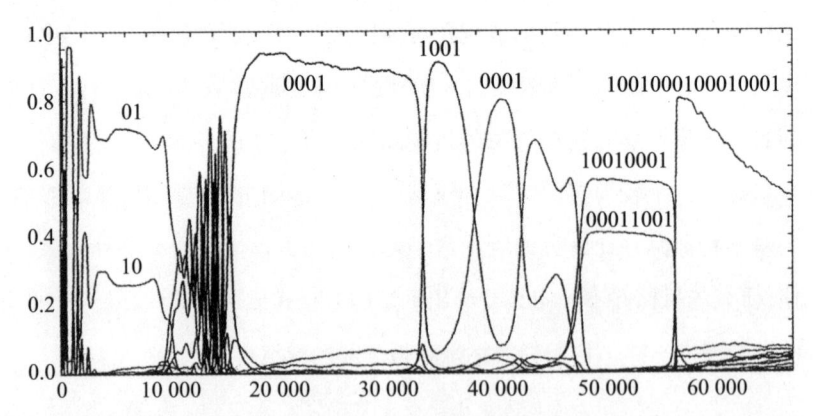

图中横轴表示时间(期数),纵轴表示使用某个特定策略的次数,标号表示策略的记忆深度。

图1-1 林格伦计算机锦标赛中的策略

这个锦标赛的动力学机制十分简单,因此林格伦可以将它们用一些随机方程式描述出来。但是,这些随机方程式不能说明全部情况,我们必须通过计算来搞清楚到底会发生什么。在计算过程中,我们发现涌现出来的是一个**生态**,即一个"策略生态"。每种策略都试图利用某个环境,在该环境下求得生存,而且该环境就是由该策略本身以及其他策略在努力利用环境、寻得生存时所创造的。这个生态就是一个微型的"生物圈",在这个生物圈中,各种新物种(即策略)不断涌现出来,在现有各物种所创造的环境中探索求生,如果遭遇失败,这些失败的策略就无法生存。这里需要提请读者注意的是，这个生物圈中当然也有进化，但这种进化并不是从外部引入的，而是在各种策略为生存而竞争的自然趋势中发展出来的。这种观点在复杂经济学这种类型的经济学中是很常见的。复杂经济学中的"解"，是一个由相互竞争的多种策略、行为或信念组成的生态系统。这个生态系统是不断变化的，它拥有自己的特性，对它可以进行定性研究和统计研究。[13]

在林格伦的这项研究中，每一轮计算的结果都各不相同。不过，在经过多轮计算之后，终于出现了一个进化稳定策略，那是一个复杂的策略，它依赖于对过去四期行为的记忆。而且，在其他各轮锦标赛中，这个系统仍然持续不断进化。在某些轮次中，我们观察到复杂的策略很快就出现了，而在另外一些轮次中，复杂策略则很迟才出现。尽管如此，这个锦标赛中还是存在一些不变的东西，如策略之间的共存现象、新策略的开发、自发涌现的互利主义、忽然发生的崩溃、静止状态和不稳定状态之间的交替变化，等等。这些情况与古动物学上的图景何其相似！

我在这里将林格伦这项研究称为非均衡经济学研究的一个样板。有的读者可能会心生疑虑：一个在计算机上进行的研究，怎么可以算是经济学研究呢？这种研究与建立非均衡状态下的经济学理论，有什么关系呢？这看上去一点也不"数学"。对于这种疑问，我的回答是理论绝非全由数学构成。数学无非是一种技术、一个工具而已，尽管它看上去比较精确、比较复杂。理论不同于数学，理论就在于发现、理解并解释世界中存在的现象。数学只是为这个理论化过程提供便利，当然这是一个很大的便利。重要的是，计算也能起到同样的作用。

当然，计算与数学也有不同。利用数学模型时，我们可以通过方程一步一步地论证，并找到问题的解必须满足的条件，计算却不能做到这些。[14] 计算也有自己的长处。它的长处不但能补偿它的不足，还可以让我们看到均衡数学无法看到的现象。通过计算，我们能在不同的条件下重新得到结果，在结构出现或没有出现时进行探索，确定潜在的深层机制，层层递进地简化现象，提取现象的根本信息。换句话说，计算是思想的助手，在这一点上，它与经济学早期发展中所运用的其他辅助工具没有什么区别。线性代数、微积分、统计学、拓扑学、随机过程等辅助工具，在当时都曾经受到过抵制。计算机已经成了研究经济学的一个实验室，如果能够熟练地、有效地利用计算机，它可以成为一个强有力的理论创造器。[15]

所有这些都指向一个新的前进方向，即以非均衡视角来研究经济的方向。我们可以将经济或我们感兴趣的部分经济领域视为行为主体的策略、预测和行为不断变化的结果。对于这些经济领域，以及经济学中的一些经典问题，如代际转移支付、资产定价、国际贸易、金融交易、银行业务等，我们都可以通过建立模型来研究。只不过在我们的模型中，要研究的不只是行为主体在均衡状态下做出的应对，而是行为主体在所有情况下做出的应对。我们的模型有时也可以借助数学来进行分析，但是许多时候只能借助计算，当然有时需要同时借助这两者。我们不仅希望找到均衡的条件，我们还想理解结果的形成以及结果的进一步发展，解释经济中出现的所有动态现象。

三种典型的非均衡现象

那么，在非均衡状态下会出现什么现象呢？这些现象同非均衡与复杂性有什么关系？接下来，我将依次对这些问题展开分析。在研究非均衡经济中可能出现什么模式和结构之前，我们不妨先来看一下，均衡这个过滤网下的模式与我们所见的模式之间有什么不同之处。为了说明我们的观点，下面先考虑一个简单的交通流量模型,尽管它与经济的关系似乎不是那么紧密。

一个典型的交通流量模型通常都会承认这一点:当一辆车与前面的车辆离得很近时,该车应该减速;与前面车辆相距很远时,该车应该加速。如果给定某个较高的交通密度,例如每千米有 N 辆车,那么就意味着车辆之间有一定的平均间距,车辆应该放慢车速或提高车速,以便与之相适应。这样一来,也就在不经意间出现了一个均衡速度,如果我们希望得到的解只限于均衡状态,那么我们就只能看到这种模式。在现实生活中,当交通密度较高时,往往会出现非均衡现象。有些车辆会放慢速度,因为司机可能注意力不够集中或受到了干扰,而这就会导致它们后面的车辆随之减速,从而立即压缩了交通流量,并进而导致后面的车辆进一步减速。随着这种压缩不断向后蔓延,交通就会受阻,交通堵塞就出现了。然后,等过了一段时间之后,交通又会恢复正常。这里需要注意三点:第一,这种现象是自发的,每次出现的时间、蔓延的长度以及恢复的时间都是各不相同的。这也就意味着很难找到闭合解,因此最好利用概率方法或统计方法来对此进行研究。第二,这种现象是暂时的,是在一定时间内出现或发生的,如果我们坚持均衡观点就不会观察到这种现象。[16] 第三,这种现象既不是发生在微观层面上的(即单个车辆),也不是发生在宏观层面上的(即道路上的所有车辆),而是发生在这两个层面之间,即中观层面上的。

那么,更一般的非均衡经济又会是怎样一种情况呢?如果将均衡这个过滤网移走,我们会看到什么现象呢?这些现象又是怎样发生和发展的呢?接下来,作为例子,我将讨论三种非均衡现象。

第一种现象是资产价格变动的自我强化,或者用通俗的说法就是"泡沫和崩溃"。只要看一下圣塔菲研究所的人工股票市场,就可以了解这种现象是怎么产生的。在这个基于计算机的模型中,"投资者"是一些人工智能计算机程序。根据我们在前面已经阐述过的理由,这些"投资者"不能简单地假设或推断出某个给定的"理性"预测模型,相反,他们必须分别去发现某个有效的预期模型或预测模型。这些"投资者"会随机地创造出或发现他们自己的预测模型,试用那些有"应用前景"的预测模型,舍弃那些没有用的预测模型,而且他们还会定期地创造出新模型来替换旧模型。股票价格在这些"投资者"的买卖过程中形成,因此最终形成了行为主体的预测。这样一来,我们这个市场成了一个预测模型的生态系统,这些预测模型要么成功,要么被淘汰出局,该生态系统因而处于不断变化当中。[17]在这个人工模型股票市场中,我们可以观察到很多现象,而其中最主要的就是自发形成的泡沫和崩溃现象。

要想搞清楚这些现象是怎样产生的,我们可以从这个实验中提取一个简单的机制。假设我们的"投资者"之中,有人发现了如下交易预测规则:"如果股票价格在最近的 k 个交易期内上涨,那么就预期价格会在下个交易期内上涨 x%。"同时假设,有的"投资者",也有可能就是上述这些"投资者",发现了如下这样的预测规则:"如果当前的股票价格是基础盈利或股息的 y 倍,那么就预期价格会下跌 z%。"第一种预测可能会导致泡沫行为:如果价格上涨了一段时间,"投资者"就会买进,这样也就证实了这种预测,从而就可能导致价格的进一步上涨。到最后,当这种预测驱动价格上涨到一定高度后,就会引发第二种预测。于是,持有这些股票的"投资者"会抛售这些股票,股价下跌,这样就会终止上涨的预测,也导致其他"投资者"跟着抛售股票,最终就会致使股票崩盘。这种扰动的规模和持续时间各不相同,而且发生的时间也很随机,因此是不可预测的。唯一可以预测的是,这种扰动的现象肯定会发生,并且振动的规模大小有一定的概率分布。

01
什么是复杂经济学

第二种现象是集群波动（clusted volatility）。所谓集群波动，是指低波动期与高波动期随机交替出现的现象。在我们的人工股票市场中，集群波动表现为价格低波动周期与高波动周期的交替出现。当行为主体的预测规则在相当程度上相互一致且能够起作用时，就会出现价格低波动周期，这时行为主体没有什么动力去改变这些预测规则或这些预测所产生的结果。当一些行为主体发现了更好的预测规则（即"预测器"）时，就会出现价格高波动周期。因为这会打破整体的模式，使得其他"投资者"不得不改变他们的预测规则来重新适应环境，这就会导致进一步的扰动，以及进一步的重新适应新环境。这种模式在林格伦的研究中，可以看得非常清楚（如图1-1所示）。由此而导致的结果是，在一段时间内，会出现频繁的再调整或剧烈的波动。在现实的金融市场数据中，这种随机的低波动期和高波动期交替出现的现象，被称为"广义自回归条件异方差行为"，即GARCH行为。

第三种现象是被我们称为突然渗透（sudden percolation）的现象。这种现象更经常地发生在空间的维度上，而较少发生在时间的维度上。在一个网络内，当某个地方出现了可以传播的变化时，如果这个网络内部的联系比较"稀疏"，那么这个变化就迟早会因为可用的"转接"不足而逐渐消失。如果网络内部的联系很紧密，这个变化将会不断地传播下去。在银行网络中，某个银行可能发现自己持有不良资产，于是该银行就有压力去提高资产的流动性，并向作为其交易对手的银行求助。这样一来，作为该银行交易对手的那些银行也会面临压力，不得不提高自己的资产流动性，于是又向它们交易对手的银行求助。因此，不良资产问题很快就会通过"多米诺效应"传遍整个银行网络。这样的事件会造成很严重的破坏。这种问题在一些联系不紧密的网络中会逐渐消失，但是如果网络内部的互联程度超过了某个阈值，并且联系变得更加紧密之后，这些问题就会在很长时间内持续地传播，甚至渗透到整个网络。[18]

上面的最后一个例子，让我们了解到了复杂系统的一个一般性质。通常，在复杂系统内，只有当模型中所刻画的调节强度或联系程度的基本参数值超过某个阈值或达到了某个临界水平时，一些现象才会出现。在这个关节点上，系统的整体行为会出现一种相变（phase transition）。在我们的人工股票市场中，"投资者"以一个较慢的速度搜寻新的预测规则，市场行为会"坍塌"为理性预期均衡。不同行为主体会做出同样的预测，而这些预测会使价格发生变化，价格变化的总体情况通常又会证实这些预测。在这种情况下，简单行为占了主导地位。但是，当我们的"投资者"搜寻新预测规则的速度变得非常快且更加符合实际时，市场就会形成一种"复杂心理"，产生各种不同的预测信念。这时，各种各样的暂时现象就开始出现了。在这种情况下，复杂行为就占了主导地位。当我们继续调高"投资者"搜寻新的预测规则的速度时，个体行为就不能有效地进行调整来适应他人行为的快速改变，于是混沌行为就会占据主导地位。其他的一些研究也发现了从均衡到复杂再到混沌的相变，或者从均衡到复杂再到多重均衡的相变。我认为，在非均衡模型中，一般都存在着这种相变。

现在，我们可以开始了解这种现象（如果你愿意的话，也可称其为秩序或结构）与复杂性之间有什么联系了。正如我所指出的，复杂性科学研究的是相互作用所产生的结果，它研究各种元素，如粒子、细胞、偶极、行为主体、企业等在相互作用中产生的模式、结构或现象。很明显，这种相互作用同样发生在我们上面说的这个网络案例中，不过在我们的人工股票市场中，相互作用显得更加微妙一些。只要我们的"投资者"中有一个人买入或抛售股票，这种行为就会导致股票价格发生变化，虽然也许只是非常微小的变化，但其他投资者就可能会对这种变化做出反应。在上面提到的三个例子中，变化都会在系统中扩散出去。

复杂性科学研究这种变化是如何"进行到底"的。或者换一种说法，复杂性科学研究的就是，这种变化是如何通过相互联系的行为扩散出去的。在银行体系中，一个银行在面对压力时，可能会将这种变化转移给与自己有联系的同伴，而这些同伴又可能将其传递给它们自己的同伴，那些同伴的同伴又可能进一步传递给它们自己的同伴……因此，在某一个节点发生的事件，可能会引发一连串级联放大的事件。这种级联事件或连锁反应，通常只会进一步对其他一两个因素产生影响，有时也会对更多的因素产生影响，只有在极少数情况下才会对很多因素产生影响。这个过程中的数学理论，是复杂性理论的一个非常重要的组成部分。该理论表明，这种事件会进一步引发其他事件，它们的传播有一些典型特征，如幂次法则（幂律，由很多小型且频繁的传播引起，只有极少数由大型且罕见的传播引起）、重尾概率分布（长程传播虽然罕见，但是仍然比正态分布所预测的更加频繁）[19]，以及长程相关性（事件可以长距离、长时间传播）。事实上，所有系统，包括物理系统、化学系统、生物系统、地理系统等都有这种特征，即事件可以在系统中传播。在我们上面所举的与经济相关的例子中，传播也发挥着非常重要的作用，并且也具备这些特征，这其实不足为奇。[20] 在现实的经济数据中，这些特征也都是显而易见的。

除了这些特征之外，我们还可以观察到其他一些东西。如果从外部改变一个系统内部各因素相互作用的程度，如提高某些事件进一步引发其他事件的概率，或者增加系统内部的连接数等，系统就会受到影响。如果原本存在某种后果的话，这种后果会从轻微影响发展到严重影响，再从严重影响发展到永久影响。系统会经历一个相变。所有这些特征都是复杂性的标志。

我们终于可以说清楚，为什么非均衡与复杂性是相互联系的。经济中的非均衡现象，迫使我们去研究非均衡导致的各种变化的传播，而复杂性科学要研究的在很大程度上就是这种传播。由此可见，非均衡经济学可以适当地纳入复杂性研究的范围之内。[21]

在这里，还需要对上述观点稍做进一步的说明。我在前面解释过的那些现象，经常会先出现在特定的历史时间或空间上，然后又消失。如果我们坚持均衡的立场，那么就无法观察到这些现象。这些现象不是局部现象，它们出现在局部网络或股票市场的某个组成中，并可能向外扩散。通常来说，它们会在各种各样的维度上发生。网络中的有些事件可能仅仅涉及很少的几个节点，而有些事件则可能会涉及整个经济系统。这些现象通常都是介于微观和宏观之间，因此我们可以恰当地称之为中观现象。[22] 它们具有中观经济（meso-economy）的特征。

有人也许仍然会认为，这种现象是无关紧要的。毕竟，这样的系统中还隐藏着标准的均衡解，而且均衡解的有效性是最高的。对我们的股票市场模型来说，也许确实如此，因为没有任何一个股票市场能长期保持100倍的市盈率。[23] 但是（这是一个至关重要的"但是"），正是由于一些暂时现象的存在，市场中才会发生一些有趣的事情，而且这些事情都发生在偏离均衡的时候。说到底，只有这种时候，才是能够赚到钱的时候。对此，我们可以用以下例子来进行类比说明。由于总是存在着重力，在地球上没有物体能"摆脱"重力，海洋中存在着一个近乎均衡的海平面，这个海平面的有效性最高。这一点当然是千真万确的。正如在股票市场中一样，在茫茫大海中，有趣的事情通常不会发生在均衡的海平面上，而且这种均衡的海平面很少见。有趣的事情通常只会发生在那些永远都波动不休的海面上，而且这种波动还会造成更进一步的波动，那才是船只停留或航行的地方。

在这一节中，我用了三个相当著名的例子来说明何为复杂现象以及它们是怎样出现的。我们也注意到了其他的一些现象，当然还有更多的现象有待于我们去发现。这些现象到底是什么，它们有什么特性，以及现象之间的相互作用如何，这些都是未来我们要研究的重要问题。但现在最重要的是，上面的论述表明，我们需要关注经济中一个"新"的层面，即中观经济。在中观经济中，事件能够在各种维度上进一步引发其他事件。经济中存在一个中间层面或中观层面。正是在这个中观经济层面上，各种现象出现了，这些现象会持续一段时间，然后消失不见。

正反馈

上面我们讨论了复杂经济学的机制，关于这种机制我还想进一步说明一点。这些机制源于相互作用中自我强化的行为。比如，行为主体买进了某只股票，或者轻微地扰动了市场，又或者传播了某种变化，就有可能导致进一步的买入行为，或者进一步的扰动，或者进一步的传播。又如，我们在前面已经看到的，行为主体在做出选择时往往表现出不确定性，这会导致进一步的不确定性；或者行为主体引入一些新技术，这又往往会带来更新的技术。这种正反馈会打破现状，导致不均衡，而且也会导致某种结构的出现。在交通运行中，一个小小的阻塞会引起更进一步的阻塞，进而导致一种结构的形成——交通堵塞。这也正是我所说的布朗运动出现的地方。它会导致一些小小的摄动，围绕着这种小小的摄动，会形成小型的"成核运动"，而正反馈则会放大这些运动，然后这些运动会被"锁定"，最后，随着时间的推移，它们最终会消失。

正反馈可以说是复杂系统的定义特征，或者更确切地说，正反馈和负反馈同时存在、共同作用，是复杂系统的定义特征。如果一个系统只存在负反馈

（在经济学中，这就是收益递减），那么系统很快就会收敛到均衡状态，表现出"死的"行为。如果一个系统只存在正反馈，那么系统会偏离均衡，表现出爆炸性行为。只有在同时包含正反馈和负反馈时，系统才会表现出"有趣的"或"复杂的"行为。在正反馈的作用下，各种相互作用会相互叠加，形成某种结构，在经过一段时间后，又会被负反馈作用抵消，最后消失。因此，结构形成，然后又消失，其中有一些结构还会进一步继续发展，或者导致进一步的结构形成。这样的系统才是一个"活的"系统。

这些观察结果，丰富了经济学中关于正反馈或收益递增的早期文献。举例来说，如果一个企业在产品、技术、地理区域等方面处于领先地位（这可能是由某些小概率事件所导致），那么在收益递增的情况下，它就会拥有更进一步的优势，从而可以获得更加领先的地位，那么接下来它很可能继续主导竞争结果。如果有 N 家企业相互竞争的话，那么最少会有 N 种结果，但是 N 的值不一定很小。在 19 世纪末期，打字机键盘的布局有很多种，各种不同的键盘布局为了让更多人使用而相互"竞争"，最终只有我们现在正在使用的这种布局胜出，成为标准的打字机键盘布局。但是，一个简单的计算表明，当初其实存在着多于 10^{54} 种可能，无论怎么看，这都可以说是一个天文数字。

收益递增的形成过程现在已经众所周知了。在这里，我要补充的是，经济中的正反馈的普遍性，远远超出了我们以往的想象。它不仅存在于企业或产品中，也存在于各种小型机制和大型机制中，还存在于决策行为、市场行为、金融行为及网络动力学中。正反馈在所有维度上都能发挥作用，它使经济变得不稳定，甚至在宏观层面上也不例外。例如，凯恩斯理论所描述的机制，可视为一种正反馈。这种正反馈被暂时锁定在充分就业和失业这两种可能状态中的一种上。此外，正反馈还会给复杂系统带来一系列独特的属性，如多吸引子、不可预测性、无效,以及路径依赖等。在物理学中,则相对应地表现为多重亚稳定状态、不可预测性、相锁定(或模式锁定)、高能基态,以及非遍历性等。不过,我们还是可以把这些属性与正式的复杂性联系到一起。

经济的形成

接下来,我想讨论一个非常不一样的主题。这个主题建立在前面提到的技术的破坏性影响的基础之上。到目前为止,我们已经看到,给定组成经济的要素,这些要素会不断地对它们自己创造的模式做出反应,并且不断地形成不同的模式。但是,这仍然不足以刻画经济的基本特征。说到底,经济是不断地通过创造新要素来实现自我创造和再自我创造的。这些新要素通常是新技术和新制度,随着经济的进化,它们会产生新的结构。那么,这究竟是如何发生的?经济是如何形成其自身的?经济又是怎样发生结构性改变的?熊彼特在1980年将上述问题中要解释的现象,称为"我们试图解释的现象中最重要的一个"。复杂性思想有助于解释这个问题,因为复杂性就是关于结构的创造和再创造的。

我们首先要认识到:如果想搞清楚经济是如何建构自身以及如何改变的,那么我们就必须先去研究技术,搞清楚技术本身是如何建构自身以及如何随时间改变的。当然,技术并不是造成经济改变的唯一因素,但很显然是最主要的一个因素。关于经济变迁的标准,经济学理论将技术与生产函数等同起来,并把经济视为这些技术的"容器"。当新的工业技术被引入进来时,生产函数就会发生变化,于是产量也提高了,劳动力或其他资源得到了释放,而这就意味着可以投入更多的财富,用来研发更新的技术。从而,经济平滑地从一个均衡转移到另一个均衡,并实现了内生增长。这种模型很漂亮,也非常符合均衡经济学的套路。但是问题在于,它使经济的主要驱动力——技术,成了背景因素,而把价格和数量放在了前台显著位置。这种观点把技术看作是无形无相的，技术自然会神不知鬼不觉地翩然而至，一个一个地随机出现，而且没有结构可以用来解释技术是如何产生的，又如何随时间的推移而改变经济。

根据复杂经济学的观点，技术是处于最显著的前台位置，价格和数量反而处于背景位置。[24] 从复杂经济学视角出发，我们将会认识到，经济中的重要结构是可以用于解释技术的兴起以及技术是如何进入经济的。为了得到这种认识，复杂经济学聚焦于任何一个时点上出现的技术集合（collection of technologies），并且追问这个技术集合是如何进化的，即集合中的技术是怎样产生的，这个技术集合又是如何创造和再创造一个相互支持的支撑体系（supporting set）的，这个支撑体系又是如何随时间的推移改变了经济的结构。

我们首先可以将各种各样的单个技术，定义为人类为了实现自己的目标而运用的手段。作为手段，技术可以包括工业生产程序、机械设备、医疗程序、算法法则以及商业流程等。除此之外，技术还可以包括组织机构、法律和制度，这些也都是人类实现自己目标时所用的手段。关于技术，非常重要的一点是，技术总是用零件、装配组件和半成品建构、组装、组合而成的。这些零件、装配组件等也是人类实现目标的手段，因此新技术是通过组合现有技术而形成的。[25] 例如，激光打印机就是根据现有的激光技术、数字处理器及静电复印术创造出来的。处理器引导高度集中的激光束，在复印机硒鼓"印出"一个图像。我们可以把技术看成是这样一个系统：新的元素（即技术）不断地从现有元素中形成，而且这些新元素的存在又可能要求更新的元素出现。

其次，我们可以将经济定义为一系列的安排和活动，社会就是通过这些安排和活动来满足自己的需要。这些安排当然就是指经济中的技术。从这种角度来看待经济也许并不常见,但是其实非常符合古典经济学家们的观点。因为古典经济学家认为,经济就是一个以自身的生产工具为起始点的过程。我们可以这样说,经济涌现于它自身的安排和自身的技术,经济就是它自身技术的一种表达。从这个视角而言,经济就是其自身的生产方式(即它自身的技术)的一个生态系统。在这个生态系统中,得到应用的各种技术必须是相互支持,在经济上要保持一致的。

在此基础上,我们还可以加入另一种观察结果。只有当存在对技术的"需求"时,技术才会出现。这种需求大多是来源于技术本身的需求。例如,汽车出现后,就需要或引发一系列更进一步的技术,包括石油勘探技术、石油钻探技术、炼油技术、大批量生产技术、汽油分销技术,以及汽车维修技术等。在任何一个时候,都存在着一个开放的机会之网,有利于进一步的新技术的开发和新安排的涌现。

基于以上内容,我们就可以搭建经济的基本结构了。要让这个基本结构运行起来,首先还要搞清楚技术集合是如何建构的。根据建构技术集合的各个步骤,我们可以给出如下经济形成的"算法":

步骤1:新技术出现。新技术是在某些现有的特定技术的基础上创造出来的,并且它会作为一个新元素,进入当前的技术集合中。

步骤2:新技术变得活跃起来,并替代现有技术及现有技术中的某些部分。

步骤3:新元素为支持性技术和组织安排,创造出进一步的"需求"或提供进一步的机会利基(opportunity niches)。

步骤4:如果被替换的旧技术从技术集合中退出,那么它们的附属需求就会消失。它们提供的一系列机会利基,也会随着它们的退出而消失；反过来，那些用于填补这些机会之窗的元素，也会变得不再活跃。

步骤 5：作为未来技术或未来元素的组件，新要素变得活跃起来。

步骤 6：经济，即商品和服务的生产和消费模式，重新进行调整来适应上面这些步骤。成本和价格以及研发新技术的激励也会相应地有所改变。

例如，铁路机车是通过将现有的蒸汽发动机、锅炉、曲柄和铁轮组合而建构出来的。在1819年前后，铁路机车出现在了技术集合当中（步骤1）；它替代了原有的马车（步骤2）；创造了对铁路网络和铁路运输企业的需要（步骤3）；导致运河水运业和马车陆运业的萎缩（步骤4）；成为货物运输的一个关键组件（步骤5）；随着时间的流逝，最终使整个经济的价格和激励出现了变化（步骤6）。当然，以上这些事件或步骤可能是并行展开的，如新技术一出现，新机会就会随之出现。

如果你在脑海中依序"运行"这个算法，你就可以发现一些很有趣的事情。这个算法一旦运行起来，就可以启动一系列事件且永远不会停下来，因为这些事件中的每一个事件，都可能激发出更进一步的事件。例如，一项新技术可以通过步骤3和步骤5，导致更新的技术出现；通过步骤4，可以进一步替换旧技术；通过步骤6，则可以进行进一步的调整。同时，这些新技术反过来也会提供更多的机会、更新的技术，以及更进一步的替换。这个算法看上去也许很简单，但是一旦启动它，就会永不止息地引发各种各样的、具有一定模式的新行为。

至此，经济形成的基本机制也被解释清楚了。但是，除此之外还有第二个层面的机制，该机制能够进一步增加经济结构。新技术通常是以技术集群的形式进入经济的。在过去几十年间，一大批技术，如蒸汽发动机技术、电力技术、化学技术、数字技术等都已经进入了经济。所有这些技术，或者是以某项既定的关键核心技术为基础的，如蒸汽发动机技术是以蒸汽机为基础的；或者是以一系列相关现象为基础的，如相关的化学现象、电力现象、遗传现象等，这些现象得到了有效的利用，从而形成了相关技术。此外，这些技术是在以往的一两个核心技术的基础上逐渐形成的，即在核心技术的基础上，补充所需要的子技术。与其说这些"技术体"是在经济内被采用的，还不如说它们是与相关的行业"邂逅"的。它们与现有的商业流程相结合，创造出了新活动，激发出了新动力，形成了可用的新流程，并促成了小企业的急剧涌现。在这些小企业中，少数会继续成长为大企业。

经济，满足我们需求的一系列安排和活动，就是这样形成的。事实上，经济就是所有这些机制的运行结果。

截至目前，我介绍的这些机制，只是经济重塑自身的过程中最基本的"骨架"。每个机制都含有若干的子机制，它们在这里都被略去了。但是请读者注意一下，总的主题已经很明确地揭示出技术拥有一些简单属性，这些简单属性生成了一个由处于不断变化当中的元素（即技术）组成的系统。在这个系统中，每个新的元素都是在以前元素的基础上形成的，每一种元素都会导致元素的替换。所有的元素都会带来一系列对于未来更新的元素不断变化的需求，而整个系统是在那些新近被发现的主导性现象，其属性和可能性的引导下结构化的。

这整个过程是一个自我创造的过程。新技术的形成来源于现有的技术，因此整个技术集合是自我生产的，或者**自创生的**（autopoietic）。经济也是自创生系统。经济的形成来源于技术，而且能够引发进一步的技术形成，进而导致经济自身的进一步形成。很显然，我们又一次深入复杂性领域的腹地了。

现在，我们可以了解到，经济的结构是怎样发生变化的。随着新的实体技术的进入，新的组织形式和新的制度也在新技术的"要求"下应运而生。而且，这些新的组织形式和新的制度，反过来也会对新技术产生更进一步的需求，即要求更进一步的方法、组织和制度的出现。于是，结构就涌现了出来。从更长远的时间尺度来看，大量的技术汇集成的技术集合，确定了经济的"主旋律"，即经济运行的主要方式。我们就是这样迎来了蒸汽时代、铁路时代和数字时代。

技术也提出了一系列特有的挑战或"主旋律性"的挑战，它们需要用新的方法去解决，经济也因此发生了结构性的变化。例如，蒸汽机和早期纺织机的出现，使得以工厂为基础的维多利亚式经济成为可能。不过，维多利亚式经济的过度发展，又引发了一系列新的安排，如保护儿童安全的法律、改善工作条件的法规，以及现代工会等。[26] 随着经济的变化，经济组织和经济制度也随之发生了变化，而这些变化又会带来更进一步的安排、更进一步的新技术以及更进一步的变化。经济结构也因此发生变化。我们可以确定经济实现这种自我更新的机制，但是我们无法准确预测这些机制究竟以何种方式发挥作用。整个过程（如果你愿意的话，也可以称之为"计算"）远远不是确定性的，但是它确实可以说是一个非常完美的非均衡过程。

需要注意的是，我概述的这个理论实际上是一个算法而不是一组方程式。这个理论表现为一系列程序，其中一些程序由另一些程序触发。读者可能还会问，这怎么可能是一种理论呢？它当然是理论。事实上，它与生物学理论相类似。即便是在达尔文出版《物种起源》一书后的今天，也没有人能够成功地将新物种的产生、新物种生态系统的形成，以及进入某个特定物种主导时代的过程，归纳为一个方程组。原因就在于，进化过程是基于一些进化机制的，而这些进化机制是依序分步运行并相互触发的,而且会不断地界定出新的类别(即新物种)。联立方程只有在类别给定时才大有用武之地,因为方程式能很好地描述出给定类别内的数值或数量变化,但是在新类别不断涌现的情况下,方程式通常就无能为力了。

我们必须承认,只有在深刻地理解进化的核心机制,并且提出一组与现实世界的现象相符合、内在一致的一般性命题时,我们这些"理解"才可以说真正构成了理论。[27]因此,生物学理论是理论,但不是以数学形式表达的理论;它是以过程为基础的,而不是以数量为基础的。总之,生物学理论是**程序性的**。同理,一个关于形成和变化而又周详的经济学理论也将是程序性的。[28]经济研究的要旨在于深入理解驱动经济形成的机制,而不在于能不能将这些机制归纳为方程式。我提出的这种程序性理论,并不是对标准理论的否定。但是这种理论确实提供了一种替代研究进路,它将重点集中在能够促成变化的动力本身,这就是技术。

然而,我们怎样才能更加深入地研究这些问题呢?这些基本过程都是有算法的,所以我们肯定可以针对它们的核心机制,构建一些基于计算机的模型。[29]本文介绍的这些研究只是一个开始。我们最终想要建构的总体理论,是一种关于创造性生成的理论:新元素是在现有元素的基础上形成的,新结构是在现有结构的基础上形成的,同时形成本身也源于之前的形成。这无疑是一个贯彻了复杂性思想的观点。

泡沫和崩溃是市场的基本趋势

行文至此,读者应该清楚,对于经济学问题,我们有了一种不同的思考框架。这种经济思想所强调的,并不是实物商品或现实的服务;相反,它强调的是变化和创造的过程。正如有的读者所想到的，这并不是一种全新的经济学思想，它与之前的经济学思想有一定联系。接下来，我将对这种联系加以说明。

经济学向来有两大问题。第一个问题是经济中的**资源配置**。所有市场中，商品和服务的数量与价格之间是如何被决定的？一般均衡理论、国际贸易理论和博弈论这些"伟大的理论"，都是研究这个问题的"典型代表"。第二个问题就是经济中的**形成**。经济最初是如何出现的？又是如何发展的？经济结构是如何随着时间的推移而变化的？关于创新、经济发展、结构变化、历史的作用、制度，以及治理的经济学思想，全都是研究这个问题的结果。资源配置问题已经得到了深入的研究，而且这个问题已经高度数学化了，但是对于经济形成问题的了解却仍然非常少，而且这个问题也几乎完全没有被数学化。[30]

为什么会出现这种情况呢？直到1870年前后，所有伟大的经济学家都认为，这两个问题在经济学中同样重要。斯密、穆勒和马克思都努力尝试过，从理性科学的角度研究资源配置问题，试图在这方面有所建树，与此同时，他们对经济形成问题、治理问题和历史问题，也同样做出了重要贡献。此后，在维多利亚时代，出现了伟大的边际主义革命和一般均衡革命。在严格的理性假设和均衡假设下，它们使得资源配置问题转化为一个代数问题和微积分问题。但是，经济形成问题却无法进行这种转化。这是因为就经济形成问题的本质而言，它既不能被限制为静态的，也不能被限制为理性的。到了20世纪，数学化的理论被当成了唯一的"理论"，因此经济学的数学化大潮与经济形成问题擦肩而过。

马歇尔、凡勃伦、熊彼特、哈耶克和沙克尔等一系列经济学家，以及他们之后的许多制度主义者和历史学派经济学家，都对经济形成问题进行了研究。然而令人感到遗憾的是，在很大程度上，他们这些研究是针对特定历史时期、特殊化、基于案例和直觉主义的。总之一句话，它们是属于文字叙述型的，而不属于能够被一般化的理论推理。随着时间的流逝，这些被称为政治经济学的经济学理论，便被搁置到了一边。政治经济学理论虽然被公认为是符合现实的、有用的，但是却得不到大家的一贯尊重。

好在到了今天，经济学家们都非常清楚，关于资源配置的"数学分析"，不但远未包含所有经济问题，而且也不能很好地处理经济形成、探索、适应以及质变等问题。相比之下，复杂经济学则非常关注创造问题和结构形成问题，它研究的就是创造和结构形成得以实现的机制。复杂经济学是与政治经济学一脉相承的，并且是对政治经济学伟大传统的复兴。特别让我高兴的是，这两种理论有很多值得相互借鉴的地方。利用复杂经济学，我们能够从理论上系统地研究世界的形成；利用政治经济学，我们能够通过直觉方法和经验方法来研究世界的形成。复杂经济学将为政治经济学提供坚实的理论基础。复杂经济学不可以、也不应该取代基于案例的历史分析；恰恰相反，它将深化和发展这个值得尊重的经济学思维方法。同样，政治经济学也会深化和发展复杂经济学。

政治经济学的一个主要优势，就是它的历史感和它的时间感。时间可以导致真实的、不可逆转的差异，进而不断创造出新的结构。相比之下，新古典主义经济学在处理时间问题时，则要逊色很多。在均衡状态下，一个结果会一直持续下去，因此时间在很大程度上没有多少意义；相反，在动态模型中，时间却变成了一个重要的参数，这个参数可以来回转换、影响当前的结果。这一点令很多经济思想家觉得"不舒服"。1973年，琼·罗宾逊（Joan Robinson）提出了一个著名的主张："一旦我们承认经济存在于时间之流中，承认历史是朝着一个方向发展的，即从不可逆转的过去向不可预知的未来发展，那么均衡概念也就站不住脚了。到那时，我们就要重新思考整个传统经济学了。"

在反思时间问题这个方面,复杂经济学与政治经济学是一致的。在"计算"中,也就是说在经济中,大概率事件和小概率事件,往往会在某些特定的、不可重复的时刻决定吸引子的形成,决定时间结构的形成和消失,决定技术的创生,并决定源于这些事物的经济结构和制度。而技术和技术结构,反过来也建立在这些事物之上,甚至未来的经济形态,即通往未来的道路,也是建立在这些事物之上的。无论在什么层面,无论在什么时候,经济都具有路径依赖性。因此,历史再次变得至关重要,而时间也得以再次出现在经济中。

人们可能提出的一个很自然的问题是,复杂经济学这种经济学新框架是否有它的政策含义。当然有啦!复杂经济学告诉我们,市场自身就有出现泡沫和崩溃的趋势。市场会诱发多重局部吸引子状态,市场能通过金融网络传播各种事件,市场能创造出一系列技术解决方案,同时又带来一系列挑战。有了这样的认识,就不难了解哪些政策大有用武之地了,如监管过度行为的政策、以"轻推"方式促成有利结果的政策、创造有利于创新条件的政策等。科兰德和库珀尔(Kupers),对这些政策有一个很好的概括:创造适宜的元条件(meta condition)。

上面这种说法当然没有错。但是我认为,我们还可以提出一个更加强有力的观点。新古典经济学之所以在现实世界中遭到失败,很大程度上是因为它把经济看成是均衡的。如果我们回头看看过去25年间发生的历次经济危机,就会发现:所有这些危机在很大程度上,都是由于少数处于有利地位的"大玩家"利用经济系统中的漏洞而造成的,或者说是由失控的市场所导致的。例如,1990年,俄罗斯在放开市场之后的经济崩溃;2000年,美国政府放松监管之后,加利福尼亚能源市场危机爆发;2008年,冰岛银行倒闭、持续的欧元危机,以及华尔街危机等。受均衡思维所限,人们无法提前预见到这种情况。原因很简单：由定义可知，在均衡状态下，没有人有动力偏离当前的行为，所以"钻空子"行为不会发生。受限于均衡思维，人们也很难看到极端的市场行为，因为他们认为对均衡的偏离，很快就会被反向抗衡力量纠正过来。从均衡理论的基本假设就可以看出，研究经济的某些组成部分如何被钻空子、研究经济的系统性崩盘，本来就不是均衡经济学的主要目的。

相比之下，复杂经济学却可以告诉我们，经济系统永远对各种各样的反应开放，它的每个组成部分永远对各种各样的新行为开放，包括通过钻空子来谋利、结构上的突然变化等。复杂经济学建议出台精心设计的防控措施，就像政府为地震多发地区制定合理的建筑安全标准一样。而且，同样重要的是，复杂经济学会让我们转向现实主义立场。经济并不是由一系列没有任何激励去改变、自然就能共同创造最优结果的行为所构成的。恰恰相反，经济就是一张激励之网，它总能激发出新的行为，诱发新的策略，并让它们共同形成"合理"的结果，从而驱动系统不断变化。

一门基于"动词"的科学

复杂经济学不是添加到标准经济学上的附加组件，它也不意味着简单地将基于行为主体的行为加到标准模型中去。相反，复杂经济学以一种不同的方式来思考经济。它从来不将经济视为一个均衡系统，而是把它看作

> **均衡系统（Equilibrium System）**
> 一些经济学家认为，均衡就是经济的自然状态。这时，经济体系中各种相互关联和相互对立的因素处于相对平衡和相对稳定的状态。

一个动态系统，一个不断进行自我"计算"的系统，一个不断自我创建、自我更新的系统。均衡经济学强调秩序、确定性、演绎推理和静态均衡，而复杂经

济学强调偶然性、不确定性、意义构建（sense making）和一切变化皆有可能。或者换一种说法，迄今为止，经济学一直都是一门基于"名词"的科学，而不是一门基于"动词"的科学。经济函数随时间的变化，通常都被定义为固定的名词，即实体层面的变化，如就业、生产、消费、价格等。但是现在，这些变化已经从名词实体层面，转换到了动词行动层面，如预测、反应、创新、替代等。行动能够引发进一步的行动。

这一转变深刻揭示了中间层经济，即中观经济在经济中的重要地位，同时也重新定义了经济学中的问题的解。从此，问题的解不再是一组数学条件，而是一种模式、一系列暂时现象、一系列能够引发进一步变化的变化、一系列能够创造新实体的现有实体。理论研究的目的，也不再是发现那些"不朽"的一般性定理，而是更深刻地理解创造出这些模式、并使这些变化得以传播的机制。

从更广阔的角度来看，经济学的这个转变，也是科学本身大转变的一个非常重要的组成部分。与以往相比，现在所有科学都在变得更加程序化、算法化、"图灵化"，所有科学都更少依赖方程式、连续性、"牛顿式"了。之所以会出现这种趋势，主要由于以下两个原因：一是生物学作为一门严格科学的兴起，二是计算和计算机科学的崛起。即便是数学本身，也在向这个方向转变。例如，格里高利·蔡廷（Gregory Chaitin）曾经指出，数学正在从连续的公式、微分方程、静态的结果转向离散的公式、组合推理及算法思维。他说："计算机不仅是一种极其有用的技术，还是一种具有革命性意义的新数学，它带来了深刻的哲学后果，它揭示了一个新世界的面纱。"科学和数学中的确定性正在减少，它们正在走向开放、拥抱程序性思维。在这个方面，经济当然也不能例外。

复杂经济学也不是新古典经济学的一个特例。恰恰相反，均衡经济学是非均衡经济学，也就是复杂经济学的一个特例。我们可以说，复杂经济学是用更具一般性的方法来研究经济学的。当然，均衡仍然是一个非常有用的一阶近似。在解决经济中可以明确界定的、可以理性化和静态的问题时，它是有用的。但是，不能再将均衡经济学称为经济学的中心。稳步走向经济学中心的是复杂经济学，[31] 它能够更一般地处理相互作用，能够承认非均衡现象，能够处理创新、形成和变化等问题。

当然，复杂经济学仍处于发展的早期阶段，很多经济学家都在努力扩大复杂经济学的研究"领地"。复杂经济学告诉我们，经济永远都在发明自身，永远在利用机会创造可能性，永远在应对各种变化。经济不是死的、静止的、永恒的和完美的，恰恰相反，经济是活的、永远处于变化之中的、有机的和充满活力的。

COMPLEXITY AND THE ECONOMY

02

"爱尔法鲁酒吧"问题

归纳推理和有限理性

"爱尔法鲁酒吧"问题是个很有意思的决策问题。"很多人会去"的预期会导致几乎没人去,而"不会有人去"的预期则会导致许多人去。为什么理性预期会导致自我否定?现代心理学家认为,在复杂的或不确定的情况下,演绎推理会显得"力不从心",这时人们主要依靠归纳推理进行决策。

02
"爱尔法鲁酒吧"问题

1993年，当时我在圣塔菲研究所，正尝试用计算机模拟的方法来对以归纳方式进行经济决策的问题进行建模，不经意间发现了一个悖论。在圣塔菲的峡谷路，有一家名为"爱尔法鲁"的酒吧。每个星期四晚上，酒

> "爱尔法鲁酒吧"问题（El Farol Problem） 布莱恩·阿瑟1994年提出了一个著名问题：关于去酒吧还是不去酒吧，人们究竟是如何进行决策的？

吧都有表演。人们如果预期那里人不多，他们就会去；如果预期那里人很拥挤，他们就不去。我马上意识到，这是一个很有意思的决策问题。"很多人会去酒吧"这种预期会导致几乎没人去，而"不会有什么人去酒吧"这种预期则会导致许多人去。这就是说，预期所导致的结果，恰恰否定了预期。或者更准确地说，这意味着理性预期，即一般来说正确或有效的预测，会导致自我否定。因此，这里出现了逻辑上的自我矛盾，而且与说谎者的悖论相比，逻辑结构不一样。

我据此写成了一篇文章，得到了许多物理学家的激赏。在复杂性研究的圈子中，"爱尔法鲁"变成了众所周知的名字。"爱尔法鲁"问题后来被张翼成和达米安·夏利一般化了，并进入了博弈论教科书。许多学者都对这个问题进行

了研究，撰写了很多文章，为最初的问题和后来提出的少数者博弈模型及其变体给出了很多个"解"。

这篇文章最初发表于1994年的《美国经济评论会议文章》上。

* * *

经济学中假定的理性类型，是个完美的、合乎逻辑的、演绎的理性，这在对理论问题求解时非常有用。但是，对人类行为的这种理性假设是有很大问题的，它带来的问题远远多于它通常能够解决的。如果我们把经济主体所面临的决策问题想象成一片大海，即简单的决策问题构成表层和浅层，复杂的决策问题构成深层和底层，越靠近海平面的决策问题越容易，那么演绎理性最多只能解决位于海平面及以下1~2米的那些问题。例如，"井"字游戏问题很简单，它位于上述"决策问题之海"的表层，很容易就可以为它找到一个合乎完美理性的极小极大"解"。但是，稍稍复杂一些的国际跳棋，它位于"决策问题之海"略深一点的地方，就找不到理性的"解"了；至于国际象棋和围棋，仍然位于"决策问题之海"的中等深度的地方，当然就更加找不到了。

完美理性或演绎理性，在面对复杂情况时必定会"力不从心"，这有两个原因。第一个原因是显而易见的：当复杂性超过了一定程度时，人类的逻辑思维能力就无法应对了，这就是说，人类的理性是有限的。第二个原因是：在多个行为主体相互作用的复杂环境下，任何一个行为主体都不能假设与自己互动的其他行为主体的行为是完全理性的，因此每个行为主体都不得不猜测其他行为主体将如何行动。这就是说，他们必须依据主观信念以及关于主观信念的主观信念来做出决策。因此也就不存在客观的、明确的、共同的假设了。反过来说，这也就意味着，理性的、演绎性的推理，即在明确的前提假设下，通过完美的逻辑推理得出的结论不再适用了。总之，问题本身将变得晦暗不明。

当然，经济学家对这些情况其实是非常清楚的。问题不在于完美理性有没有效，而在于完美理性在什么地方有效。如果承认有限理性，那么在经济学中，如何对有限理性建模？关于有限理性的文献虽然不太多，但一

> **有限理性（Bounded Rationality）**
> 介于完全理性和非完全理性之间的、在一定限制下的理性。这个概念最初是阿罗提出的，后来，赫伯特·西蒙提出了有限理性模型，有限理性决策理论应运而生。

直在不断增加，它们蕴含着很多有价值的思想，但是这些思想在很大程度上是零碎的，彼此之间没有很好地衔接起来。相比之下，在行为科学中却不是这样。现代心理学家基本上已经有了这样一个共识：在复杂的或不确定的情况下，人们会使用一些有自身特点的、可预测的推理方法，而且这些推理方法都不是演绎性的，而是归纳性的。

归纳思维

在复杂或不确定的情况下，人们是怎样进行推理的？现代心理学告诉我们，作为人类，我们只拥有适度的演绎推理逻辑能力，而且我们只能适度地运用这种能力。但是，我们却特别擅长观察、识别和匹配模式，也就是那些能够带来明显进化利益的行为。因此，在面对复杂问题时，我们会先搜寻模式，并利用找到的模式来简化问题，然后构造临时的内部模型或假说，或者说"**图式**"（schemata）。[1] 接着，我们会根据当前的假说来进行局部演绎推理，并采取行动。当我们接收到来自环境的反馈后，我们对当前加强假说的信念可能会强化，也可能会弱化；那些没有用的假说将会被丢弃，并在需要时用新的假说来替代。换句话说，当我们不能完全依靠演绎推理，或无法对问题进行完备的界定时，

我们就使用简单的模型,来填补我们理解中的空白。这种行为是归纳性的。

> **演绎推理(Deductive Reasoning)**
> 就是从一般性的前提出发,通过推导,即"演绎",得出具体陈述或个别结论的过程。

在下国际象棋的棋手身上,我们可以观察到这种"归纳性的行为"。一般来说,在下棋时,棋手会研究整盘棋的"局面"或"大势",并回忆自己的对手在过去比赛中的下法,以便识别不同的模式。然后,他们会利用识别出来的模式,来形成关于对方意图策略的假说或内部模型。而且,在同一时刻,他们的头脑中可能会"准备"好几个内部模型,如"他正在使用'卡罗-坎恩'(Karo-Kann)防御""这看起来有点像博特温尼克(Botvinnik)和维德马(Vidmar)在1936年那个对局""他可能想走出中盘兵布局"等。棋手们在这些假说的基础上,进行局部演绎推理,分析不同的下法可能会带来的影响。随着棋局的展开,他们会坚持那些被证明有效的假说或心理模型,舍弃那些被证明无效的假说或心理模型,并且形成新的假说或心理模型。换句话说,他们在下棋时要完成一系列"工作":识别模式、构造假说、根据当前持有的假设进行推理,并随时根据需要替换假说。

这种类型的行为在经济学中可能不为人熟知,但是我们要认识它的优势其实并不困难。采取这种方法,我们就能够解决复杂问题。我们可以构建可行的且更加简单的模型,那是我们可以处理的。它还使我们能够处理不明确的问题,在界定不清楚的地方,我们的工作模型能够自动填补空白。它不是"理性"的对立面,当然更不是科学的对立面。事实恰恰相反,科学本身的工作方式和取得进步的方式就是如此。

对归纳推理建模

如果人类真的是这样推理的,那么我们应该怎样做,才能将这种推理模型化呢?如果决策问题是随着时间的推移来完成的,那么一个很自然的思路就是:设定一个由行为主体组成的集合,行为主体可以是异质的,同时也假定他们可以形成各自的心理模型、假说或主观信念。这种主观信念可以用不同形式来表示。它们可以用简单的、用来描述或预测一些变量和行动的数学方程式来表示,或者可以用经济学中常见的那种形式相当复杂的预期模型来表示,又或者可以用统计假说或"条件-预测"规则来表示,例如,"如果观察到情况 Q,那么就预测结果或动作 D"。所有这些通常都是主观的,也就是说,它们随行为主体不同而不同。一个行为主体在某个时刻,可以只持有一个主观信念,也可以同时持有多个主观信念。

每个行为主体,都需要将自己的各个信念模型的"历史绩效"记录下来。当需要做出选择时,他就根据当前他认为最可信的,或者说可能是最有利可图的那个信念模型来采取行动。至于其他信念模型,他先记在心里。或者,他也可以根据若干个信念模型组合来采取行动。然而,人类的一般倾向是,记住许多信念模型或假说,可以根据最合乎情理的那一个采取行动。一旦采取了行动,整个图景就会得到更新,同时行为主体也会更新所有假说的"历史记录"。

这是一个"会学习"的系统。通过"学习",行为主体知道他们的假说当中哪些是有效的,他们会不时舍弃"表现不佳"的假说,并生成新的"想法"以便取而代之。行为主体坚持当前最可信的假说或信念模型,但是一旦它不再有效,他们就会放弃它,转而采用一个更好的。当然,这会导致一种内置的滞后。一个信念模型之所以被坚持,不是因为它是"正确的",行为主体没有办法知道它是否正确，而是因为它在过去是有效的，因此在认定它应该被舍弃之前，必须先积累一些关于它的"失败"记录。一般而言，每个行为主体都可以说，有一个据此采取行动的"缓慢周转的假说库存"。或者，我也可以说这是一个临时得到了实现的预期系统，当然只是暂时实现，而不是完美地实现。当这些信念、模型或假说不能再实现时，它们就要让位给不同的信念、模型或假说。

有的读者可能觉得自己对这个系统不熟悉，那样的话，他或她或许可以回想一下经济学中标准的学习模型，然后把这个系统视为它的一般化。在标准的学习模型中，所有行为主体通常共享一个具有未知参数的预期模型，并根据当前最合理的参数值来决定自己的行动。与标准的学习模型相比，我们的行为主体是异质的，并且每个行为主体都运用若干个主观模型，而不是共享一个统一的模型。显然，这是一个更加丰富多彩的世界。人们可能会问，在特定的情况下，它是否会收敛到某种标准的信念均衡，或者会不会永远保持开放，总会产生新的假说和新的想法。

这也是一个进化的世界，或者更准确地说，这是一个共同进化的世界。这就像生态系统中的物种一样，为了生存和繁殖，必须通过竞争、通过适应自己和其他物种共同创造的环境来证明自己。在我们这个世界里，各种假说要想变得准确、要想成为行动的依据，就必须通过竞争、通过适应自己和其他行为主体的假说共同创造的环境来证明自己。因此，在任何一个阶段，作为行动依据的一系列想法或假说将共同进化。[2]

然而，一个关键问题仍然悬而未决。假说或心理模型到底来自哪里？或者说，它们是怎样生成的？从行为的角度看，这是心理学中的一个深层问题，与认知、对象表征和模式识别有关。我在这里不可能深入探究这个心理学问题。不过，在构建模型时，还是有不少既简单又实用的方法。有时，我们可以赋予间也不存在共谋或事先的沟通。唯一可用的信息，是过去几个星期以来出现在酒吧中的人数。这个问题的灵感，来自圣塔菲研究所旁边一家名为"爱尔法鲁"的酒吧。这家酒吧每周四晚上都有爱尔兰音乐会。不过，很多类似的场所中都会出现同样的问题，比如读者可以想象一下你去吃午餐的餐厅，你也许希望它安静点，但是它可能很拥挤。事实上，任何"公地问题"或"协调问题"，只要涉及数量上的限制都是一样的。在这个问题中，我们感兴趣的是，每个星期来酒吧的人数变化的动力学机制。

不难看出，这个问题有两个有趣的特点。首先，如果有一个"显而易见"的模型，所有行为主体都能够根据这个模型，预测来到酒吧的人数并在此基础上决定去不去酒吧，那么通过演绎推理就能够求解了。但是，这里的问题显然不属于这种情况。给定最近来酒吧的人数，可以设想一大批看上去同样合理、同样有根据的模型。因此，也就无法得知其他行为主体可能选择哪个模型，这样某个"有参照意义"的行为主体，也就不能以某种确定的方式给自己选定一个模型。这里不存在演绎理性解，即没有"正确的"预期模型。从行为主体自身的角度来看，这里的问题是不明确的，因此他们被推进了一个归纳的世界。其次，在这里令人烦恼的是，任何一个共同的预期都会被打破。如果所有人都预测很少有人会去，那么所有人都会去，而这个结果将证明这种信念是无效的。同样地，如果所有人都预测大多数人会去，那么将没有人会去，这种信念同样被证伪。[3] 由此，行为主体们的预期将被迫变得有所不同。

行文至此，我想请读者暂且先停下来思考一下：随着时间的推移，来到酒吧的人的数量（为了行文方便，以下简称为"到场人数"）会如何动态地变化？它会不会收敛？如果会收敛，那么为什么收敛？或者，它会不会陷入混沌呢？我们又该怎样进行预测？

动态模型

为了回答上述问题，我将根据上面描述的框架构建一个模型。假设这100个行为主体，每个人都可以形成若干个"预测器"或假说，即有这样的函数，将过去 d 周的到场人数映射为下周的到场人数。例如，最近各周的到场人数可能构成了如下序列：

……44，78，56，15，23，67，84，34，45，76，40，56，22，35。

据此，行为主体构建的假说或"预测器"可能是这样的，预测下周的到场人数将为：

- 与上周的到场人数一样［35］，
- 与上周的到场人数以50为中心构成镜像［65］，
- 过去4周到场人数的（四舍五入）平均值［49］，
- 过去8周到场人数的趋势，上下界为0和100［29］，
- 与两周之前的到场人数相同（以两周为周期的循环）［22］，
- 与5周之前的到场人数相同（以5周为周期的循环）［77］，
  ……

再假设，每个行为主体拥有一个由 k 个这样的"焦点预测器"组成的集合，而且可以将这个集合的"行为"记录下来。这样一来，他就可以用这个集合中当前最准确的那个"预测器"，来决定是去酒吧还是留在家中。我把这个"预测器"称为他的"活跃预测器"。一旦做出了决定，每个行为主体就会知道新的到场人数，同时更新他那些"预测器"的准确程度。

需要注意的是，在这个"酒吧问题"中，尽管决定到场人数的是行为主体

们在采取行动时所根据的当前最可信的假说的集合，即"活跃假说"的集合，但是"活跃假说"的集合又是由历史到场人数所决定的。用约翰·霍兰德给出的术语来说，我们可以认为这些"活跃假说"形成了一个"生态"。我们感兴趣的是，这个"生态"如何随着时间的推移而进化。

计算机实验

对于大多数假说的集合来说，要得出解析解都很困难，因此我在下面将通过计算机实验来求解。在计算机实验中，为了生成假说，我先创建了一个预测器的"字母汤"，方法是将十几个焦点预测器连续复制很多次。然后，我随机地将 k 个（比如说，6 个、12 个或 23 个）预测器，赋予这 100 个行为主体中的每一个。这样一来，每个行为主体就拥有了 k 个预测器（或假说，或他可以利用的"想法"）。我们不必担心没有用的那些预测器会使得行为主体无从选择。如果预测器是"无效"的，那么它们就不会被使用；如果它们是"有效"的，那么它们就会被放到最前面来，成为"活跃的"预测器。在这个问题中，当给定了初始条件和每个行为主体可以运用的预测器集合后，所有预测器在未来的准确度都是预先确定下来的。因此，这里的动力学是确定性的。

实验结果非常有意思（如图 2-1 所示）。在出现了"循环探测"预测器的情况下，这种循环很快就因为被"套利"而消失了，因此不会存在持续的循环。如果有几个人预测，因为三个星期之前有许多人去，所以下个星期也有很多人去，那么他们将会留在家里。更有趣的是，平均到场人数总是会收敛到 60 人。这些预测器通过"自我组织"，形成了一个均衡模式或"生态"。在这个"生态"中，平均来说，所有活跃预测器，即那些最准确的、行为主体据此采取行动的预测器当中，有 40% 预测到场人数高于 60 人，60% 预测到场人数低于 60 人。

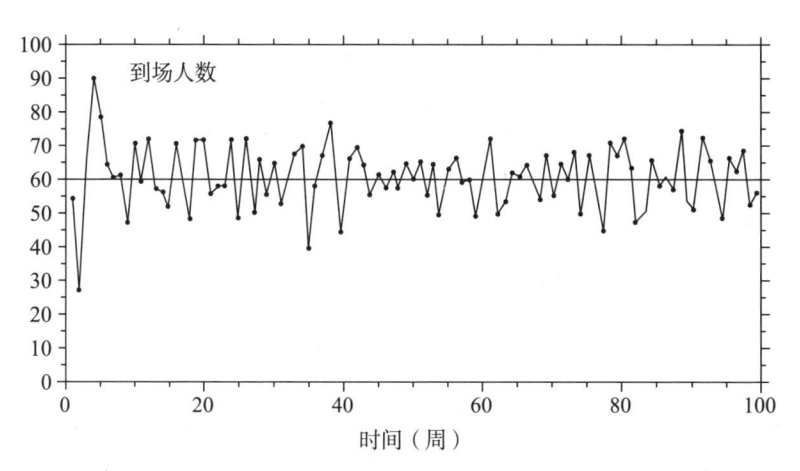

图 2-1 爱尔法鲁酒吧前 100 周的到场人数

从根本上看，这种涌现出来的"生态"可以说是有机的。这是因为，活跃预测器总体上可以按 60∶40 分成两类，每一类的成员都在不断地变化。这就像一个森林，它的轮廓不会改变，但是组成它的每一棵树却一直在改变。这些结果在所有计算机实验中都出现了，而且当预测器类型以及分配给每个行为主体的预测器数量改变时，结果仍然非常稳定。

那么，这些预测器是如何实现自组织，导致了到场人数平均为 60 人，预测结果则按 60∶40 的比率来分类的呢？一个可能的原因是，在这个"酒吧问题"中，60 也许是一个自然的"吸引子"。如果我们把这个问题视为一个纯粹的预测博弈，那么不难看出，以 40% 的概率预测到场人数多于 60 人，以 60% 的概率预测到场人数小于 40 人，这个混合策略正是一个"纳什均衡"。然而，这仍然不能解释行为主体是如何接近这样的结果的，因为他们的推理是现实的、主观的。为了更好地理解这一点，不妨先假设 70% 的预测器在相当长的时期内，预测到场人数都在 60 人以上。这样一来，实际平均到场人数却只有 30 人，从而"证实"了到场人数接近 30 人的预测，并"证实"了到场人数高于 60 人的预测是不成立的。这将有助于恢复预测器之间的"生态平衡",最后会调整为40%~60%的组合,而这个组合是可以"自我维持"的。但是,要从数学上精确地证明这一点,似乎并非易事。重要的是,我们一定要认识到,在设置预测器时,根本不需要考虑40~60人的"平衡预测"。尽管有的可能倾向于预测到场人数多,有的可能倾向于预测到场人数少,但是在总体行为中,上述"平衡预测"肯定会脱颖而出。当然,如果硬性规定所有预测器都只能预测到场人数低于60人,那么这个实验就会失败。结果是,所有100个行为主体总是都会到场。预测器必须能够在一定程度上"覆盖"整个预测空间。读者不妨思考一下,如果规定所有行为主体共享同一组预测器,结果会发生什么。

可能有人会反对说,在这些计算机实验中,我所使用的固定的、笨拙的预测模型给行为主体的预测造成了妨碍。如果他们能形成更开放的、更智能化的预测,那么不同的行为模型就可能涌现出来。当然,这可以算是一个猜想,有兴趣的人可以利用某种更加复杂的方法,例如遗传编程来检验这种猜想。遗传编程方法能够不断形成新的假说、新的预测器,它们能够利用"智能化"进行调整,并且随着时间的推移会变得更加复杂。我相信,我在上面给出的结果不会有任何质的变化,但如果在性质上真的被改变了,我会觉得非常惊讶。

对于这里介绍的"酒吧问题",可以用很多方式加以推广。我也建议读者自己动手尝试进行计算机实验。

归纳推理的多彩世界

上面描述的归纳推理系统包括了多个"元素",即信念模型或假说,这些"元素"要适应于它们共同创建的总体环境。因此,这个系统可以说是一个**自适**

应复杂系统。在经过一段初始的学习之后，行为主体所使用的假说或心理模型相互适应下来。因此，我们可以将一组相互一致的心理模型视为一组能够在一定条件下很好地协同发挥作用的假说。这体现了很高程度的相互适应性。有时，系统中存在着一个独一无二的这种集合，它对应于一个标准的理性预期平衡，所有信念都被它所吸引着。不过，在更通常的情况下，存在着多个这样的集合，这种可能性要高得多。在这种情况下，我们就有理由认为，经济中的归纳推理系统，无论是在股市投机、谈判、扑克游戏、寡头定价中，还是产品的市场定价中，都会陷入循环或暂时锁定在某些心理模式中。这些心理模式可能是不会重复出现和路径依赖的，而且可能会越来越复杂。总之，可能性非常多。

长期以来，对于复杂的、可能无法界定清楚的决策环境，经济学家依然假设完美的演绎理性，但是他们又会对此感到不安。人类应用完全理性的范围，最多只能称得上还可以。这种说法也许很令人惊讶。到目前为止，我们还不清楚，应该如何处理不完全理性或有限理性。然而，上文对"酒吧问题"的分析表明，人类在这类决策环境中，运用的是归纳推理：我们形成各种各样的工作假设，并根据其中最可信的那个工作假设采取行动，如果不再有效，那么就用新的工作假设取而代之。对于这种推理，可以采用多种方式进行建模。通常，这种建模会引导我们进入一个丰富多彩的心理世界。在这个世界中，每一个行为主体的"想法"或心理模型，都要与其他行为主体的"想法"或心理模型竞争，以求得生存。

这就是一个进化的、复杂的世界。

COMPLEXITY
AND THE
ECONOMY

03

圣塔菲人工股票市场
内生预期的资产定价

资产定价理论认为：行为主体是完全异质的，他们的预期需要不断适应市场，而市场本身则是他们的预期共同创造的。实验表明，在归纳预期的股票市场上，市场行为显著地偏离了理性预期均衡，真实股票市场上的泡沫和崩盘等特征也都一一出现。

03
圣塔菲人工股票市场

这篇文章源于20世纪80年代末我们在圣塔菲研究所完成的一系列计算机仿真实验，当时我们正在研究基于行为主体的建模方法。在那个时代，标准的新古典股市模型的假设是这样的：所有投资者都是同质的，他们对股市涨跌的预测（预期）相同，而且他们的预测平均来说是正确的。虽然这种理论看上去很优雅、很精美，但是它的假设是不现实的。此外，它不仅排除了股市出现泡沫和崩盘的可能性，而且也排除了技术交易（即利用过去的价格模式来预测股票趋势）、价格和波动程度的相关性，以及大成交量交易等现实股票市场中会出现的现象。我们在计算机上构建了一个不同于标准的新古典股市模型的模型。在我们的模型中，"投资者"是一些异质的"人工模拟行为主体"，即小型计算机程序，他们必须提出自己的预测，而且必须搞清楚哪些预测是对的，哪些预测是不对的，当他们获得了市场经验后，就能做到这一点。

我们的人工股票市场实验的结果表明，在设定了一组符合现实的参数后，它就成了一个"复杂的股票市场体制"，泡沫和崩盘、技术交易、价格和波动程度的相关性及大成交量交易，所有这些现象都出现了。而在一组更狭隘且不现实的参数条件下，它也可以展示一个"新古典意义上的股票市场体制"，此时，标准理论仍然成立。这篇文章是我和约翰·霍兰德、莱克·勒巴伦、理查德·帕

> **圣塔菲人工股票市场（the Santa Fe Artificial Stock Market）** 布莱恩·阿瑟通过计算机技术建立的一个人工股票市场，用来模拟现实中的股票市场。有意思的是真实股票市场上的泡沫和崩盘等特征在这个人工股票市场上都——出现了。

尔默、保罗·泰勒等人合力撰写的，最初发表在1997年的《经济学评论》杂志（Economic Notes）上，后来又被收入了由我、戴维·莱恩和史蒂文·杜尔劳夫（Steven Durlauf）主编的《经济可看作是进化的复杂系统》第二卷（The Economy as an Evolving Complex System II）中。[1] 我们的模型被称为"圣塔菲人工股票市场"，它有很多变体，现在已经被广泛应用于经济学研究。

* * *

学术界的理论家看待金融市场的方式，与市场上的交易者通常存在着十分惊人的差异。标准的有效市场金融理论假定：投资者是完全同质的，他们对资产的未来价格有共同的理性预期，并且能非常理性地立刻将所有市场信息反映到这个价格中去。[2] 由此得到的结论是，投机者不可能获得投机利润。除非运气很好，否则无法通过技术交易（即利用过去的价格模式来预测未来价格趋势）来获利。临时性价格的过度反应，如泡沫和崩溃，反映出的是资产估值的合理变化，而不是投资者情绪的突然变化。其他一些结论还包括：交易量会很低或者为0，交易量和价格波动之间不存在任何序列相关性等。总之，根据这个标准理论，市场是理性的、机械的和高效的。

市场是理性的吗

与理论家不同，交易者则经常看到：市场提供了很多投机机会。在许多交易者看来，技术交易是有利可图的，[3] "市场心理"这种东西确实存在，与市场新闻没有关系的"羊群效应"可能会导致泡沫和崩溃。一些交易者和财经记者甚至认为,市场有自己的情绪和个性,他们有时会将市场描述为"紧张的""迟钝的"或"不稳定的"。据这种观点看来,市场是"有心理的"、有机的和不完全有效的。而理论家们则认为,持这种信念的交易者是不理性的,甚至是迷信的。当然,这些交易者使理论家们假设的理性行为主体很"尴尬",因为从交易者的角度来看,标准的经济学理论是不现实的,他们的看法与这种理论完全冲突。[4]

虽然没有什么理论家会说市场是"有个性的"、会经历情绪的起伏,但是标准的经济学观点近年来确实已经开始有所改变了。1987年的股市崩溃,沉重打击了经济学家坚持的信念。突然的价格变化,反映了对市场新闻的"理性调整"。研究未能发现,股市崩溃与当时发布的市场信息之间存在着显著的相关性,却发现股票市场中的交易量和价格波动都很大,而不像标准理论所预测的那样很小或者为0,并且具有显著的自相关性。股票的收益也包含着虽说不太大但很显著的序列相关性。而且,利用某些技术交易规则,能够带来统计上显著的、不仅仅是"适度"的长期利润。

长期以来,经济学家都知道,如果投资者将完全理性规则应用到证券市场中去,那么他们就会缺乏参与交易和收集信息的激励。如今,我们已经积累了足够的统计证据,足以证明有效市场理论是有疑问的,交易者的观点是不容忽视的。因此,现代的金融学文献一直都在寻找一种可以解释真实市场的理论,以此替代有效市场理论。

一个很有前途的替代理论是噪声交易者理论。它认为,当市场上存在"噪声交易者",即其预期不同于理性预期交易者的那些投资者时,技术交易策略,如趋势交易法就可能是合理的。例如,噪声交易者认为股价将持续上涨,那么理性交易者就可以按照上升趋势买入来获利，从而进一步强化了这种趋势。根据这种理论，正反馈型的交易策略，以及其他技术交易策略可以被视为是理性的，只要市场中存在着非理性交易者，就可以启用这些策略。

在一定程度上，这种噪声交易者"行为"理论是在向交易者的观点靠拢。但是，它仍然建立在两个不太现实的假设的基础上。第一，市场上存在着一些不聪明的噪声交易者，他们不会学习，因此总是做出错误的预测。第二，市场上存在着理性交易者，他们通过理论家没有明确指出的途径，拥有噪声交易者的预期和自己的预期的全部知识。在现实的证券市场上，这两个假设显然都不可能成真。为了说明这一点，假设某一刻市场上有一些只拥有最低智能的噪声交易者。随着时间的推移，肯定有部分噪声交易者会发现自己的错误，并开始形成更加聪明一些的，或者至少是不同的预期。这样一来，市场就会发生变化，而这就意味着拥有"完美智能"的交易者必须重新调整自己的预期。但是，没有任何理由认为这些"聪明人"知道噪声交易者偏离后的新预期。他们必须通过某种手段，比如说猜测或观察市场来形成新的预期。随着这些理性市场参与者的改变，市场将再次改变。因此，噪声交易者的预期可能再次进一步偏离原预期，从而迫使理性交易者进一步调整。尽管理论上假定噪声交易者的市场是固定不变的，但实际上这个市场将开始"散开来"，因此完全理性的交易者在每一轮的变化中都将通过观察市场来猜测改变后的预期。

噪声交易者理论虽然能解释一些现象，但仍然远远称不上一个稳健的理论。不过，幸运的是，通过反思这个理论，我们可以得到一系列有趣的想法。假设我们也假设了"理性"，但是假设行为主体是不同的，他们并没有发现自己在一个有理性预期的市场中，或者说他们并没有共同的、公开的预期。再假设每个行为主体都在不停地观察市场，以此来发现有利可图的预期。接下来再进一步假设，每个行为主体在发现有利可图的预期时，就会采用它们，同时丢弃不如它们有利的其他预期。在这种情况下，行为主体的预期就是内生的，即独自适应于市场的当前状态。这样一来，他们意欲开发的市场，也就由他们自己来共同创造了。那么，市场将如何运行呢？它又将如何对资产定价呢？它会收敛到一个理性预期均衡吗？或者它会不会证实交易者所持的观点呢？

在这里，我们提出这样一个资产定价理论。假设行为主体是完全异质的，他们的预期需要不断适应市场，而市场本身则是他们的预期所共同创造的。我们认为，在异质性假设下，预期将具有递归特性：行为主体必须

> **资产定价理论（Asset Pricing Theory）** 在资产市场上，假设行为主体是完全异质的，他们的预期需要不断适应市场，而市场本身则是他们的预期共同创造的。

根据对其他行为主体的预期进行预估来形成自己的预期，而且这种"自我参照"必定会将那种通过演绎推理形成的预期排除在外。因此，在无法通过演绎推理来判断其他人的预期的情况下，无论行为主体多么有理性，都将不得不对它们构造一些假说。因此，行为主体必须不断地形成一系列个人的、假说性的预期模型，或者说形成自己的"市场理论"模型，并对它们进行检验，然后根据预测得最好的模型进行交易。他们要时不时地舍弃"表现不佳"的假说，引入新的假说并检验。价格是由这些归纳出来的预期内生驱动的。因此，个人的预期要在市场中进化并"竞争"求存，而市场则形成于他人的预期。换句话说，各个行为主体的预期，是在它们共同创造的世界中共生进化的。

说到这里，一个很自然的问题是：这些异质性预期会不会进化成同质性的理性预期信念，从而证明有效市场理论？如果不是这样，那么会不会涌现出更加丰富多彩的个人行为和集体行为，从而证明交易者的观点，并解释上面提到

过的各种现实中的市场现象？对于这个问题，我们将通过计算，而不是通过求解方程来回答。因为，我们的模型由于假设了完全异质性预期，所以太过于复杂，无法给出解析解。为了对我们这个内生预期市场的价格变化的动力学机制、投资策略和市场统计学特征进行分析，我们在一个基于计算机的市场，即圣塔菲研究所人工股票市场中，完成了一系列严格控制的实验。[5]

令人惊讶的是，我们通过计算机实验得到的市场图景，不但证实了经济学家的有效市场观点，同时也证实了交易者所持的观点。但是需要强调的是，这两种观点的证实是分别在两种不同的情况下，或者说分别在两种不同的市场体制下实现的。而且，在这两种情况下，我们开始实验的初始条件是一样的：都是赋予我们的交易者异质性信念，这些信念虽然彼此不同，但是都随机地聚集在一个接近同质性的理性预期均衡的区间里。在实验中，我们发现，如果我们的行为主体根据观察到的市场行为来调整自己的预测的速度很慢，那么市场就会收敛到理性预期体制。在这种情况下，"突变"出来的预期，就无法获得能够盈利的立足点。此时，技术交易、泡沫、崩盘、自相关行为等现象不会出现。交易量也保持在低位。这就验证了有效市场理论。

如果我们使交易者以更快、也更加符合现实的速度适应观察到的市场行为，那么不同的信念将持续存在，而且市场将自组织成一个复杂的体制。在这种情况下，实验中就可以观察到丰富多彩的"市场心理"现象，即各种各样的预期。技术交易也成了一种有利可图的活动，市场中不时会出现暂时的泡沫和崩溃。另外，交易量很高，而且交投清淡时段和交投活跃时段交替出现。价格时间序列显示，波动是持续发生的，完全符合现实金融市场的价格序列的"广义自回归条件异方差行为"特征。高交易量也呈现出了持续性。在我们的实验中，投资者个人的行为会不断进化，而不是固定不变的。在这种情况下，交易者的观点被证明是合理的。

在接下来的内容中，我们将先讨论以内生预期方法来研究市场行为的理论基础，并引入条件预期假说或"预测器"集合概念。接下来，我们构建了一个计算模型，作为我们分析的基本框架，然后描述这个模型在计算机系统中实现的方法。接下来，我们要讨论计算机实验的结果，并对我们的发现与相关文献中运用其他现代方法得到的结果进行比较，并给出我们的结论。

为什么归纳推理是有效的

在进一步讨论之前，我们要先证明，一旦我们引入了异质性的行为主体，那么行为主体的演绎推理就会遭遇失败。我们强调，在演绎推理不可行的情况下，行为主体必须诉诸归纳推理。在金融市场中，这是很自然的事情，也是实际发生的事情。

演绎推理导致不确定的预期

在这里，我们使用一个简单的套利定价模型，来说明行为主体的演绎逻辑为什么是不确定的。在这里，我们暂不讨论这个模型的技术细节。因为，这个套利定价模型是后面资产市场模型的一个特例：只需假设风险系数 λ 任意接近于 0，且假设预期符合高斯分布。考虑具有一个只有一种证券的市场，该证券所提供的随机的收益报酬或股息序列为 $\{d_t\}$，而无风险的场外资本的收益则为每期固定的 r。在每一期 t，给定市场信息 I_t，每个行为主体 i 都可以形成他个人对下一期的股息和价格的预期，分别为 $E_i[d_{t+1} | I_t]$ 和 $E_i[p_{t+1} | I_t]$，并令这些预期组合的条件方差为 $\sigma_{i,t}^2$。假设存在完全套利，那么资本市场在如下均衡

价格时出清：

$$p_t = \beta \sum_j w_{j,t} (E_j[d_{t+1}|I_t] + E_j[P_{t+1}|I_t]) \tag{1}$$

换句话说，该证券的价格 p_t 是在这样一个价值时被叫买的，它反映了各个行为主体的市场预期的当前（加权）平均值，并以贴现因子 $\beta = 1/(1+r)$ 贴现，其中权重 $w_{j,t} = (1/\sigma_{j,t}^2)/\sum_K 1/\sigma_{k,t}^2$，是对行为主体 j 的预测的"相对置信度"。

再假设这些行为主体都是"聪明"的投资者。关键问题是，每个行为主体对股息的预期 $E_i[d_{t+1}|I_t]$ 和对价格的预期 $E_i[p_{t+1}|I_t]$ 是如何形成的。解释行为主体，即通过演绎逻辑方法，可以理性地形成这些预期的标准理由如下。假设投资者都是同质的，它们（i）以同样的方式运用可得信息 I_t 来形成对股利的预期；以及（ii）知道其他行为主体都使用相同的预期；再进一步假设行为主体（iii）是完全理性的，无论怎么难的逻辑推理都能完成；（iv）知道每一期的价格都是套利形成的，如式（1）所示；以及（v）知道上面（iii）和（iv）这两点是共同知识。这样一来，根据定义，所有行为主体对未来股息的预期 $E_i[d_{t+k}|I_t]$ 是已知的、共享的和相同的。而且，因为假设了同质性，所以我们可以删除行为主体下标，并将权重设为 $1/N$。在此基础上，运用标准的证明方法不难证明，只要将式（1）用于未来 $t+k$ 期，求出各期的预期，然后反复地向后替换 $E[p_{t+k}|I_t]$，各行为主体就可以迭代方式求出当前价格 p_t：[6]

$$p_t = \sum_{k=1}^{\infty} \beta^k E[d_{t+k}|I_t] \tag{2}$$

如果对股息的预期是无偏的，那么平均来说市场将支持对股息的预测，价格序列也将处于理性预期均衡。因此，当信息随着时间的流逝而波动时，价格也随之波动，并且将反映证券的"正确"价值或"基本"价值，从而使得投机行为无法不断地获得利润。当然，经济学文献中的理性预期模型通常比这里所说的更加复杂一些。到目前为止，如果我们愿意采用上述假设，这些假设在很大程度上依赖于同质性假设，那么资产的定价便可以通过演绎方法来确定，这就是说，至少从原则上看，行为主体是能够推断出当前价格的。

现在引入一个更符合现实的假设，即假设交易者虽然都是"聪明"的，却是异质性的，每个行为主体都可能不同于其他行为主体。在这种假设下，可得的共享信息 I_t 包括了过去的价格、过去的股息、交易量、经济指标、小道消息、新闻等等。不过，这些只是定性信息再加上一些数据序列，而且可以有许多种不同的、完全言之有理的统计方法用来预测未来股息，它们分别基于不同的假设和不同的误差标准。因此，并不存在"有客观基础的"、可以让不同行为主体用来实现彼此协调的预期模型，这也就意味着，没有任何"客观的"方法，可以让一个行为主体获悉其他行为主体对未来股息的预期。这个事实足以令式（1）中的资产价格产生不确定性。而且，更加糟糕的是，异质价格预期 $E_i[p_{t+1} \mid I_t]$ 也是不确定的。这是因为，假设行为主体 i 尝试"理性地"演绎推理出这个预期，那么他就要根据式（1）求得 t+1 期的市场出清时的预期：

$$E_i[P_{t+1} \mid I_t] = \beta E_i \left[\sum_j \{ w_{j,t+1} (E_j[d_{t+2} \mid I_t] + E_j[P_{t+2} \mid I_t]) \} \mid I_t \right] \quad (3)$$

而这就要求行为主体 i 在形成他对价格的预期时，必须考虑他对其他人在本期起两期内关于股息和价格，以及相对市场权重的预期的预期。类似地，要想消去另一个未知项，即价格预期 $E_j[p_{t+2} \mid I_t]$，也需要进一步的迭代，但是这要求行为主体必须考虑他们对其他行为主体关于第 t+3 期的未来股息和价格的预期的预期的预期。这就像凯恩斯在 1936 年谈到过的，必须考虑"对平均意见的平均意见"的预期。

在假设了同质性的条件下，对他人的预期的预期将"坍塌"为单一的、共同的、客观决定的预期。但是，在假设了异质性的条件下，不仅无法通过任何客观手段去获悉他人对股息的预期，而且试图消除另一个未知项，即价格预期，也只会导致主观预期的主观预期的重复迭代，或者等价地对他人的主观先验的主观先验，这将导致"主观性"的无限倒退。此外，这种倒退还可能导致不稳定。如果投资者 i 认为，其他人认为未来价格会上涨，他可能会修正自己的预期，即预期价格会上涨。如果他认为，其他人认为价格可能会回到更低的位置，那么他也可能会修正自己的预期，即预期价格将回落。因此，我们不难想象，只要稍有风吹草动，有任何一点表明其他人对他人的信念的信念有所改变的迹象，或者想象中的迹象，投资者的信念就可能非常迅速地出现"波动"和"转变"。

因此，在异质性条件下，演绎逻辑将导致不确定的预期。需要提请读者注意的是，要证明我们在这里阐述的论点，并不需要假设行为主体的推理能力是有限的。我们的观点无非是，给定行为主体预期的差异，没有什么逻辑手段可以形成客观的预期。因此，市场中的完全理性也就不能明确界定。即使拥有无限智能，行为主体也不能以某种确定的方式形成预期。

归纳推理形成预期均衡

如果异质行为主体不能以演绎推理方式形成自己的预期，那么他们到底怎样才能形成预期呢？他们可以观察市场数据，可以猜想市场行为和其他投资者的行为的性质，还可以通过复杂的主观推理得到预期模型。但是归根结底，所有这些模型都是而且只能是一些假说。要想验证它们，除了观察它们在市场中的表现之外，没有任何客观的方式。因此，我们的计算机实验中的行为主体所面对的如何选择适当的预测模型的问题,与统计学家在为特定数据集选择适当的预测模型时所面对的问题,在性质上是一样的。后者也没有客观的方法去决定应该选择什么样的函数形式。当然,由于投资者选择的预期模型还会影响价格序列,这就使得我们这里的情况更加复杂。这就意味着,如果把这些投资者当成"统计学家"的话,那么他们对模型的选择会影响数据,进而又会影响对模型的选择。

在这里,我们假设,每个行为主体都扮演着"市场统计学家"的角色。[7] 每位"市场统计学家"都会不断地构建出多个"市场假说"来,它们都是主观的预期模型,即什么在影响着市场价格和股息的变动。而且,每个"市场统计学家"都会同时测试若干个这样的模型。其中一些模型对市场走势的预测比较准确,那么"市场统计学家"就会"信任"这些模型,将它们"保留"下来,并根据它们来进行买卖决策、采取行动。其他"表现"不好的模型则会被舍弃。此外,"市场统计学家"还会不时构建一些新的模型,并利用市场来检验它们的准确性。随着时间的流逝,哪些预期模型的预测比较准确会越来越清楚,同时预测不准的那些模型则会被更好的模型取代,这个过程也就是行为主体学习和适应的过程。我们把这种行为,即找到适当的假说模型来作为采取行动的依据,增强对那些被证明有效的模型的信心,并舍弃那些没有通过验证的模型称之为归纳推理。[8] 当问题无法明确界定时,这种推理方法非常有效。我们把那些运用归纳推理来进行决策的行为主体称之为"归纳理性主体"。[9]

每个在归纳的意义上理性(下文简称为"归纳理性")的行为主体,都会在自己的头脑中生成很多个预期模型。这些预期模型要"竞争上岗",然后根据各自的预测能力来决定它们是"生存下去"还是被改变或被替换。行为主体的假说和预期,都要进行调整以适应当前的价格和股息模式。同时,价格和股息模式也要发生变化，以反映行为主体的当前假说和预期。由此，我们立即可以看出，市场是有"心理"的。我们把它定义为市场假说集，也称为预期模型集或心智信念集。在给定时间内，这个集合是行为主体采取行动的依据。

如果在价格和预期的形成过程中存在一些吸引子，那么这种"市场心理"就可能会收敛到一个稳定的、不变的异质或同质信念。这样的集合在统计学上是可以验证的，因此可以构成一个理性预期均衡。我们对市场是否会收敛到这样的均衡进行了研究。

归纳预期的市场

模型

在本节中，我们构建一个简单的资产市场模型，它的思路与布雷（Bray）以及格罗斯曼（Grossman）和斯蒂格利茨（Stiglitz）一脉相承。从结构上看，这个模型是新古典的，但是它也偏离了标准模型，因为它假设了异质性行为主体，而且这些行为主体是通过上述过程形成预期的。

现考虑这样一个市场：N 个异质性行为主体要确定自己最想要的资产组合，他们可以在一只股息随机的有风险的股票，与一只无风险债券之间进行选择。这些行为主体的预期是各自分别形成的，不过在其他方面则是相同的。他们的效用函数都是常数绝对风险厌恶型的（CARA），形式为 $U(c) = -\exp(-\lambda c)$。他们相互之间没有交流，每个人都既不会把自己的预期告诉他人，也不会透露自己的买卖意图。时间是离散的，用 t 来表示，时间期限则是不确定的。无风险债券的供给是无限的，而且利率恒为 r。股票每次发行 N 单位，支付的股息为 d_t，遵循给定的外生随机过程 $\{d_t\}$，但行为主体不知道这个过程。

在这个模型中，股息的过程是可以任意给定的。在我们已经完成的计算机实验中，我们将它指定为一个 AR（1）过程，即一阶自回归过程：

$$d_t = \overline{d} + \rho(d_{t-1} - \overline{d}) + e_t \tag{4}$$

其中 e_t 服从独立同分布的高斯分布，并且均值为 0，方差为 σ_e^2。

在每一个交易期，每个行为主体都在无风险资产和股票之间进行分配，试图实现资产组合最优化。再假设行为主体 i 在第 t 期下一期的价格和股息的预测服从正态分布，其条件均值为 $E_{i,t}[p_{t+1} + d_{t+1}]$，方差为 $\sigma_{i,t,p+d}^2$。现在，我们可以讨论这样的预期是如何"达至"的。众所周知，在假设了常数绝对风险型效用函数和高斯分布的条件下，行为主体 i 对于持有风险资产份额的需求 $x_{i,t}$ 可以用下式给出：

$$x_{i,t} = \frac{E_{i,t}(p_{t+1} + d_{t+1} - p(1+r))}{\lambda \sigma_{i,t,p+d}^2} \tag{5}$$

其中 p_t 是风险资产在第 t 期的价格，λ 是相对风险厌恶程度。

总需求必须等于发行的股份数量，即：

$$\sum_{i=1}^{N} x_{i,t} = N \tag{6}$$

有了这个式子，模型就完整了，出清价格 p 也就可以确定了，即上面的式（5）中的当前市场价格。

在市场上，如果能够搞清楚入市的时机，无疑是有益的。在期间 t 的开始阶段，当前的股息 d_t 会被公布出来，而且所有行为主体都可以观察到。然后，行为主体运用这个信息，以及关于市场状态的一般信息，去形成他们对下一期的

价格和股息的预期 $E_{i,t}[p_{t+1}+d_{t+1}]$。其中，"关于市场状态的一般信息"包括历史上的股息序列 $\{\cdots\cdots d_{t-2}, d_{t-1}, d\}$ 和价格序列 $\{\cdots\cdots p_{t-2}, p_{t-1}\}$。然后，他们就可以计算出他们想要持有的资产组合的各个参数值，并将他们的需求传递给专家，后者公布一个 p_t 以出清市场。在下一个期间的开始阶段，新的股息数 d_{t+1} 被公之于众，同时第 t 期的各预测器的精度都将得到更新。以后各期依此类推，重复进行。

对预期形成建模

到目前为止，我们已经有了一个简单的、新古典双资产市场。接下来，我们要打破传统，允许我们的行为主体各自通过归纳推理形成自己的预期。要做到这一点，一个显而易见的途径是，先赋予每个行为主体一个属于他自己的预期模型，这些模型有共同的函数形式，只不过其参数的更新是因行为主体而异的，即从不同的先验参数开始，每个行为主体通过某种自己的方法，如最小二乘法进行更新。但是在这里，我们没有采用这种方法，而采用了另一种能够更好地反映前面所描述的归纳推理过程的方法。我们假设，每个行为主体在任何时刻都拥有很多个线性预测模型，即关于市场变动方向的假说或"市场理论"，并且会运用那些最适合当前的市场状态且最近被证明最可靠的模型。然后，行为主体会进行学习，但不是通过更新参数，而是通过发现他们自己的假说中哪些被"证明"是最好的，同时还会通过遗传算法不时地开发出新的模型来。这样一个模型有以下几个理想的性质：它能够避免因固定的、共同的函数形式而导致的偏差；它允许预期的"个性"随着时间的流逝而涌现出来，而

> **遗传算法（Genetic Algorithm）**
> 约翰·霍兰德提出的一种算法，通过模拟自然进化过程搜索最优解。

不是简单地在某个先验信念的基础上构造出来的；它能够更好地反映实际的认知推理过程，即不同的行为主体可以"识别"出不同的模式，并且会从相同的市场数据中得出不同的预测。

在我们这个模型里，行为主体的预期是这样形成的。在每个期间，当前和过去的价格和股息的时间序列用一个 J 位的位串数组，可以理解为 J 个"市场描述器"给出的信息的集合，而行为主体的主观预期模型则用多组预测器来表示。每个预测器都是一个"条件-预测"规则，这有点类似于霍兰德所说的分类器，只不过后者是"条件-行动"规则。它由两部分组成：一是市场的当前状态可能会满足的市场条件，二是用来预测下个期间的价格和股息的公式。每个行为主体都拥有 M 个这样的预测器，他们心里同时会考虑 M 个关于市场的假说，并且会使用活跃的预测器，即与市场的当前状态相匹配的预测器当中最准确的一个，进行预测。这样一来，给定这些市场模式，每个行为主体都有能力"识别"出关于市场的不同状态集合，并给出适当的预测。

接下来，为了进一步阐明这个模型，我们简要地描述一下，这个预期系统在计算机上是怎样实现的。假设我们通过一个 $J=13$ 位的位串数组来总结市场的状态。例如，其中第五位可能对应于"价格在最近三个期间都在上升"，第10位则可能对应于"价格已经超过了股息与利率之比的16倍"。在这样的位串数组中，用"1"表示所描述的状态出现了，用"0"表示该状态不存在或未发生。在每个预测器中，条件部分对应于这些市场描述器，因此也是一个13位的位串数组，每个位置上都填上了"0""1"或"#"。"#"的含义是"不关心"。如果预测器中的条件数组中所有的"0"或"1"，都与描述器的位串数组对应位置相同，同时所有"#"都对应于一个"0"或"1"，那么我们就说预测器的条件数组匹配了当前的市场状态，或者说"识别"出了当前的市场状态。举例来说，条件（＃＃＃＃1＃＃＃＃＃＃＃＃）"识别"出了"价格在最近三个期间都在上升"这种市场状态。条件（＃＃＃＃＃＃＃＃＃0＃＃＃）则"识别"出了"价格没有超过股息与利率之比的16倍"这种市场状态。每个预测器的预测部分则是一个参数数组，它会触发一个与之对应的预测表达式。在我们的实验中，所有预测器都使用了价格和股息的线性组合 $E[p_{t+1} + d_{t+1}] = a(p_t + d_t) + b$。这就是说，每个预测器都保存了 a 和 b 的一组特定的值。因此，一个完整的预测器（＃＃＃＃1＃＃＃＃0＃＃＃）/（0.96，0）就可以解释为"如果价格在过去三个期间内一直在上升，且如果价格不超过股息除以利率 r 的16倍，那么就预测下一个期间的价格加股息之和相当于本期间的96%"。这个预测器能够识别出市场状态（0110100100011），或者说将被该市场状态激活，但是却不会对市场状态（0110111011001）做出反应。

很显然，在能够识别出多种市场状态的那些预测器当中，只有很少的"1"和"0"。那些更"专门化"的预测器则有更多的"1"和"0"。在实际的计算机实验中，我们为每个行为主体准备了一个全部由"＃"组成的默认预测器。然后运用遗传算法创建新的预测器，途径有两个：要么让预测器的位串数组中的值发生"突变"，要么通过对一个预测器的位串数组的一个部分，与另一个预测器的位串数组的互补部分进行"重组"。

在每一个期间，每个行为主体观察市场的当前状态，并且注意到他的预测器中的哪一个与该状态相匹配。这也就是预测系统的工作方式。行为主体会对所有活动的预测器当中最准确的 H 个预测器给出的线性预测进行"统计分析"，预测下一个期间的价格和股息，再根据得出的预期值及其方差，运用式（5）算出想持有的股票数量，并生成适当的出价或要价。一旦市场出清了，下一个期间的价格和股息就会公布出来，同时活跃的预测器的准确性记录也会得到更新。

如上所述，在这个预期系统中，学习是以两种方式进行的。第一种学习是快速的，出现在当行为主体知道哪些预测器是准确的，且可以作为自己采取行动的依据，哪些预测器是应该被忽略的这种情况下。另一种学习则比较慢，出现在当遗传算法需要不时地丢弃不好的预测器，并创建新的预测器的时候。当然，这些新的、未经检验的预测器不会造成破坏，因为只有当它们被证明准确时，它们才会被作为采取行动的依据。这就避免了脆弱性，而且保证了机器学习理论家所称的学习过程的"优雅性"。

现在，我们应该可以看出，这种多位、多预测器架构有四个优点。

第一，这种预期架构允许市场在各种不同的状态或情况下，出现各种可能的动态变化，即呈现出不同的特性。 因为每个预测器都是一个模式识别型的预期模型，因此可以"识别"出这些不同的状态，行为主体可以"记起"给定的某种状态下，以往曾经发生过的事情并激活适当的预测。这就使得行为主体能够在市场变化时，迅速地转换预测行为，就像迅速的"态度转变"一样。

第二，这种架构能够避免因特定的关于预期的函数形式而导致的选择偏差。 虽然我们的预测器的预测部分是线性的，但是在任何一个时间，以市场条件的多种组合为条件的预测器，其多样性都是有保证的。并且对于任何一个行为主体来说，预测表达式也总是非线性的。从形式上看，它是一个分段线性的、非连续预测函数，其域为市场状态空间，并且其准确度适应于该空间的不同区域。当然，由于用"二进制"的描述器来描述市场条件，这肯定会使预测受到一定的限制。

第三，学习集中发生在需要学习的地方。 例如，$J = 12$ 位的描述器就可以区分 4 000 多种不同状态的市场状态。然而，在所有这些状态中，只有少数几种会经常发生。用于识别不经常出现市场状态的那些预测器条件，不会被很频繁地使用，它们的准确性也不会被很频繁地更新。并且在其他条件相同的情况下，它们的精度也将较低。因此，它们在预测器之间的竞争中，生存下来的可能性很小。这样一来，预测器将聚类在更常被"访问"的那部分市场状态空间上，而这正是我们所希望看到的。

第四，也是最后一个优点，对于描述器的位串，可以进行分类或将它们组织成若干信息集，以便反映各种基本面因素（如价格-股息比）和技术面因素（如价格变动趋势等技术交易指标）。这种设计使我们能够准确地跟踪，哪些信息，即描述器中的哪几位，是行为主体正在使用或被忽略的。如果我们想研究技术交易是如何"涌现"出来的，这一点至关重要。在这样一个模型中，我们还可以设置不同的行为主体"类型"，即根据所访问的信息集的不同，来对行为主体进行分类。不过在本章中，所有行为主体都能"平等地"观察到所有市场信息。

在上述优点中，有几个或许也可以通过神经网络来实现。但是，神经网络不如我们的预测器系统透明。我们可以很方便地对预测器系统加以监视，以观察在每个时期，哪些信息被行为主体单独地或共同地使用。

两种市场体制的涌现

实验设计

我们将用一系列实验从计算的角度研究我们的内生预期市场的行为。我们在所有这些实验中都保持了相同的模型参数，这使得我们可以利用这个模型，在相同条件下通过只允许受控的变化来比较市场结果。每个实验都运行25万个周期，来允许渐近行为出现（如果存在的话）；并在不同的随机"种子"下运行 25 次，以便收集截面统计数据。

我们所用的基本模型如上节所述。在实验中，我们通过选择参数值，以及在必要时选择函数形式来运行特定的模型。具体参数值如下：$N = 25$ 个行为主体，每个行为主体有 $M = 100$ 个预测器，这些预测器都是条件 $J = 12$ 位的市场描述器。股息服从如式（4）所示的一阶自回归过程，其自回归参数 ρ 设定为 0.95，这是一个接近于随机游走、但持续的过程。

反映市场状态下的 12 位二进制描述器的含义如下：

1~6：当前价格 × 利率／股息 > 0.25, 0.5, 0.75, 0.875, 1.0, 1.125

7~10：当前价格 > 过去 5 期, 10 期, 100 期, 500 期的移动平均价格

11：始终打开（"1"）

12：始终关闭（"0"）

前 6 个二进制描述符，即前 6 位反映了当前价格与当前股息之间的关系，用来说明股票的当前价格是高于还是低于其基本价值的。我们把它们称为"基本面"位。第 7~10 位则是"技术面"位或"技术交易"位，用来说明是不是存在某种价格运行趋势。如果没有用处的话，第 7~10 位将被忽略；如果出现了某种技术分析趋势，那么它们就会被采用。最后两位一直固定为"0"或"1"，用来对实验进行控制。这两位并不传达有用的市场信息，但可以告诉我们，行为主体会在任何时候在何种程度上根据无用信息采取行动。当某一位上是"0"或"1"时，我们就说这一位是"配置好"的。此外，预测器会被随机选择来用于重组，而且，当其他方面相同时，特异性较高的预测器，即它们包含的"配置好"的位数越多，被选择的概率就越低。这样一来，就引入了一种趋向"全 # 配置"

的微弱的漂移机制，从而可以确保由特定比特位表示的信息，仅在行为主体发现它在预测中真正有用时才会被使用。有了这种市场信息机制，我们就可以讨论"涌现"了。例如，我们可以说，如果第7~10位在统计上明显更多地被"配置"了，那么就表明，市场中已经涌现出了技术交易模型。

我们假设，预测是这样形成的：每个预测器 j 存储价格和股息的线性组合 $E[p_{t+1} + d_{t+1}] = a(p_t + d_t) + b$ 中的参数 a，b 的值，同时，每个预测器也会将它自己的预测方差的当前估计值保存下来。

在进行计算机实验之前，我们在基于计算机的模型上进行了两个测试用的预实验。第一，我们测试了这个模型是否可以复制标准理论的理性预期均衡（r.e.e）。我们先用解析方式，计算出同质理性预期均衡（h.r.e.e）下的预测参数 a 和 b，然后将所有预测器的参数值固定为这些计算出来的结果进行测试。我们发现，这种预测确实是成立的：模型复制了同质理性预期均衡，它保证我们的计算机化模型能够正确地工作，这体现在它的预期、需求函数、行为聚合、市场出清和时间序列上。在第二个测试中，我们将一个给定的股息序列，以及一个与之对应的事先计算出来的同质理性预期均衡价格呈现给各个行为主体，并检验他们是否能够独立地学会掌握正确的预测参数。他们确实能，尽管有一点点变化，这是因为他们一直在探索预期空间，这就保证了我们的行为主体一直正确地学习。

实验

我们用基于计算机的模型完成了两组基本实验，它们分别对应行为主体对替代预期的"慢速探索"和"适中速度探索"。这两组实验产生了两种不同的市场体制，即市场的两种不同的特征性行为。在慢学习速度的实验中，遗传算法平均每 1 000 期才被调用一次，预测器发生转换的概率为 0.3，预测值的精度更新参数 θ 设置为 1/150。在适中探索速度的实验中，平均每 250 期调用一次遗传算法，预测器发生转换的概率为 0.1，预测器的精度更新参数 θ 设置为 1/75。[10] 另一种做法是，在两组实验中保持相同的模型参数，然后将一些随机选取的预期参数，从以计算出来的同质理性预期均衡为中心的均匀分布中选取出来，在实验开始时赋予行为主体。

在"慢速探索"的实验中，没有任何非理性预期均衡的预期可以获得一个稳固的立足点：市场进入了进化稳定的理性预期均衡。而在"适中探索速度"的实验中，我们却发现，市场进入了一个复杂的状况："市场心理"驱动的行为出现了，市场行为显著地偏离了理性预期均衡的基准，真实金融市场在统计意义上的"基本特征"也都被观察到了。

接下来，我们详细描述这两组实验，以及它们归纳出的两种市场体制或"相"。

理性预期体制

如上所述，在这组实验中，行为主体在预测空间中不断探索，但是探索的速度很低。我们在这些实验中观察到，市场价格迅速收敛于风险调整后的同质理性预期值，即使行为主体以非理性预期开始，也是如此。换句话说，在这种情况下，对于一个具有内生的、归纳预期的市场来说，同质理性预期是一个吸引子。[11] 当然，这个结果并不令人惊奇。即便这些行为主体的预测不同于同质理性预期均衡值，那么大多数其他行为主体的预测都接近于同质理性预期均衡这个事实也足以保证，市场出清价格能够纠正这些偏离的预期。这就是说，有一个自然的（虽然比较弱）趋向同质理性预期均衡的吸引子。

不过，在这种体制下的均衡与标准理论中的理性预期均衡，有两个方面的不同。第一，在这种体制下，不假设演绎方法可以带来均衡，事实上均衡也不是通过演绎方法得到的。我们的行为主体是以归纳方法实现同质理性预期的，它与标准理论的同质理性预期只有部分重叠。第二，我们这里的均衡是随机的。行为主体不断地探索各种替代品，尽管探索的速度很低。这种替代探测，尽管规模可能很小，但是确实在系统中引入了一些"热噪声"。正如我们所期待的，在这种体制下，行为主体的持股量保持了高度的同质性，交易量却依然很低（仅仅反映了由突变和重组导致的预测的变化），同时泡沫、崩溃和技术交易等现象也都不会出现。我们可以说，在这种体制下，有效市场理论及其政策含义依然成立。

复杂体制

我们现在允许行为主体在信念空间中，以更加符合现实的速度进行探索。在这组实验中（如图3-1所示），价格序列几乎与理性预期体制中的价格序列完全相同。"探索活动"大为增加，导致了更高的方差，这种风险使得价格更低。

然而，仔细检查了实验结果之后，我们发现一些复杂的模式已经在信念集中涌现出来了，而且此时的市场显示出与理性预期体制下的市场非常不同的特征。例如，当我们放大两个价格序列之间的差异时，我们就可以观察到暂时的价格泡沫和崩溃的系统性证据（如图3-2所示）。我们把这一系列新的市场行为称为"复杂体制"或"丰富的市场心理体制"。

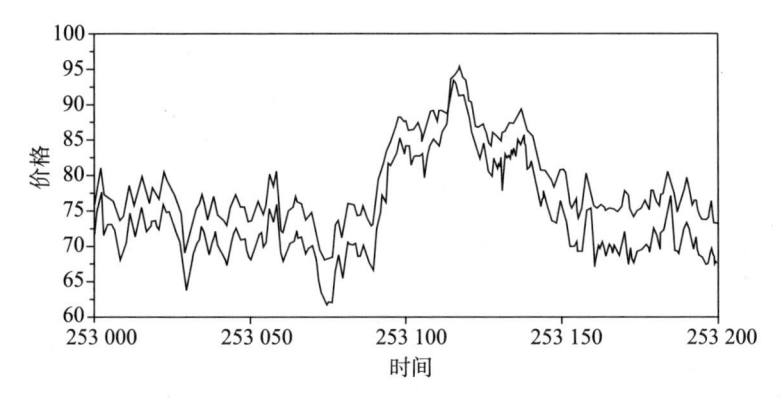

图中的两个价格序列是在相同的随机股息序列之上生成的。上面的是同质理性预期均衡价格，下面的是复杂体制下的价格。在后一种情况下，方差较高，这是因为行为主体的风险规避导致了较低价格的产生。

图 3-1　理性均衡价格与"复杂体制"下的价格对比

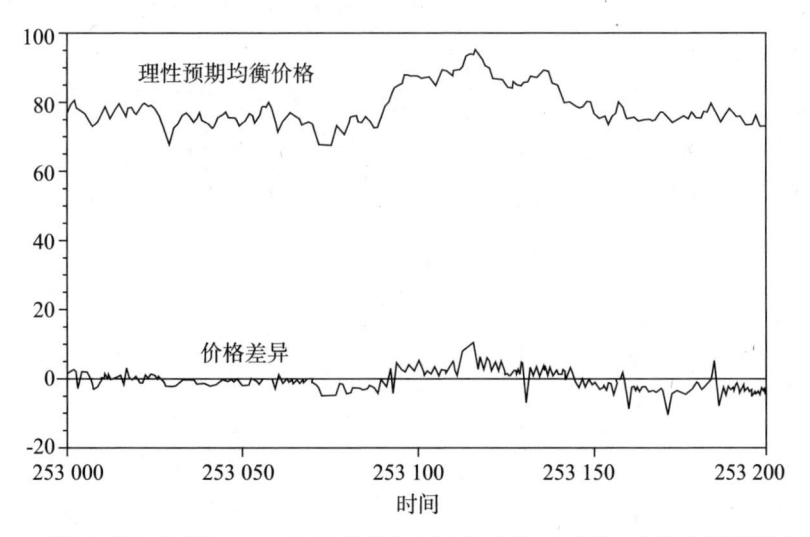

图的下部给出了图 3-1 中的两个价格序列之间的差异，上部给出的是同质预期均衡价格序列。为了便于观察和比较，对复杂体制下的价格序列进行了缩放，以匹配理性预期均衡价格序列，而且两个价格序列之间的差异也放大了一倍。

图 3-2　复杂体制下的价格对基本价值的偏离

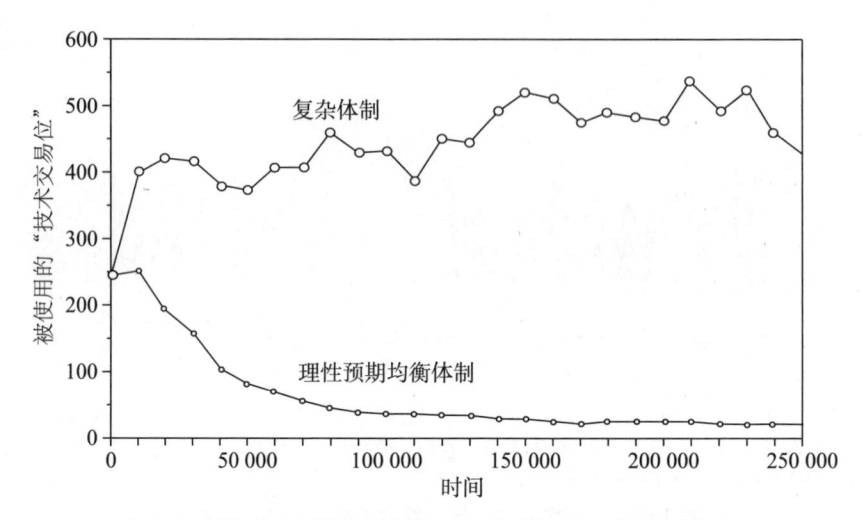

[图表：市场进化中被配置的"技术交易位"的数量。横轴为时间（0 至 250 000），纵轴为被使用的"技术交易位"（0 至 600）。上方曲线为"复杂体制"，下方曲线为"理性预期均衡体制"。]

图中显示的是在两个体制下进行的 25 个实验所得到的数据的中位数。

图 3-3　市场进化中被配置的"技术交易位"的数量

出现了泡沫和崩溃现象这个事实表明，市场上已经涌现了技术交易这种形式，即根据趋势买入或卖出。我们可以通过考察行为主体，据此做出预测的信息来检验这一点。图 3-3 给出了随着时间的推移，全部预测器当中被使用的"技术交易位"，即为"1"或"0"的数量。在这两组实验中，我们在设置初始状态时，都在预测器中随机地植入了技术交易位。计算机实验结果表明，在理性预期体制下，技术交易位并未提供有用的信息，并且后来都变成了无用的预测器而被舍弃了。而在复杂体制下，它们在预测器"种群"中自我繁殖，然后在经过了大约 15 万期之后达到了稳定状态。这就是说，在复杂体制下，技术交易一旦涌现出来，就能够维持下去。[12]

复杂体制下价格的统计特征，明显不同于理性预期体制下。这主要是因为在复杂体制下，"峰态"非常突出（如表 3-1 所示），被交易换手的股票数量按每 1 万期计，在复杂体制下要比理性预期体制下高出大约 300%。这说明，尽管市场一直在进化，但是行为主体的预期的异质性仍然一直保持着。正如我们所知道的，厚尾性和大交易量也是实际金融市场的价格数据的典型特征。

表 3-1　　　　　　　　收益和成交量统计（中位数）

	均值	标准偏差	偏度	峰度[13]	成交量
理性预期均衡体制	0.000	2.100 2	0.013 1	0.049 7	2 460.9
复杂体制	0.000	2.100 7	0.020 4	0.342 9	7 783.8

注：在两种体制下，进行了超过 25 万期的实验后得到的数据。

那么，在"丰富多彩的心理体制"或"复杂体制"下，技术交易是如何涌现的？答案是，在这种情况下，探索的"热度"足够高，能够抵消趋向理性预期均衡的"天然"吸引力。因此，非理性均衡预期的信念子集并不会迅速消失。事实上恰恰相反，它们可以相互强化。例如，假设有些预测器在比较早的时候，出于偶然，对当前呈现上升趋势的市场给出了一个价格将会上涨的预测，那么拥有这些预测器的那些行为主体，就更有可能在上升趋势中看高市场、买入股票，从而使价格高于原本可能会出现的价格，这就会导致轻微的向上偏差。这种偏差足以证明这些规则的有效性，并保证它们可以留在市场中。对于那些预测价格将回归到基本价值的预测器，类似的事情同样会发生。当然，这样的预测器出现的"密度"必须足够高，这样才能验证彼此的有效性，从而保证大家都能在预测器"种群"中存在下去。这里发生的情况可以用生命起源理论所描述的情况来类比。根据生命起源理论，在由单体和聚合物组成的生命原"汤"中，相互增强的 RNA 单元的密度必须足够高，不然这些会复制的单元就无法获得稳固的立足点。

因此，如果趋势跟随或均值回归信念偶然地出现了，同时如果股息序列中的随机扰动激活了它们，并在随后验证了它们的有效性，那么技术交易就会涌现。而且，从涌现的那一刻起，它们就可以在行为主体识别出来的模式的"种群"中取得它们的位置，并且相互强化，持续地存在下去。从系统的子组件的相互作用中涌现出来的这种结构,证明我们将该体制称为"复杂体制"是正确的。

对于这种相互强化的预测子群体，至关重要的前提是，是不是存在作为它们出现条件的市场信息。市场状态就像"太阳黑子"一样，可以发出信号，使得相关预测器能够在它们与该信号相关联的方向上实现协调。当然，这些市场状态并非那些不传递任何真实信息的太阳黑子可比的。这种协调或相互作用偶然建立起来之后，就有可能在市场中存留下去。我们可以说，市场状态可以成为信号这种能力，启动了最终导致复杂行为的相互性。而且，没有必要为了论证这一点，而假设一个单独的噪声交易者类别。在进一步的实验中，我们检验这个"信号猜想"，方法是把所有预测器中的条件部分都"关闭"起来，只需要将它们用不可替换的"#"填充满即可。现在，预测器无法区分各种不同的市场状态，所以市场状态就不能成为信号。实验结果与我们的猜想，即信号驱动我们所观察到的模式一致：复杂的体制没有形成。作为对技术交易信号的重要性的进一步测试，我们对当前价格与前期的技术指标的关系进行了回归分析（价格＞500期移动平均线）。在理性预期体制下，技术指标完全不显著，而在复杂体制下，趋势指标是显著的。比如说，t值为5.1，是25个实验的样本的平均值。这就表明，这个指标确实携带了有用的市场信息。对实际的金融市场进行数据分析，也得到了类似的结果。

现实世界的金融市场有一个显著的特点，那就是：市场上的价格波动和交易量都会表现出持久性或自相关性，并且波动性和交易之间也存在显著的互相关性。换句话说，在时长比较随意的各个期间内，交易量和波动率会保持在或高或低的水平上，而且两者之间是相关的。在我们的"归纳推理市场"中的复杂体制下，波动也呈现出了持续性的或波动性的"广义自回归条件异方差行为"的特征（如图3-4所示）：在恩格尔广义自回归条件异方差检验中，卡方检验结果为在95%水平上显著。[14] 它还显示出了大交易量的持续性（如图3-5所示），以及交易量和波动率之间的显著互相关性（如图3-6所示）。在这里给出的图表中，与通常作为股票市场标准的IBM公司股票之间的相关性，也体现得非常清楚。当然，需要注意的是，因为我们的人工股票市场上的交易时段和实际市场的交易日并不完全匹配，我们不应该预期会看到百分之百的重叠。但是，从定性的角度来看，我们的市场的持续性与IBM公司股票的持续性是完全类似的。这些相关性是标准模型没有解释的，因为在标准理论中，它们均为0。

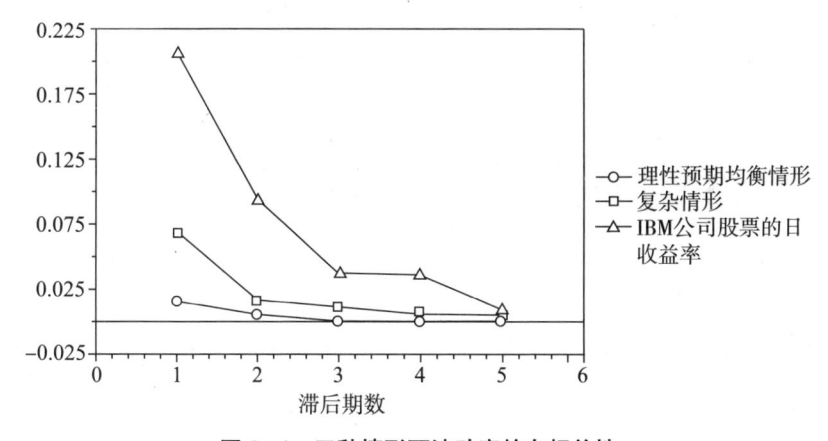

图3-4 三种情形下波动率的自相关性

为什么现实世界中的金融市场，还有我们的"归纳推理市场"，会呈现出这些特征，这仍然是一个悬而未决的问题。我们提出了一个简单的推测性的进化论解释。无论是在实际市场，还是在人工模拟市场中，行为主体都在不断探索和测试新的预期。偶尔的、随机的、更成功的预期会被发现。这种预期将改变市场，并触发预期的进一步进化，使得各种大小"雪崩"式的变化，以级联放大的方式传遍整个系统。当然，在这个时滞非常短暂的尺度上，这些"雪崩"不是通过遗传算法传播的，而是以行为主体改变自己的活跃预测器的方式传播的。

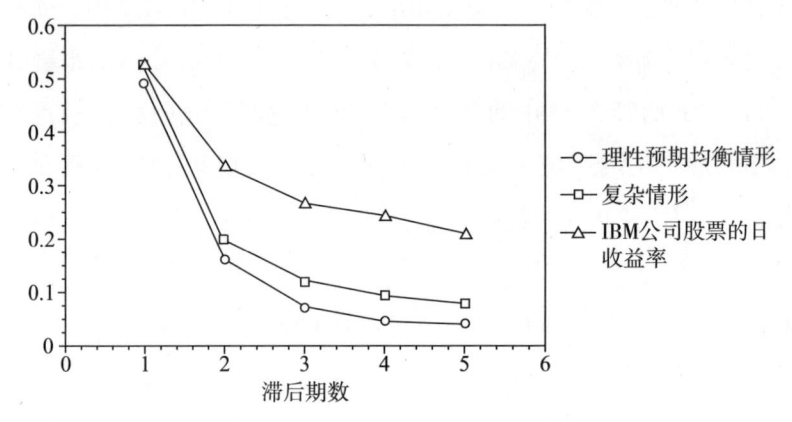

图 3-5　三种情形下成交量的自相关性

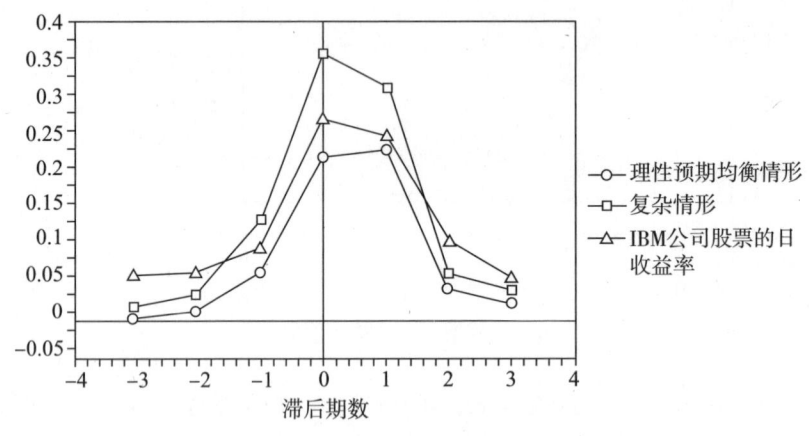

图 3-6　三种情形下成交量与波动性之间的互相关性

然后，变化会加剧：波动率增大、成交量也增加。要检验这个推测的正确性，一种方法是考察自相关程度会不会随着式（1）中的预测器的精度更新参数 θ 的增大而增加。这是因为，θ 值越大，个体行为主体在他的预测器之间进行"切换"的速度就越快,这种切换导致的级联放大也越显著。实验结果证明,自相关程度确实会随 θ 增加。这种级联性的切换有时会被市场"消化"而消失。因此,在我们的人工股票市场上,会出现"湍流时期"和"静止时期"交替出现的现象,这与实际市场一样。[15]

是普遍规律,还是人为假象

这种复杂体制的存在,会不会是我们设计模型时给出的假设所导致的一个人为假象?当然不是。我们改变了模型参数和预期学习机制,进行了稳健性检验,结果表明,复杂体制及相关的定性现象都是非常稳健的。它们不是模型中的某种缺陷带来的人为假象。[16]

有人可能会提出反对意见说,如果某些行为主体能够发现一种更加优越的预测手段来利用市场,那么就可以针对前述复杂模式进行套利,从而导致市场再次收敛到理性预期。我们并不这样认为。如果真的存在一个"特别聪明"的、可以利用他人预期的"元预期"模型,那么这样一个模型也必定是当前市场信息的一个复杂的非线性函数,因为它要聚合他人的预期。我们所假设的分段线性形式已经覆盖到了以当前市场信息为条件的非线性预期模型的空间。在这种假设下,行为主体其实已经通过遗传算法"取到"了这种"元预期"模型的近似形式。因此,复杂体制的存在本身并不构成对预测的限制,恰恰相反,在我们的内生预期模型中,市场信息事实上已经被当成了信号使用,从而打开了更广阔的可能性空间。特别是,市场可以通过自组织形成相互支持的预测器子"种群"。布洛克和霍默斯发现,在一个只存在几类内生信念适应交易者的更简单的解析模型中,也存在类似的丰富多彩的资产价格动态机制。没有理由认为,这些子群体涌现出来之后必然会处于随机均衡。行为主体会不断地进行调整，以便使他们的预期相互适应，从而使得市场探索的可能性空间更大，因此市场是不稳定的。在一些早期的探索性试验中，我们"冻结"了成功的行为主体的预期，然后在更晚的时间重新注入这些行为主体，以及他们以前的成功预期。结果显示，这些重新被引入的行为主体的成功程度达不到平均水平，这就表明市场已经进化了而且不是稳定的。

也许，还有人会反对说，既然我们在预测器中使用了那些条件位，那么我们已经在模型中内置了技术交易。因此，技术交易会出现在复杂体制中，一点也不奇怪。但实际上，我们的模型内置的只是技术交易的可能性，而不是它的使用。在模型中，市场描述器的使用是禁止选择的。市场信号必须具有价值才会被使用，而且技术交易之所以会出现，完全是因为这些市场信号诱发了以这些市场信号为条件的、相互支持的预期。

在我们的模型中，有一个得到了明确界定的"市场心理"，它会不会也能体验到各种"情绪"呢？显然不能。但是，请读者注意，我们假设行为主体能接受各种关于市场的假说。我们完全可以想象这样一种情形：在长期"牛市"上升趋势下，市场价格远远高于基本价值，市场状态不但激活了继续指示上升趋势的预测器，同时也激活了预测价格将快速下跌而去修正的其他预测器。这种令人紧张的组合，在现实世界的金融市场中，在我们的人工股票市场中，都经常会出现。

那么，我们这个市场上的交易是如何发生的？行为主体进行交易的动机何在？理性预期理论认为，演绎理性行为主体没有交易的动机，即使他们的信念有所不同时也是如此。假设其他行为主体可以利用不同的信息集，每个行为主体最终都会"达至"相同的信念，这都是预设的。相比之下，我们的归纳理性行为主体（他们不能直接进行交流）的信念则不一定会收敛。因此，他们保留了交易的动机：根据自己作为市场统计学家的能力来"赌一把"。从表现上来看，我们的行为主体作为"统计家"拥有同等的能力，因此他们进行贸易是不合理的。但是，他们在这方面的能力是一样的，他们找到好的预测器的运气则会随时间流逝而变得发散。在每个时期，他们的预测器的准确性，充分体现在他们对无风险资产和风险资产之间的配置当中。给定行为主体的条件，只能把他们作为"市场统计家"来采取行动，他们进行交易的行为是符合理性的。

我们的内生预期理论，还与另外两种现代理论相契合。我们的模型推广了布雷等人的学习模型，他们的模型也假设了内生的预期更新。但是，布雷等人的模型所假设的更新，是从一个共同的非理性预测进行同质性更新。而我们的模型则假设了异质性的行为主体，他们能够形成可以利用的以任何模式存在的预期。我们所采用的进化论方法也与布卢姆和伊斯利的进化模型有很强的"亲和力"。我们的模型和他们的模型，都假设了一个由一系列的预期规则，或者更准确地说是投资规则组成的"种群"，这些规则在市场中相互竞争以求得生存，并且不时地做出调整。但是在他们的模型中，关注的焦点在于相互竞争的、不同规则类型的选择性生存，而不是导致复杂现象产生的相互支持的"子种群"的涌现，也不是市场信号在这种涌现过程中的作用。

当然，我们的归纳理性市场，也抽象掉了现实世界中的金融市场的许多细节。在现实世界的金融市场中，投资者不能完全优化自己的投资组合，也不能在每个交易期都实现完全的市场出清。事实上，除了预期的形成这一部分，我们这个市场是简单的、新古典主义的。然而，我们的目标并不是构建一个"现实主义"的市场。相反，我们的目标是证明，当存在异质性时，丰富多彩的"市场心理"现象或行为的涌现是不可避免的，即便在新古典条件下也是如此。我们不需要像在其他研究中那样，假设共同信息来引出这些现象，也不需要假设共享预期和羊群效应。我们同样不需要援引"行为主义"，或其他任何形式的非理性。羊群效应和"准"理性行为，确实可能存在于实际市场中，但是它们并不是我们这些发现的必要条件。

金融市场是个复杂系统

在资本市场中，行为主体的预测创造了行为主体试图预测的世界。因此，资本市场是具有"反身性"的：价格是由交易者的预期产生的，同时这些预期又是基于对他人预期的预期而形成的。[17] 预期的这种反身性或"自我指涉性"，排除了通过演绎推理形成预期的可能性，从而使得完全理性无法被明确界定。因此，行为主体只能把他们的预期作为一种假说：他们根据归纳推理结果来采取行动，并形成各种各样的个人的预期模型，这些是他们不断引入、检验、据以行动或者舍弃的模型。市场受预期的驱动，而预期则内生地适应这些预期所共同创造的生态。

我们在计算机上创造了一个人工股票市场，对这种内生预期市场模型进行了实验，得到的结果可以解释金融领域非常引人注目的一个难题：标准理论倾向于认为，市场是高效的，羊群效应是没有任何理由会出现的，系统的投机利润也是不可能存在的；但是交易者则倾向于认为，市场会呈现出某种"市场心理"，从众效应明显是存在的，获得投机利润的机会也不会太少。最近的一些研究通过引入一些"行为"假设，如噪声交易商的存在，证明了交易者观点的合理性。但是，我们能证明，不需要引入"行为"假设，这两种观点都可以是正确的。归纳理性交易者市场可以存在于两种不同的体制下：在可替代性预测的探索速度足够低的情况下，市场会进入一个稳定的简单体制，它对应于有效市场理论中的理性预期均衡。在可替代性预测的探索速度更高、更符合现实的情况下，市场会自我组织成一个复杂体制，丰富多彩的"市场心理"行为将涌现，技术交易将出现，短暂的泡沫和崩溃也会出现。在复杂体制下，价格数据的统计特征，特别是"广义自回归条件异方差行为"，与实际市场数据如出一辙。在由各种预期组成的"种群"中，当涉及趋势追随或均值回归的个人预期相互强化时，当市场指标被用作协调这些相互强化信念的信号装置时，上面这些现象就会涌现出来。

我们的内生预期市场表明，在实际的金融市场中，如果存在归纳推理交易者，那么信念的异质性、对基本交易的偏离，以及时间序列的持续性，所有这些都可以无限期地持续存在下去。我们认为，实际的金融市场属于复杂体制。

COMPLEXITY AND THE ECONOMY

04

收益递增和路径依赖
技术竞争、正反馈及历史事件导致的锁定

  复杂技术被采用后，往往表现出收益递增的特性。技术被采用得越多，获得的经验就越多，技术被改进得也就越多。当多种收益递增的技术为获得由采用者组成的市场而"相互竞争"时，某些看似微不足道的偶然事件可能变得相当重要，导致经济最终可能被"锁定"到某些不可预测的、较差的结果上。

04
收益递增和路径依赖

本章介绍收益递增经济学的基本概念：技术竞争、历史小事件导致的锁定，以及不可预测的、路径依赖的结果的可能性。我们早就知道，收益递增可能导致多重均衡，而且不是所有结果都是最优的。我们不知道的是，在多种可能的结果当中，被选中的那

> **收益递增（Increasing Returns）**
> 是指这样一种趋势：如果一种技术处于领先地位，那么在"正反馈"机制的作用下，它就会拥有更进一步的优势，从而可以获得更加领先的位置。

个特定结果是如何选择出来的。因为从静态的角度来看，哪个结果将被"选中"是不确定的。本章将递增收益问题重新定义为一个服从于特定随机事件的动力学问题，为上述选择问题提供了一个解决方案。在某个特定的小的随机事件集合下实现的"特定历史"中，某个结果被选择了。而在历史的另一种"实现"中，在另一个不同的小的随机事件集合下，被选择的却是另一个结果。因此，收益递增问题应作为随时间流逝而进化的概率系统来研究。这篇文章问世以后，这种方法逐渐成为研究收益递增问题的公认的方法。

下面这篇文章最早是在1983年9月公之于众的，当时它是国际应用系统分析研究所的一篇工作论文。但是，由于它强调可能"锁定"到某些不可预测的、

较差的结果上,它的发表之路异常艰辛。最后,直到 1989 年,这篇文章才发表在了《经济学杂志》(*Economic Journal*)上。不过自那之后,它就成了经济学中被引用最多的文章之一。[1] 1994 年,由美国密歇根大学出版社出版的我的文集《收益递增与经济中的路径依赖性》收入了这篇文章。但是,考虑到它是复杂经济学中一篇奠基性文章,我再次将它收录在本书中。

* * *

这篇文章探讨收益递增情况下分配的动力学。它考虑的是一个收益递增情况下自然会出现的情境:行为主体在相互竞争、以求被采用的技术之间进行选择。

现代而又复杂的技术被采用后,往往表现出收益递增的特性。技术被采用得越多,获得的经验就越多,技术被改进得也就越多。[2] 当两种或多种收益递增的技术为获得由采用者组成的市场而"相互竞争"时,某些不重要的事件,可能会非常偶然地赋予其中一种技术被采用的初步优势。于是这种技术就可能比其他技术得到更好的改进,从而可能吸引更大比例的潜在采用者。因此,这种技术就有可能进一步被采用和被改进。这样一来,某种在早期的采用中偶然地获得了领先优势的技术,就有可能最终占据由潜在采用者组成的全部"可能市场",而其他技术则被锁定在该市场之外。当然,在不同的"微不足道的事件"发生时,如原型机获得了预料之外的成功、早期开发商的想法、政治环境的改变等等,被广泛采用、得到持续改进、最终主导市场的技术可能不同。技术之间的竞争有多种潜在的结果。

众所周知,在收益递增情况下,配置问题往往会表现出多重均衡性。因此,当出现多个结果时,我们本就不应该觉得奇怪。静态分析通常可以找到这些多重均衡,但是通常不能告诉我们哪一个均衡将被"选中",动态方法则可能告诉

04
收益递增和路径依赖

我们更多东西。动力学分析允许技术被采用期间发生"随机事件"的可能性，因此通过动力学分析可以研究这种随机事件是如何影响对结果的"选择"的，即一系列随机的"历史事件"是怎样累积起来，并推动了一个趋向某种结果（即特定市场份额）的过程。同时，别的一系列随机的"历史事件"也会累积起来，并推动另一个趋向另一种结果（即另一种市场份额）的过程。这种分析还可以揭示人们熟知的收益递增的两大属性，即不可预测性和潜在低效率性是如何出现的，或者说收益递增是如何放大偶然事件在技术采用过程中的作用，以至于即使拥有关于采用者的偏好和技术发展可能性的先验知识，也不足以预测"市场结果"。还有，长期潜力较劣的技术，是如何在收益递增驱动下的技术采用过程中被开发出来的。这种动力学方法还指向两个新的性质：第一是刚性或无弹性，即一旦某种结果（主导技术）开始出现，它就会变得越来越被"锁定"；第二是非遍历性或路径依赖，即因为历史"小事件"并不会在动态过程中被"平均化掉"，也不会被"遗忘"，它们可能会决定结果。

路径依赖（Path Dependence 或 Path Dependency） 指人类社会中的技术进化或制度变迁均类似于物理学中的惯性，一旦进入某一路径，就可能对这种路径产生依赖。

本章对比了收益递增、收益递减和收益不变这三种情况下，技术的"市场份额"的动态变化。它特别关注收益如何影响可预测性、效率、灵活性和遍历性，它也特别关注经济是怎样被"历史事件"锁定在劣等技术占垄断地位的境况中去的。

简单模型：仅存在两种技术

核能发电，可以采用轻水、气冷、重水或钠冷却反应堆。太阳能的利用，可以通过晶体硅或非晶体硅技术。我从大量诸如此类的实例中抽象出了一个初步的、简单的模型。在这个模型中，我假设存在两种新技术 A 和 B，它们为了让自己被大量的经济行为主体采用而"相互竞争"。这两种技术不是任何厂商资助开发的，[3] 也不是被任何厂商策略性操控的：它们对所有人开放。行为主体就是技术的消费者，也是技术的直接或间接开发者。

假设行为主体 i 在时间 t_i 进入市场，在这一刻，他要在最新一代（即"最新版"）的技术 A 和技术 B 之间做出选择，然后使用这一版本的技术。[4] 再假设行为主体有两种类型 R 和 S，两种类型的行为主体的人数相同。类型独立于选择的时间，但两种类型的偏好不同，这也许是因为他们对自己所选择的技术的用法不同。每个行为主体所选择的 A 或 B 的版本，在他进行选择时是固定的或"冻结"在设计当中的，因而他的支付仅受到他所选中的技术以往被采用的历史的影响。在下文中，我将研究"包含预期"的情形，即支付的同时还会受技术在将来被采用情况的影响。

当然，并不是所有的技术，都能够因为被采用而实现收益递增。在有的时候，投入的要素价格被抬高，就可能会出现技术随着被采用而递减的现象。

举例来说，水力发电可能会变得更加昂贵，因为随着水坝越建越多，坝址会变得更加稀缺和不适合。还有一些技术不受采用情况的影响，也就是说，它们的收益是恒定不变的。在我的模型中，所有这些情形都被包括进来了：假设任何一个行为主体选择技术 A 或技术 B 实现的收益，即那个版本的技术可以给他带来的净现值，取决于他进行选择那一刻以前的采用者的数量 n_A 和 n_B（如表 4-1 所示）[5]，即到底是收益递增的还是收益递减的，抑或是收益不变的都随 r 和 s 而定，它们或者同时为正或者同时为负，又或者同时为 0。我还假设，$a_R > b_R$ 且 $a_S < b_S$，这也就是说，R 型行为主体天生偏好技术 A，S 型行为主体天生偏

好技术 B。

表 4-1　　给定以往的采用情况时选择 A 或 B 的收益

	技术 A	技术 B
R 型行为主体	$a_R + rn_A$	$b_R + rn_B$
S 型行为主体	$a_s + sn_A$	$b_s + sn_B$

为了完成这个模型，我还必须仔细地定义"偶然"和"历史小事件"的含义。如果我们对可能影响技术选择的所有事件和所有情况，如政治利益、技术开发者先前的经验、订立合约的时机、关键性会议上的决定等都拥有无限详尽的先验知识，那么每种技术的结果或它在采用者市场中的份额，都可以提前确定。这当然不是事实。相反，我们可以得出结论，我们所拥有的有限的辨别能力，或者更确切地说，我们作为隐含的观察者的有限辨别能力，很可能导致结果的不确定性。因此，我将"历史小事件"定义为，那些超出了观察者的事前知识的事件或条件，即超出了观察者的"模型"，或他对情境的抽象"分辨能力"的那些事件或条件。

> **不确定性（Uncertainty）** 指经济行为主体对于未来的经济状况，尤其是收益与损失的分布范围，以及状态不能确切知晓。

回到我们的模型。我们假设有这样一个观察者，他拥有关于所有条件和收益函数的完全知识，但是决定行为主体的进入时间和选择 $\{t_i\}$ 的事件集除外。观察者"看到"的选择次序，将是 R 类型和 S 类型的行为主体组成的二元序列。在技术采用的"时间线"上，R 或 S 出现在第 n 位的可能性相同，即概率均为 1/2。

现在，我们有了一个简单的新古典配置模型。在这个模型中，两种类型的行为主体要在技术 A 和技术 B 之间做出选择，每个行为主体在轮到他时选择自己最喜欢的技术。供给函数或收益函数是已知的，需求函数也是已知的。每个行为主体都只需要一个单位，没有任何弹性。只有一个很小的因素是不确定的，那就是决定行为主体做出序列选择的那些历史事件的集合。我们感兴趣的是：第一，在收益递增、收益不变、收益递减这些不同的情况下，两种技术被采用的结果，即各自的市场份额如何；第二，当引入一些小事件，导致选择的顺序出现波动时，会不会对各种技术的市场份额产生影响。

我们还需要进一步界定其他一些性质。对于一个过程，如果内嵌的小的不确定性可以被"平均化掉"，从而使得观察者可以获得足够的信息，准确地预先确定长期市场份额，那么我们就说这个过程是可预测的。如果对一种技术发放补贴或征税，总能影响未来的市场选择，那么我们就说这个过程是灵活的，而不是锁定的。如果历史事件的不同序列导致相同的市场结果的概率为 1，那么就称这个过程是遍历的，而不是路径依赖的。在我们这个配置问题中，行为主体的选择确定了一条"路径"或技术 A 和技术 B 的各种版本被采用或被"开发"的序列，早期的采用者可能会将该过程引导到一个适合他们的开发路径上，但是该路径可能会被后来的采用者引为憾事。因此，和其他按时序进行选择的决策问题一样，在这里我将引入"不遗憾"标准，并规定在任何时候，如果技术的同等强度的开发或同样的采用率不会导致更好的收益，那么就说这个过程是路径有效（率）的。[6]

三种收益体制的配置

在研究我们这个由 R 型行为主体和 S 型行为主体组成模型的选择结果之前，我们不妨先来讨论一个简单的收益递增例子的动力学机制，即如果行为主体只有一种类型，又会怎么样呢？这种讨论可以给我们带来很大的启发。在这种情况下，选择的先后次序不再是一个问题，所有行为主体都是一样的。同时，未知事件也不会导致什么不同，所以遍历性也不是一个问题。假设第一个行为主体选择了他更喜欢的技术 A，这个选择增大了采用技术 A 的收益；那么，下一个行为主体就更有理由选择技术 A 了，于是他也会选择技术 A。这个过程将继续下去，每个行为主体每次都会选择技术 A，技术 B 根本没机会"启动"。最终结果是，技术 A"独占市场"，技术 B 则被排除在外。如果收益以相同的速率增加，那么这个结果就是可预测的，而且路径也是有效的。不过要注意的是，如果收益是以不同的速率增加的，那么采用过程就很容易变成路径无效的，如表 4-2 所示。

表 4-2　　　　　　　　　　同质行为主体的采用支付

以往采用的数量	0	10	20	30	40	50	60	70	80	90	100
技术 A	10	11	12	13	14	15	16	17	18	19	20
技术 B	4	7	10	13	16	19	22	25	28	31	34

由这个例子可知，在采用过程中进行了 30 次选择之后（前 30 次全都选择技术 A），同样概率采用技术 B 会得到更高的收益。但是，如果采用过程已经"走了足够远"，那么即使给技术 B 某个给定的补贴 g，也不可能再弥补该处技术 A 的收益与起点处技术 B 的收益之间的差距。因此，灵活性在这里不复存在，市场也变得越来越"锁定"于更劣的选择。

现在，再让我们回到最感兴趣的那种情况，即两种类型的行为主体的未知选择序列允许我们将"历史小事件"的概念包括进去讨论。我们先从收益不变的情况开始探析。用 $n_A(n)$ 和 $n_B(n)$ 分别表示当选择进行了 n 次时，技术 A 和技术 B 被选择的次数。这样一来，我们就可以用当选择总共进行了 n 次时，在第 n 阶段技术 A 所占的市场份额 x_n 来描述这个过程。为了方便起见，我们将采用数之差 $n_A(n) - n_B(n)$ 记为 d_n。于是，技术 A 的市场份额可以表示为：

$$x_n = 0.5 + d_n/2n \tag{1}$$

不难看出，只要通过变量 d_n 和 n（前者为采用数之差，后者为总和），我们就可以全面地描述技术 A 和技术 B 被采用的动力学了。在这种收益不变的情况下，R 型行为主体总是选择技术 A，S 型行为主体总是选择技术 B，而不管任何一种技术的采用者的数量是多少。因此，技术 A 和技术 B 采用者的累积数，是直接由 R 型行为主体和 S 型行为主体"排队"做出选择的顺序决定的。这就是说，如果排在下一位的是 R 型行为主体，那么 $n_A(n)$ 就增加一个单位；如果排在下一位的是 S 型行为主体，那么 $n_B(n)$ 就增加一个单位；同时两种技术被采用的数量的差 d_n，也相应地向上移动一个单位或向下移动一个单位。对于某个观察者来说，选择顺序是随机的，而行为主体的类型是等概率的。因此，对于这个观察者来说，状态 d_n 所"执行"的似乎是一个简单的抛硬币式的随机游走：每一步都有相等的概率 0.5。

而在收益递增的情况下，就没有这么简单了。这时出现了一种新的 R 型行为主体，尽管他们天然偏好技术 A，但是如果偶然采用技术 B，就可以在采用人数及收益上远远抛开技术 A，那么他们就会"改换门庭"。这也就是说，新的 R 型行为主体将会使自己的偏好"切换"为更喜欢技术 B，即：

$$d_n = n_A(n) - n_B(n) < \Delta_R = \frac{(b_R - a_R)}{r} \tag{2}$$

类似地，新的 S 型行为主体也会切换为偏好技术 A，如果技术 A 的采用者的数量领先技术 B 的采用者足够多的话，即：

$$d_n = n_A(n) - n_B(n) > \Delta_S = \frac{(b_S - a_S)}{s} \tag{3}$$

现在，选择区域是在 d_n，n 平面中（如图 4-1 所示），它们之间的屏障由式（2）和式（3）给出。一旦进入了某一个外部区域，这两种类型的行为主体就会选择相同的技术，结果是该技术的领先优势进一步增大。因此，在 d_n，n 平面中，式（2）和式（3）描述了"吸引住"该过程的两条屏障。一旦 d_n 随机移动到了某条屏障，该过程就不再同时涉及两种技术，它会"锁定"到某一种技术上。因此，在收益递增的情况下，技术采用过程变成了一个有吸收屏障的随机游走。而在收益递减的情况下，从一名观察者的角度来看，上述分配过程是一个有反射屏障的随机游走，反射屏障可由两个类似于式（2）和式（3）的方程给出。相关的证明，我留给读者完成。

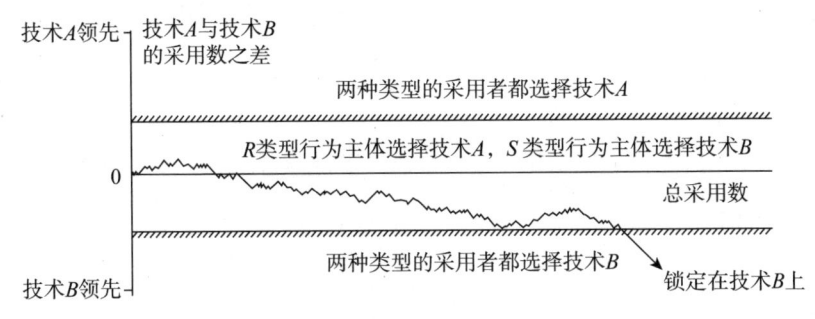

图 4-1　收益递增情况下的技术采用

三种收益体制的特性

现在，我们可以运用随机游走的基本理论，来推导出上述选择过程在不同线性收益形式下的性质。为了方便读者参考，我把相关结果总结在了表4-3中。

为了证明这些性质，我们需要先考察技术的长期市场份额。在收益不变的情况下，市场是两种技术共享的。在这种情况下，随机游走的范围是自由的，但是我们从随机游走理论可知，d_n的标准偏差随着n增加。因此，式（1）中的$d_n/2n$项消失，同时x_n则趋向于0.5，从而使得市场分割为50对50。在收益递减的情况下，市场份额也是共享的。

表4-3　　　　　　　　　　三种收益体制下的性质

	可预测性	灵活性	遍历性	路径有效性
收益不变	是	不是	是	是
收益递减	是	是	是	是
收益递增	不是	不是	不是	不是

技术采用数之差d_n被限制在两个有限常数之间，因此当n趋向于无穷大时，$d_n/2n$趋向于0，而且x_n必定达到0.5。在这里，50对50的市场分割，就源于这些以相同的速率下降的结果。相反，在收益递增-吸收屏障的情况下，技术A的采用份额（市场份额）最终必将变为0或1。这是因为在一个吸收随机游走中，d_n最终必定会以概率1跨越屏障。因此，这两种技术不可能无限期共存：一种技术必定会排除另一种技术。

由此可见，可预测性在收益不变或收益递减的情况下是有保证的。在这两种情况下，市场份额将稳定在50对50的预测是正确的，其概率为1。然而，在收益递增的情况下，要想保证准确性，观察者必须预测技术A的最终份额为0或100%。但是任何一个预测都有一半的概率出错，可预测性因而丧失了。需要注意的是，尽管从理论上说，观察者可以预测某种技术占据整个市场的概率

为 $s(a_R - b_R)/[s(a_R - b_R) + r(b_s - a_s)]$，但是他不可能准确地预测实际的市场份额，无论他对供给和需求条件的知识有多少。

在收益不变的情况下，最多只有部分的灵活性。针对收益的政策调整在所有时候都可以影响选择，但前提是调整幅度要足够大，即足以填补对不同技术的偏好之间的差距。而在其他两种收益体制下，这类政策调整对应于一个或两个屏障的移动。在收益递减情况下，一个调整 g 总是会影响未来的选择，如果不是对市场份额有影响，就是对绝对数量有影响，因为反映屏障在未来会继续影响该过程的概率为 1。因此，收益递减是有灵活性的。然而，在收益递增情况下，一旦这个过程被吸收到了技术 A 和技术 B 中，为了将屏障转移到足以影响选择所需的补贴或税收调整，也就是系统被"锁定"的程度的精确指数将无限增加。此时灵活性无法再保持下去。

在收益不变和收益递减的情况下，遍历性很容易得到证明。在收益不变时，只有在某种非常特别的"排队方式"下，如出现的 S 型行为主体永远是 R 型行为主体的两倍，才能以 0 的相关概率偏离 50 对 50 的市场份额。而在收益递减时，任何历史事件序列，即行为主体的任何排队方式，都必定会将该过程保持在反射屏障之间，并将市场推向 50 对 50 的市场份额。在这两种情况下，行为主体都忘记了他们的"历史小事件"。但是，在收益递增这种收益体制下，情况却完全不同。行为主体形成的一部分序列导致市场结果"青睐"技术 A，而剩余部分则导致市场结果"青睐"技术 B。某些可能导致市场共享的、非常特别的排列，如 S 后紧跟着 R，后面又紧跟着 S、R，如此无限循环，其概率或测度为 0。因此，确定 $\{t_i\}$ 的小事件决定了市场份额的路径，这个过程是非遍历的或路径依赖的。也就是说，它是由它的历史小事件决定的。

在收益不变和收益递减的情况下，路径有效性很容易证明。在收益不变的情况下，以前的采用不会影响收益。每个类型的行为主体都选择自己偏好的技术，滞后技术没能得到进一步发展或进一步采用，也不意味着放弃一定的收益。在收益递减的情况下，如果一个行为主体选择了领先的技术，那么他必定更愿意使用这种领先的技术，而不是滞后技术的可用版本。但是根据定义，进一步采用滞后技术又会降低他的支付意愿。因此，选择导致技术采用过程沿着一条较劣的发展道路走下去，这个可能性不会出现。与这些情况相反，在收益递增的情况下，则完全可能导致较劣的发展道路。假设市场锁定在了技术 A 上，R 型行为主体不会有什么损失。但是对于 S 型行为主体来说，如果他们偏好的技术 B 以往得到了平等的开发并且可供他们选择，那么每个 S 型行为主体就可以获得 $(b_S - a_S)$。因此，这里至少有一种类型的行为主体会觉得"遗憾"。如果两种技术以不同的速度得到改进，那么无效率问题可能会进一步加剧。如果在早期选择了当初有吸引力但后来改进缓慢的技术，就可能将整个市场锁定在这个较劣的选择上。从长远来看，被排除的那种技术如果得到了同等的开发，那么两种类型的行为主体的境况都会得到改善。

模型的扩展

对于上面这个基本模型，我们不难在各个方向上进行扩展。同样的定性结果适用于 M 种技术竞争的情形，也适用于不同类型的行为主体所占比例不相同的情形。在这里，随机游走会发生"漂移"。而且，如果不同技术在不同的时间"到达"市场，那么动态过程仍然与以前一样，不过该过程将从 n_A 或 n_B 不为 0 的初始状态开始。因此，在现实世界中，早期启动的某种技术可能已经被锁定了，从而使得新的、可能更好的技术无法在市场上获得一个立足点。

在行为主体的数量有限，且不会无限增多的情况下，吸收或反射及依赖于这两种性质的其他性质仍然成立，只要行为主体的数量与切换屏障之间的"间隙"相比足够大。

那么，对于由厂商资助开发的技术，策略性行动会不会改变上面描述的这些结果？对于这个问题，我们还没有完整的答案。

汉森（Hanson）在一个基于上述模型的模型中表明，在存在策略性行为的情况下，对技术的市场排斥也会发生：厂商会采取渗透定价法，即在早期承受一些损失来换取日后潜在的垄断利润，最终除了一个企业之外，所有其他企业都退出的概率为 1。但是，在贴现率很高的情况下，企业最感兴趣的可能是当前的销售额，而不是让竞争对手关门大吉，这样市场分享现象就会重新出现。[7]

最有趣的一个扩展也许是理性预期的引入。在这种情况下，行为主体的收益受未来行为主体的选择的影响。这种情况的一个典型例子是标准（这种技术）的形成。在这个问题上，至关重要的是，未来的用户会不会选择我现在所选择的。卡茨（Katz）和夏皮罗（Shapiro）证明，在一个存在策略性互动的两阶段决策模型中，行为主体对这些未来选择的预期会使市场变得不稳定。我们可以将卡茨和夏皮罗研究结果推广到我们的随机动力学模型中。假设行为主体所形成的预期表现为他们对自己所身处的随机过程类型的信念。当产生于这些信念的实际的随机过程类型，与他们所认为的随机过程类型相同时，我们就可以得到一个理性预期（即得到了满足的）均衡过程。在收益递增的情况下，理性预期也会导致吸收随机游走，但是在这个随机游走中，对锁定的预期加速了锁定，从而缩窄了吸收屏障间距，并恶化了市场的根本不稳定性。

一般框架：考虑随机性小事件

如果有一个一般性的分析框架，可以在比上述基本模型更一般的前提假设和收益体制下，分析对技术的序贯选择问题，那无疑是非常有益的。特别是，如果我们能够确定在什么情况下，"为被采用而竞争"的技术市场最终必定会被某项单一技术所支配，那将是非常有用的。

在设计一个一般框架时，保留以下两个性质可能非常重要：（i）在可供选择的技术之间进行的选择，可能会受到选择时每种技术被采用的数量的影响；（ii）"模型外"的小事件可能影响技术采用，因而必须允许随机性的存在。因此，技术采用的市场份额，可能不是直接决定了下一种被选中的技术，而是决定了每种技术被选中的概率。

接下来，我们考虑一个动力学系统。在这个动力学系统中，有 K 种技术，在每一次进行技术采用决策时，都有一种技术被采用，其概率分别为 $p_1(x)$、$p_2(x)$、$p_3(x)$……$p_K(x)$。在这里，概率向量 p 是向量 x 的函数；而向量 x 则为到目前为止的采用总额中，技术 1、技术 2……技术 K 各自所占的采用份额（即比例）。初始比例向量给定为 x_0。在这里，我把 $p(x)$ 称为采用函数。

现在，我们可以研究这个动力学系统中，各种技术的长期市场份额或采用比例会是怎么样的。作为例子，考虑如图 4-2 所示的两个不同的采用函数（在这里，$K = 2$）。根据图 4-2，我们可以推测，在采用过程中，当技术 A 的采用概率高于其市场份额时，技术 A 的比例倾向于上升；而当技术 A 的采用概率低于其市场份额时，技术 A 的比例则倾向于下降。如果采用比例或份额在总的采用数量增加时不再变动，那么我们就可以推测，它们在采用函数的某个不动点上"适应"下来了。

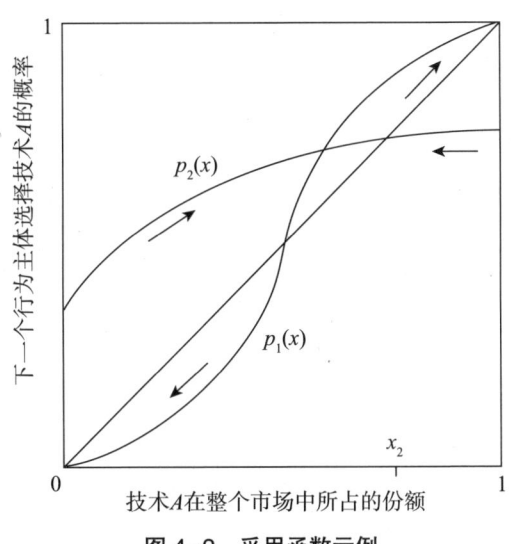

图 4-2 采用函数示例

在 1983 年，阿瑟、埃尔莫利耶夫和卡尼奥弗斯基（Kaniovski）证明，在某些技术性条件下，上述猜想是正确的。[8] 这种类型的随机过程，会以概率 1 收敛到从比例（采用份额）到采用概率的映射的某个不动点。当然，并不是所有的不动点都有这种"资格"。只有"吸引的"或稳定的不动点，即预期的运动过程所导向的点，才能够以长期结果的形式出现。而且，在采用函数随时间 n 变化，但趋近于限制函数 p 的情况下，该过程将收敛到 p 的某个吸引固定点。

因此，在图 4-2 中，可能的长期份额是 0 和 1，对应函数 p_1，x_2 对应函数 p_2。当然，在存在多个不动点的情况下，到底选择哪一个取决于该过程所采取的路径。这就是说，取决于随着过程展开而发生的随机事件的累积。

现在，我们有了一个通用的框架。根据这个框架，我们可以立即得到两个很有用的定理：路径依赖定理和单个技术支配定理（single-technology dominance）。

定理 1：一个采用过程，当且仅当其采用函数 p 具有多个稳定的不动点时，是非遍历的和不可预测的。

定理 2：一个采用过程，当且仅当其采用函数 p 只有在 x 是单位向量时才具有稳定的固定点时，以概率 1 收敛为单个技术支配。

这两个定理是前面阐述的基本理论的简单推论。因此，在两种技术竞争的情况下，只要在采用份额中至少存在一个不稳定的"分水岭"，当然必须存在多个不动点，那么该采用过程就是路径依赖的。在这个分水岭之上，技术的采用是自我强化型的，即倾向于增加自身的份额；在这个分水岭之下，技术的采用则是自我否定型的，即倾向于减少自身的份额。因此，技术在被采用后仅仅获得了一定优势是不够的。在特定市场份额上，这种优势还必须是能够自我强化的。

采用者类型连续时的非线性收益递增

作为一个例子，考虑上面的基本模型有一个更一般的版本，即采用者类型不只有两种而是连续的，他们在 K 种技术之间进行选择，同时他们支付的增加也可能是非线性的。假设如果先前的 n_j 个采用者以往选择了技术 j，则下一个行为主体对采用技术 j 的支付为 $\Pi_j(n) = a_j + r(n_j)$，其中 a 表示行为主体对技术 j 的"天然偏好"，r 是一个单调递增的改进函数，代表伴随着以前的采用者而来的技术改进。每个采用者对于这 K 种可供选择的技术，都有一个天然偏好向量 $a = (a_1, a_2, a_3 \cdots\cdots a_K)$，我们可以把这个行为主体想象为点 a（它的支撑集是有界的）在正象限上的一个连续分布。由此我们假设，在每一次发生选择时，每个行为主体都是从这个概率分布中随机抽取出来的。单个技术 j 占据优势就相当于，支付 Π 的分布在采用过程的驱动下，以正的概率向一个能够使

得对于所有 $i \neq j$ 且 Π_j 超过 Π_i 的点移动。

根据前述阿瑟-埃尔莫利耶夫-卡尼奥弗斯基定理,我们可以得到:

定理 3:如果随着 n_i 的增加,改进函数 r 至少以速度 ε 增加,那么采用过程收敛为单个技术支配的概率为 1。

证明在这种情况下,采用函数随总采纳数 n 的变化而变化。然而,我们不需要推导出它的确切形式。不难证明,随着 n 的增大:

(i)在采用份额的任一单位向量的邻域中的任何一个点上,无限的收益递增会导致相应的技术支配所有的选择,因此单位向量份额是稳定的不动点。(ii)等份额点也是一个不动点,但是不稳定。(iii)此外再没有其他点是不动点。因此,根据一般定理,由于极限采用函数仅在单位向量处有稳定的不动点,所以该过程以概率 1 收敛到这些不动点的某一个。而这也就保证了单个技术在长期中的支配地位。证毕。

然而,如果改进函数 r 是有界的,那么当学习效应耗尽时,单个技术的支配就不再是不可避免的了。这是因为,采用者类型的某些序列,可以使两种技术或更多技术同时得到或多或少的改进。然后,这些技术会一起达到 r 的上限,这就使得这些技术中没有一种能够占主导地位,市场将从那时起被它们所分享。与此不同,在其他采用者序列下,一种技术可能以足够快的速度达到上限,从而将其他技术"关在门外"。在有界的情况下,某些事件的历史动态地导致多种技术分享市场,其他事件的历史则会导致单个技术占据支配地位。总的来说,收益递增如果有界的话,通常不足以保证单个技术的最终垄断。

收益体制与路径锁定

实际经济在多大程度上被锁定在较劣的技术路径上？现在我们仍然不清楚。当然，相关的例子并不难找：某种早期技术占据了市场之后，导致后来出现的更优的替代技术无法在市场上获得立足之地。[9] 关于导致锁定的历史事件，现在已经有了两个重要的安全研究：一是关于 QWERTY 布局的打字机键盘，二是交流电技术。在这两个案例中，收益递增都主要源于协调外部性。

还有其他一些案例也很有研究价值，它们反映了通过学习过程实现的路径锁定。这些案例包括，20 世纪 50 年代和 60 年代的核反应堆技术的竞争，以及 19 世纪 90 年代的美国蒸汽动力车与汽油动力车的竞争。美国的核电站几乎清一色地采用了轻水反应堆技术，而这种核反应堆技术本来的目的是用来推进于 1954 年下水的第一艘核潜艇"鹦鹉螺号"的，它的核反应堆高度紧凑。在美国核电技术的发展史上，一系列事件，包括海军的早期潜艇建造合同、政治上的权宜之计、欧洲原子能共同体计划，以及关键人物的行动等，都有利于轻水反应堆技术。早期获得的学习和建造经验，似乎已经锁定了轻水反应堆技术的主导地位，关闭了其他反应堆技术发展的通道。然而，许多工程学文献都一致认为，如果能够得到平等的发展机会，那么气冷堆技术这种更加优越的技术是有可能发展起来的。又如，在汽油动力汽车与蒸汽动力汽车竞争的例子中，两种不同类型的开发者根据自己以前的经验，或偏好蒸汽动力，或偏好汽油动力，它们在不同时间进入了这个行业，并给出每种技术的最佳可用"版本"。在一开始时，汽油动力这个选择被认为是不太有希望的，因为汽油很容易爆炸，又显得比较脏，同时当时汽油发动机噪声也很大，而且需要复杂的新部件。[10] 但是在美国，一系列看似琐碎、无关紧要的小事件，在世纪之交把几个主要开发者推向了汽油动力。然后到了 1920 年，汽油动力技术就把蒸汽动力技术排挤出了市场。尽管这两种技术孰优孰劣，在专业工程师之间仍然存在争议。

本章上面的论述表明，对不同收益体制，应该给出不同的经济史解释。在收益不变和收益递减的情况下，市场的进化只反映先验禀赋、偏好和转型的可能性，而且小事件不能动摇其结果。这似乎很能令我们放心，但是历史也就下降到了"只能充当承运人"的地位，只要将各种"不可避免的东西"交付出去就完事了。相反，在收益递增的情况下，各种各样的结果都是可能的。不确定的情况会因正反馈而被放大，从而"提示"系统进入实际"选定的"结果。这样一来，历史的小事件就变得很重要了。[11]因此，当我们观察到一种技术或一种经济结果压倒了它的竞争对手时，对那种执着于通过寻找赢家的"先天优越性"来解释它被采用的原因的做法，我们应该保持警惕。

通常的政策，即让更优越的技术通过在市场中占据支配地位这种结果来证明自己的优越性，在收益不变和收益递减的情况下是适当的。但是在收益递增的情况下，自由放任不一定能保证"更优"技术在长期意义上最终会生存下来。对于无资助的、通用的收益递增技术，应该根据市场细分的性质采取更有效的政策。在我们的模型中，早期采用者通过合理选择只适合于他们自己的技术，对后来者产生了外部性。

在这种情况下，就缺乏一个行为主体间的市场，这个市场能够诱使人们去探索有前途的但更昂贵的"不成熟技术"，这样后来的采用者则可以轻松地受益。[12]在这种情况下，标准的补救措施是让早期开发者拥有获得一定补偿的权利，即专利制度，补偿则由后来的采用者支付，只有在早期开发者能够独占日后获益的范围内才可能是有效的。一种替代方案是，由某个政府权力机构根据某个有希望但不太受欢迎的技术路径，去对采用和开发进行担保。但是，如果最终的技术收益很难确定，如美国的战略防御计划，那么政府当局必然会面临一个经典的"多臂老虎机"难题：应该选择在哪些技术上"下注"。潜在的优越技术的早期失败结果，即低的"累积奖金"，可能导致政府当局"完全合理"地放弃它，转而采用其他可能的技术。这样一来，"被锁定在一个令人遗憾的发展过程上"这个根本问题依然存在。

动态收益递增会导致糟糕的"锁定"

本章考察了从多个"候选的均衡"中，"选出"一个均衡的动态过程。在这个过程中，各种经济力量与随机的"历史事件"相互作用，超越了通常的对收益递增问题的静态分析。在此我们阐明了，动态的收益递增是如何导致经济被逐渐地锁定到一个结果上，而这个结果不一定优于其他可能结果、不容易改变，并且不能完全被预测。

在收益递增的情况下，经济对象（在这种情况下是技术）之间的竞争呈现出一种进化特征，其机制类似于遗传学中的"创始者效应"机制。[13] 在这里，"历史"变得重要了。在某种程度上，一个经济体中的技术发展，取决于观察者的模型无法"分辨"的小事件，因此我们很可能没有能力有任何把握去预测技术的市场份额。这就意味着，对于经济未来的可预测性，不但存在着实践上的限度，还存在着理论上的限度。

COMPLEXITY
AND THE
ECONOMY

05

经济中的过程与涌现

"复杂性视角"下的经济系统

复杂经济的显著特征告诉我们：传统经济学所使用的数学方法将面临极大挑战。把复杂性科学引入经济领域，将带来三个重大影响。所谓的"共同知识"，只能是通过具体的互动过程来获得经验，却无法用演绎推理方法获得。由行为主体之间重复互动模式所定义的网络结构，正成为新的研究热点。

05
经济中的过程与涌现

本章由我和史蒂文·杜尔劳夫、戴维·莱恩合写于 1997 年,是圣塔菲研究所经济学研究项目的总结报告。事实上,这篇文章几乎就是一篇宣言。我的两个合作者史蒂文·杜尔劳夫和戴维·莱恩也对本文做出了很大的贡献。多年来,他们两人对复杂性和经济学有深入的思考。

我们认为,经济活动的行为主体是异质性的,他们并行地采取行动,以便应对他们共同创造出来的各种"聚合状态"。而在这样做的过程中,他们需要不断地适应一个永恒变化的世界。在这个世界中,没有全局性的"控制者";在这个世界中,人类的认知、层级结构和互动都是重要的。我们强烈指出,经济呈现出了复杂系统的所有标志性特征。这篇文章最初是《经济可看作是进化的复杂系统》第二卷的导论。通过这篇文章,就可以对当时的复杂性科学研究有一个很好的了解。

* * *

1987 年 9 月,20 位学者齐聚圣塔菲研究所,讨论有关"经济可看作是进化的复杂系统"的问题。在他们当中,有 10 位是理论经济学家,受肯尼斯·阿罗邀请而来;另 10 位则是物理学家、生物学家和计算机科学家,受菲利普·安德森邀请而来。在当时,自然科学中已经涌现出了一系列新思想,它们松散地集合在了"复杂性科学"这个概念之下。举办这次会议的动机就是,探讨这些新思想,能不能激发出新的思考经济问题的方法。会议整整进行了10天,经济学家和自然科学家"轮番上阵",报告他们各自的"世界"和"方法"。物理学家了解了一般均衡分析和非合作博弈理论,而经济学家则试图理解自旋玻璃模型、布尔网络和遗传算法。

这次会议产生了两大成果。第一个成果是一本文集《经济可看作是进化的复杂系统》第一卷,由阿罗、安德森和戴维·皮内斯主编。另一个成果是1988年在圣塔菲研究所启动的经济学研究计划,它也是圣塔菲研究所的第一个常驻研究计划。这个研究计划的任务是,从复杂科学的角度增进对经济现象的理解,具体内容则包括两部分:一是发展新理论,二是探索用来建模和实证分析的新工具。自1988年以来,这个研究计划已经邀请了很多杰出的学者来圣塔菲研究所参与研究工作。它还资助了一系列研究项目,每年都举办多次研讨会,并完成了几十篇工作论文。此外,自1994年以来,它还为经济学研究生举办一年一度的暑期学校。

1996年8月,圣塔菲研究所经济研究计划举办了一个研讨会,《经济可看作是进化的复杂系统》第二卷(以下简称"第二卷")就是会议的重要成果之一。这个研讨会的目的是要回答这样一个问题:在过去10年里,复杂性方法对经济学有什么贡献?与1987年那次会议后出版的文集不同,第二卷中所有文章几乎都是讨论经济问题的,而且大多数作者都是经过正规经济学训练的经济学家。此外,虽然有相当一部分文章是圣塔菲研究所构思或实施研究工作的成果,但是也有不少文章的作者在此之前与圣塔菲研究所没有任何联系。事实上,与复杂科学相关的研究,已经在世界各地的许多不同的研究机构和大学中展开。

但是，在经济学中，"复杂性科学视角"或"复杂性观点"（complexity perspective）到底是指什么？这并不是一个容易回答的问题。"复杂经济学观点"的意义仍然在构建中，现在并未完成。第二卷的目标就在于促进这个构建过程。当然，第二卷各篇文章的作者仍然没有对经济学中的复杂性意义和重要性达成一个单一的、内在一致的认识。但是，我们确实可以找到一组相互接近、相互关联的主题，它们共同构建了经济学中的复杂性视角在当下此刻的含义。

其中有几个主题从20世纪80年代中期以来，就已经成了许多经济学家研究的重要课题，它们在前期出版的《经济可看作是进化的复杂系统》第一卷中也得到了很好的讨论。具体来说，非线性动力学在经济理论和数据分析中的应用，在1987年的会议上由米歇尔·博俊（Michele Boldrin）和威廉·布洛克（William Brock）报告；正反馈理论，以及与之相关的关于路径依赖和锁定的分析，则由布莱恩·阿瑟报告；1987年后，与这两个主题相关的研究，已经在圣塔菲研究所经济研究计划，以及其他研究机构蓬勃开展起来了。在1987年时，混沌是非线性动力学中人们最有兴趣的核心概念，不过后来它逐渐淡出了中心舞台。过去10年来，经济学家在识别金融时间序列中的非线性模式方面，已经取得了重大进展。他们提出了一系列模型，用来解释和分析这些模式，并在某种程度上预测这些模式得以呈现的序列。第二卷收录的布洛克的文章，对这方面的研究进展进行了综述。正反馈在莱恩的关于信息传播的模型、杜尔劳夫的关于不平等的模型和克鲁格曼的关于经济地理的模型中都发挥着核心作用，而且也是隐藏在诺思（North）所描述的经济发展现象和莱永胡武德（Leijonhufvud）所描述的恶性通货膨胀现象背后的"幽灵"。

回顾过去10年来这些领域的发展和圣塔菲研究所经济研究计划所产生的成果，我们认为一个连贯的经济学观点，它有时被称为"圣塔菲观点"，已经出现在经济学中了。在这里，我们将它称为"复杂性视角"，或称为"圣塔菲研究所视角"，偶尔也称之为"过程与涌现视角"。在我们细致地对它进行描述之前，我们要先描述一下作为标准的新古典经济学基础的两个基本概念。理论经济学家们在1987年那次会议上的大多数发言都属于这种经济学。我们可以将这两个基本概念，称为"均衡"和"动态系统"。从均衡观点出发，经济学家感兴趣的问题是，如何从个体最大化者的理性选择中，导出总体层面的某种"经济状态"，如一般均衡分析中的一组价格、博弈论中的一组策略及相关的支付，导出满足某些总体层面的一致性条件，如市场出清、纳什均衡，并考察这些总体层面的经济状态的性质。而在"动态系统"方法中，先用一组变量来表示经济状态，然后用差分方程组或微分方程组描述这些变量如何随时间变化。运用"动态系统"分析时，经济学家感兴趣的问题是，考察映射在状态空间上的结果轨迹。但是关键在于，均衡方法未能描述经济状态随时间变化的机制，也没有描述均衡是如何形成的。[1]"动态系统"方法则通常不能同时容纳行为主体（个体）层面和系统（总体）层面的分析，无法填补两者之间的鸿沟，或者只能通过"代表性行为主体"这种工具来遮掩这个问题，而且也不能解释新的相关状态变量的出现，更不用说新的实体、新的模式和新的结构涌现了。[2]

复杂经济的六大特征

为了更加清晰地描述复杂性方法，下面我们先指出经济的6个特征。这些特征共同决定了，仅使用传统经济学使用的数学方法将面临极大的困难[3]：

分散的交互作用。经济中发生的几乎所有事情，都是由大量的行为主体的相互作用决定的，而这些行为主体是分散的且极可能是异质性的、并行采取行动的。任何一个特定的行为主体的行动，都依赖于他所预期的一定数量的其他行为主体的行动，还依赖于所有行为主体共同创造的聚合状态或总状态（aggregate state）。

没有全局性的控制者。经济中没有全局性的、可以控制行为主体之间的交互作用的实体。如果说有控制，那也是通过行为主体之间的竞争和协调机制实现的。经济行为是由法律制度、行为主体承担的角色，以及相互之间不断变化的联结来实现调和的。同样地，经济中也不存在万能竞争者，即可以利用经济中的一切机会的一个行为主体。

交叉分层组织。在经济中，存在着很多层次的组织和互动。任何一个给定层级的"单元"，通常都要成为构建下一个更高层级的单元的"构件"。经济的整个组织不仅是层次化的，而且在每个层次上都存在许多复杂缠结的交互作用，或者说联系或交流渠道。

连续适应。随着行为主体经验的不断积累，行为、行动、策略、产品等，全都不断地被修订、调整，或者说系统将不断地适应。

永恒的创新。随着新的市场、新的技术、新的行为模式、新的机构等不断涌现，新的"利基"不断地被创造出来。而且，填补一个利基的行动本身也可能会创造新的利基。这导致的结果是持续的、永恒的创新。

非均衡的动力学。由于新的利基、新的潜力、新的可能性等不断地被创造出来，经济的运行会远离任何最优或全局均衡。改进总是可能的，并且确实经常发生。

具有这些性质的系统，通常被称为"自适应非线性网络"。这个术语是约翰·霍兰德创造的。在自然界和人类社会中，这种自适应非线性网络随处可见：

神经系统、免疫系统、生态系统，以及经济系统。自适应非线性网络的一个基本要素是，它们不是简单地以刺激-反应的形式采取行动。恰恰相反，它们有预期。特别是，经济行为主体会形成预期。他们会建立经济模型，并利用这些模型来进行预测，然后在预测的基础上采取行动。注意，这些"预期模型"既不一定要明确，也不一定要连贯，甚至也不一定要相互一致。

由于经济的上述特征带来的困难，如果只运用经济学家习惯使用的数学工具，如线性、不动点、微分方程组等，就不能对自适应非线性网络有一个深刻的理解。相反，我们需要的是将组合数学和种群层级的随机过程结合起来的新型数学方法，然后再加上计算机建模方法。这些数学方法和计算技术现在还处于起步阶段。它们都强调组织的各个不同层级上的结构发现和结构涌现的过程。

"复杂性视角"带来的三大影响

"作为一个自适应非线性网络的经济"这个概念，或者说"作为一个不断进化的复杂系统的经济"这个概念，对经济理论的基础、对提出和解决经济学理论问题的方式，必将产生深远的影响。接下来，我们就来阐述这些影响。

认知基础。新古典经济学理论有一个一元化的认知基础：经济行为主体是理性的最优化者。根据通常的解释，这就意味着，行为主体以概率的方式评估不确定性，然后根据以贝叶斯方式更新的新信息来修正他们的评估，并且选择能够使他们的期望效用最大化的行动方案。在这个统一的一元化的认知基础之上，行为主体通常被假设为拥有关于对方的共同知识，还会对他们所处的世界，当然也是他们共同创造的世界做出理性预期。相比之下，圣塔菲的观点无疑更加多元化。遵循现代认知理论，我们不再假设认知过程有一个单一的、主导的模式。相反，我们认为行为主体必须在认知上"构造"他们面临的问题，即他们必须理解他们的问题、给他们的问题赋予"意义"，然后才能解决他们的问题。他们必须利用有限的认知资源来做到这一点。为了"有意义"、为了学习和适应，行为主体要运用各种各样的分布式认知过程。行为主体用来将自己关于世界的信息转换为行动的范畴，源于他们自己的经验，并且这些范畴，或者说认知"道具"不一定彼此一致也能产生有效的行动。因此，行为主体身处的是，一个他们必须"认知地"加以解释的世界，一个由于其他行为主体的存在和行动而复杂化，并且不断变化的世界。这也就是说，行为主体之所以通常不会进行标准经济学意义上的最优化，并不是因为它们受到"记忆能力有限"或"处理能力有限"的限制，而是因为最优行动这个概念本身通常无法明确地定义。据此，更进一步的结论也就水落石出了：说起如何指导人们在这个世界上的行动，新古典经济学中行为主体的演绎理性，最多只能占据边缘位置。也正因为如此，行为主体可能拥有的任何关于彼此的"共同知识"，都必定源于具体的、特异性的认知过程。而这种认知过程所处理的，则是通过具体的互动获得的经验。这就是说，我们不能简单地存在共同知识。

结构基础。在一般均衡分析中，行为主体不直接彼此互动，而要通过非人格化的市场。相比之下，在博弈论中，所有博弈参与人都与所有其他博弈参与人互动，而结果则用博弈的支付矩阵来给出。在这两种情况下，互动结构都是简单的且通常是极端化的：一个人与所有人，或者所有人与所有人。此外，行为主体自身的内部结构也被完全抽象化了。[4] 相反，从复杂性的视角来看，结构是非常重要的。第一，基于网络的结构变得很重要。所有的经济行动都涉及行为主体之间的相互作用，因此经济功能不仅受行为主体之间重复互动的模式所定义的网络约束，同时也是在这个网络上实现的。这些网络结构的特征则是用网络连接的相对疏密程度来刻画的。第二，经济行动是通过涌现的社会角色和社会所支持的程序，也就是说，通过制度来完成结构化的。第三，经济实体具有递归结构，它们本身又是由其他实体构成的。不过，由此而形成的实体"层级"结构及其相关联的行动过程，却不一定是严格等级化的，因为作为组件的实体可以成为不止一个更高层级的实体的一部分，而且位于不同组织层级的实体之间也可以相互作用。因此，互惠因果关系会在组织的多个层次之间发挥作用。这就是说，尽管在给定的某个组织层次上的行动过程，有时可以被视为自主的，但是它们还是要受到其他层次的行动模式和实体结构的约束。而且，他们甚至有可能在更高和更低的层次上产生新的模式和实体。从"圣塔菲观点"的角度来看，组织的基本原则是，一个层次上的"单元"结合在一起，产生下一个更高层次上的"单元"。[5]

过程与涌现。现在应该很清楚了，从我们上述的观点来看，简单地直接将经济事务视为多行为主体的最优化努力，并没有多大意义。我们的观点强调的是过程而不仅仅是结果。具体来说，它旨在探究新的"事物"如何在世界中生成。这包括：认知事物，如"内部模型"；物理事物，如"新技术"；社会事物，如新型的经济"单位"。很显然，如果我们假设一个"永恒新异"的世界，无论是瓦尔拉一般均衡、纳什均衡，还是"动态系统"理论中的均衡，那么结果就不可能对应于一个稳态均衡。在这样一个世界中，唯一可能有效的描述，只能是关于瞬变现象的描述，即关于过程和涌现结构的描述。那么，从这种"过程与涌现"的视角出发，我们对经济能够知道些什么？又应该怎样去理解经济呢？对经济中的过程与涌现的研究，现在已经形成了一个颇为壮观且仍在成长的"行业"，它通常被称为"基于行为主体的建模"。不过直到现在，什么才算一个基于行为主体的模型的解，仍然是一个聚讼纷纭的问题。第二卷所收录的许多文章，包括阿瑟和达利（Darley）、考夫曼、舒比克（Shubik）、林德伦（Lindgren）、科尔曼（Kollman）等人，以及基尔曼和特斯法齐的文章，都或明确或隐含地讨论了这个问题。总的来说，这些文章都试图在互动过程中寻找涌现结构，而在这种互动过程中，相互作用的经济实体通过各自的认知过程来预测未来。认知过程本身又会涉及发生于多层级结构中的互动。

当然，对一种经济学方法的描述，并不一定能构成一种研究纲领。要想围绕"过程与涌现观点"提出一个研究纲领，还必须完成两件事情。第一，必须确定具体的经济问题，这种方法可以对这类经济问题提供新的洞见。第二卷给出了这类经济问题的若干"候选者"：人工制品创新、贸易网络的进化、货币的产生、城市的起源和空间分布、资产定价、恶性通货膨胀，以及不同社区或国家之间的长期收入差异。第二，对这些问题建模所必需的认知基础和结构基础必须先构建起来，同时能够将基于前述基础的各种理论和可观察的现象联系起来的方法也必须先发展出来。虽然自1987年以来，我们已经取得了重大进展，但是这样一个研究纲领仍然远未形成。

三个新热点

第二卷收录的各篇文章，可以说都是对交互式世界中的过程与涌现这个中心主题的探索。这些探索是平行进行的，它们为如何研究那种能够产生永恒的新异性的系统提供了很好的线索。当然，这些探索并没有形成一个连贯的整体。它们基本上是互补的关系，有时甚至可能是存在局部矛盾的。但是，要想描述"圣塔菲观点"的话，还有什么能够比强调分布式过程、涌现和自组织更加贴切的呢？在这种探索过程中，一些研究方向已经涌现出来了，我们下面就来总结一下。

认知。第二卷提出的核心认知问题都是解释问题。正如舒比克所指出的："对数据的解释至关重要，关键不在于数据是什么，而是数据的意义。"那么，行为主体要怎样做，才能使他们的世界变成可理解的，从而使得信息"有意义"呢？阿瑟、霍兰德、勒巴伦、帕尔默和泰勒的文章，以及达利和考夫曼的文章也都强调了这一点。这两篇文章考察了一组行为主体如何采取行动的问题，他们的行动的影响取决于其他行为主体做什么。行为主体基于自己形成的有关其他行为主体将如何行动的预期，来决定如何行动。那么，这些预期来自哪里？这两篇文章都拒绝将共同知识或共同预期作为分析的起点。事实上，阿瑟等人在文章中指出，共同信念无法用演绎推理的方法得到。因为行为主体必须从一个想象中的未来得出他们的预期，而这个想象中的未来，正是其他行为主体预期的聚合结果或"总结果"。因此，预期是自我指涉的，这将导致演绎推理的不确定性。相反，这两篇文章都假设，每个行为主体都可以"访问"各种各样的"解释器"。这些解释器能够将这个世界的某些特定元素筛选出来、赋予它们意义，并能根据这些元素所传达的"信息"提出关于何种行动方为有效的建议。行为主体会把这些解释器的"表现"记录下来，舍弃那些提出"不好建议"的没有用的解释器，并对那些有用的解释器加以调整和改进。根据这种观点，经济行为产生于一个由解释器构成的不断进化的生态。在这个生态中，解释器以行为主体为中介相互作用，而行为主体则利用解释器去生成他们的预期。

在上述思想的基础上，阿瑟等人提出了一个资产定价理论。在他们的模型中，行为主体就是投资者，以"市场统计师"的身份采取行动。这些市场统计师不断地生成预期模型，即对市场上价格变动的解释，并通过交易来检验它们。如果不成功，他们就丢弃旧模型，用新模型取而代之。这样一来，市场的预期也就变成是内生的了。它们不断地改变、调整以适应它们共同创造的市场。

因此，阿瑟等人的市场是一个拥有丰富多彩的"心理"的市场，在那里会涌现出投机泡沫、技术交易和持续的波动。而标准经济学文献所假设的同质理性预期则成了一种特殊情况，虽然它在理论上是可能的，但是在实践中却不太可能出现。布洛克引入了这种方法的一个变体，允许行为主体在数量有限的预期模型之间切换。他的模型比阿瑟等人的模型简单，不过他得到了解析结果。布洛克的模型可以解释金融时间序列数据的许多特征事实，其中许多已经是学者们在过去10年中应用非线性工具进行分析时发现过的。

而在达利和考夫曼的模型中，行为主体分布在一个网格上，他们试图预测在网格上的"邻居"的行为。在生成预测时，这些行为主体使用的是一个自回归模型，而且他们每个人都可以单独地调整模型中参数的个数，以及他们用于估计模型参数的时间序列的长度。具体做法是，在每个周期，如果在前一期进行这种调整可以产生更好的预测的话，他们就可以按1的步长改变参数数量或历史长度。这样一来，就引入了一个共同进化的"解释动力学"，系统不可能进入一个有稳定的、精准协调的共同预期的状态。特别是，当系统接近于"稳定的理性预期状态"时，就会趋向于裂解为无序状态。根据这些结果，达利和考夫曼对具有无限的前瞻视野和无限的演绎能力的传统理性观念提出了挑战。

在他研究恶性通货膨胀的文章中，莱永胡武德提出了与达利和考夫曼相同的问题：在"视野无限长远的最优化"与"近视的适应"这两个极端之间，我们应该如何定位行为主体的认知能力？莱永胡武德认为，这个问题的答案是"情境依赖"的。他声称，在像恶性通货膨胀这样制度崩溃的情况下，行为主体的认知会转向"短时记忆/近视的适应模式"。因此，制度转换与认知模式转变之间的因果关系就成了"相互性"的。随着前瞻视野的萎缩，长期贷款（在他的模型中，长期意味着超过15天）的市场消失了。而且，当通货膨胀加剧后，会计核算的单位也会失去意义。因为不能以任何有意义的方式制订预算了，政府的行政分支无法继续在财政上对议会负责，地方政府也无法继续在财政上向中央政府负责。社会和经济的控制机制遭到了侵蚀。部长们失去了对他们的官僚机构的控制，股东也失去了对公司管理层的控制。

"解释器"，如清晰的预测模型和技术交易规则，在行为主体的认知中发挥着核心作用，这个思想与认知科学中更一般的一系列思想非常契合。对此，克拉克（Clark）在他的著作中进行了很好的总结。克拉克反对全部认知功能都集中在"头部"的观点。他认为，大量的解释性辅助工具，如自回归模型、计算机、语言，甚至如哈钦斯（Hutchins）所指出的导航工具及制度等，提供了一个"脚手架"或者说是"外部结构"，完成了大部分解释世界的任务。克拉克还进一步指出，即使是"头部认知"，其独特标志也是"快速的模式完成"，这与新古典主义经济学家孜孜不倦所追求的演绎理性无关。在第二卷中，诺斯的文章也讨论了这个主题。他描述了以制度为"脚手架"来为解释提供支撑的若干方式。目的是解释对于经济主体来说，什么样的行为是可能的和适当的。

莱恩和麦克斯菲尔德在他们的文章中，从不同的角度探讨了解释问题。他们对所谓的"功能的归属"特别感兴趣。他们所称的"功能的归因"，就是指解释一种人工产品是"做什么的"。他们认为，新的功能归因出现在行为主体之间的、某些特定类型的互动情境中。在这种情境中，行为主体的解释可以不同。因此，认知有一个不可避免的社会维度。什么解释是可能的，取决于谁与谁互动以及为什么进行互动。他们还指出，新的功能归因是不可能在它们得以出现的特定生成关系之外预见到的。在行为主体-人工制品空间的结构快速变动的情境中，这种不可预见性对解释构成"理性"行动的是什么有深刻的影响。

上面提到的所有文章都强调了认知对经济理论的根本重要性。但是，一种相反的观点也可以从过程与涌现角度合理地加以辩护。根据这种观点，过度认知构成了源于方法论个人主义的另一个错误，方法论个人主义是标准经济理论的基石。单个行为主体如何决定做什么可能并不是太重要。发生的事情尽管被视为他们行动的结果，但很可能更多地依赖于他们行动的互动结构，即谁在互动、他根据哪些规则与谁互动。布卢姆在关于种群博弈的文章的引言中提到了这一点。正如他所指出的，他提供的模型所关注的，将不再是"个人层面的决策理论的细节，而是行为主体互动的动力学"。帕吉特（Padgett）也得出了类似的结论，尽管理由有所不同。帕吉特感兴趣的是，提出一个企业理论，作为变革性的"工作"的基点。他认为"工作"可以表示为，"一系列行动和反应组成的序列，这个序列可能会带来一些意图中的或非意图中的集体结果"。因此他指出，只要研究协调好的行动-反应序列的结构，就可以洞察经济活动的组织。他的"故事"中，根本没有引入"认知"。帕吉特文章的灵感来自化学和生物学领域的一些最新研究成果，如艾根（Eigen）和舒斯特的研究、冯塔纳和布斯的研究，以及其他一些人的研究。它们堪称从复杂性视角出发进行研究的典范。

结构。绝大多数人类互动，当然也包括那些发生在"经济"环境中的人类互动，都有社会性的，这是人类互动首要的性质。与朋友交谈、向有常识的熟人征求建议、与同事一起工作、与邻居一起生活等，这种社会交往连续地、循环地进行，将行为主体"绑定"到了网络当中。[6] 但是根据标准的经济学理论，行为主体做什么，只取决于他们自己的价值观和可用的信息。而且标准理论通常忽略了价值和信息来自哪里这个问题。它将行为主体的价值观和信息视为外生的和自主的。在现实中，行为主体要相互学习，他们的价值观可能受他人的价值观和行为的影响。这种相互学习和相互影响的过程，是通过行为主体所嵌入的社交网络进行的。它们可能产生重要的经济后果。例如，杜尔劳夫在他的文章中提出的一个模型，意味着邻居之间的"价值关系"可能导致邻居之间的持续收入不平等。而在莱恩的模型中，网络中流动于行为主体之间的信息决定了两个相互竞争产品的市场份额。基尔曼的文章则回顾了一系列讨论社交网络如何导致一定的经济后果的模型。

伊奥尼迪斯（Ioannides）、基尔曼和特斯法齐考察了网络如何从最初随机的二元相互作用模式中涌现出来，以及这种涌现的网络会呈现出什么结构这个问题。伊奥尼迪斯还研究了基于受控随机场的数学模型。而在特斯法齐的基于行为主体的模型中，"行为主体"实际上是囚徒困境博弈中的不同策略。伊奥尼迪斯和特斯法齐所关注的，主要是与经济互动有关的网络形成和深化问题，特别是贸易网络。激发他们进行这些研究的思想，在一些社会学家，如贝克（Baker）的圈子内，很久以前就已经得到了认可，但在经济学界则很新颖，这个思想就是市场实际上是通过交易者组成的网络运行的。在市场中发生的事情可能反映了这种网络的结构，而网络的结构又可能取决于网络是如何涌现出来的。

局部性的相互作用可能导致大规模的空间结构的涌现。第二卷中有好几篇文章就是研究这个现象的。从这个角度来看，林格伦的文章特别有意思。像特斯法齐一样，他也运用了一个基于行为主体的模型，在这个模型中，行为主体要制定两人博弈中的策略。在林格伦的模型和特斯法齐的模型中，依据他们过去与其他行为主体博弈时所采用的策略的成功程度，行为主体随着时间的推移来调整自己的策略。不过，与特斯法齐的模型中的行为主体不同，它们随机相遇并能够自行决定是否展开互动，林格伦的模型中的行为主体只能与预先指定的交互网络中的邻居互动。利用这个模型，林格伦研究了行为主体空间上时空结构的涌现。这种结构是一种由一组策略构成的亚稳定生态：连续很多世代，这些策略能够抵御新的策略类型的"入侵"，或者说这种生态能够在自己的空间边界上与其他生态相互"竞争"。特别是，林格伦对网格网络中涌现出来的结构，即每个行为主体只与几个其他行为主体互动，与完全连接的网络中涌现出来的结构，即每个行为主体都与所有其他行为主体互动，做了详细的对比。结果发现，前者"导致若干策略之间的稳定共存，但如果没有这种网络结构，这些策略将会在竞争中被淘汰。这些时空结构呈现出来的形式，可以是螺旋波、不规则波、时空混沌、冻结块状模式，以及各种不同的多种多样的几何构型"。虽然我们还不能毫无争议地说林格伦的模型是一个经济学模型，但是他对两种行为主体空间上的结构的比较，却无疑是非常有启发性的：一种行为主体空间中的社会网络是相对稀疏的，而在另一种行为主体空间中，所有行为主体间的互动都是有可能的。后者至少在原则上，可以与经济学中的一般均衡分析所特有的非人格化市场相比拟。帕吉特在他的文章中也进行了类似的比较，不过是在一个完全不同的情境下。

杜尔劳夫和克鲁格曼都研究了地理隔离是怎样出现问题的。在他们的模型中，行为主体可以改变位置，即改变他们在社会结构中的位置，而社会结构是由邻居关系定义的。在这些模型中，特别是在杜尔劳夫的模型中，存在着多种类型的行为主体。模型要回答的问题是：在什么情况下、通过什么机制，总体层面上的"邻居关系"或"社区"会涌现出来。每个社区都主要或者完全由一个类型的行为主体占据。因此，当前的网络结构，即行为主体的邻居，以及行为主体可以移动到"站点"处的邻居，调节着行为主体的选择，而行为主体的选择又会改变当前的网络结构。这样一来，随着时间的推移，从不断变化的局部网络结构中，总体层面上的相互隔离的社区就涌现出来了。

科尔曼、米勒和佩奇①也探讨了类似的主题。他们的文章的现实背景是，当存在多个司法管辖区时的政党竞争和民主制度问题。在他们的基于行为主体的模型中，行为主体可以在司法管辖区之间迁移。他们证明，当存在三个以上的司法管辖区时，"两党制"式的竞争优于民主的全民公决；相反的情形仅出现于只存在一个司法管辖区的时候，因此行为主体无法迁移。他们还发现，"两党制"式的竞争会比民主的全民公决导致更多行为主体进行迁移。

曼斯基（Manski）的文章则提醒我们，即使理论模型已经做得尽善尽美了，对真实现象的理解也同样重要。他区分了学者们对于人们经常观察到的经验事实的三种因果性解释："属于同一群体的人倾向于采取类似的行动。"第一种解释是我们上面已经描述过的，即行为相似性可能通过网络交互效应产生。但是还有另外两种可能的解释。一种是环境，即这类行为可能取决于群体的某个外生特征，如社会经济构成。另一种是相关效应，即行为相似性可能源于群组成员共享某种相似的个体特征。曼斯基还证明，除了其他结果之外，使用流行的平均线性模型去分析数据和"观察均衡结果和参照群组构成"的研究者，是不能凭经验从上面这些可供选择的解释中区分出内生性交互作用的。这里有一个"底线要求"，那就是非线性效应需要非线性的推断技术。

在诺斯、舒比克和莱永胡武德各自的文章中，关注的焦点转移到了另一种社会结构上，那就是制度。诺斯的文章的侧重点是研究制度和经济增长，舒比克则志在分析金融制度，而莱永胡武德则阐述了恶性通货膨胀的"现象学"。

所有这三位学者都同意，可以将制度定义为"游戏规则"，如果没有这些规则，经济行动将是不可想象的。不过，经过具体分析，他们至少在以下三个意

---

① 斯科特·佩奇，美国密歇根大学教授，著有《多样性红利》和《模型思维》。这两本书中文简体字版均由湛庐文化引进，分别由浙江教育出版社和浙江科学技术出版社出版。——编者注

义上使用"制度"一词：作为"规则"本身，如破产法；作为被授予了颁布规则的社会权力和政治权力的实体，如政府和法院；以及作为有社会合法性的建构，它们将规则"实例化"，而且经济行为主体就是通过它们来采取行动的，如法定货币、市场。无论在哪一种意义上，三位作者都认为，如果仅仅从纯粹的经济、纯粹的政治或纯粹的社会角度来进行分析，制度是不可能被充分理解的。经济学、政治学和社会学的作用，在制度形成的过程中是不可分割的。而且，制度也改变和决定了经济行为、政治行动和社会运动。诺斯还进一步坚持认为，制度拥有一个认知维度，它体现在维持着制度并决定了制度进化方向的、总体层面的"信念系统"上。

诺斯从功能主义的角度分析了制度如何涌现的问题：制度之所以出现，是"为了减少不确定性"，这就是说，制度能够使行为主体面对的世界变得更加可预测，从而为行为主体提供可识别的、能采取有效行动的机会。特别是，现代经济依赖于能够降低非人格化市场中交易成本的制度。

相比之下，舒比克则采取了一种不同的分析路径。他的分析从他的策略性市场博弈的概念开始。这种博弈是有"完全定义的过程模型"，它们指明了"可行结果集中所有点上可以采取的行动"。舒比克对使用法定货币进行贸易的经济，构建了一个策略市场博弈。他证明，指定可以采取行动的"完全规范"，就意味着某些类型的规则在逻辑上的必要性。舒比克把这种规则等同于制度。吉纳科普洛斯（Geanakoplos）在他的文章中，也提出了与舒比克类似的观点。他认为，金融制度就代表了承诺。那么，如果有人不能或不愿兑现承诺，又会发生什么？舒比克证明了其中一种制度，即破产法，在处理违约问题时的逻辑必要性。吉纳科普洛斯则引入了另一种制度：抵押品。他证明，在均衡中，作为一种制度的抵押品具有制度含义，即市场缺失。

最后，在他为第二卷撰写的结语中，菲利普·安德森从一个物理学家的角度，对费尔南·布罗代尔（Fernand Braudel）所强调的"长期社会经济变革的历史，带给我们一个最核心的教训"进行了评论。关于行为主体同质性的假设，在复杂系统中可能有非常强的欺骗性。社会变迁过程通常是由位于某些有"极端尾巴"的分布的最末端的那些人所驱动的。因此，从"圣塔菲观点"出发，一个有趣的理论问题就是：这些有极端尾巴的分布是怎么涌现出来的？为什么这种分布会如此无处不在，如此重要？

问题是什么？问题的解是什么？虽然第二卷收录的文章，有很多是讨论认知和结构的，但是它们并没有深入探讨：从上述新观点出发，什么可以构成一个问题？什么东西可以算作问题的解？也许这是因为，对生成和评估"解"的各种方法的讨论现在还为时尚早。我们还在讨论，我们应当致力于对什么东西求"解"。第二卷中有少数几篇文章完全采用了文字表述，不过大多数文章都提出了数学模型，包括基于统计力学的模型、策略性市场博弈模型、随机图模型、种群博弈模型、随机动力学模型，以及基于行为主体的计算模型，等等。需要指出的是，在某些情况下，有些文章作者所使用的数学模型忽略了一些重要的问题。例如，均衡计算能够以什么方式提供关于涌现问题的洞见？这是一个相当棘手的问题，但是没有任何一篇文章讨论了这个问题，即便是那些用于计算均衡的模型，并声称提出了关于涌现问题新见解的文章也是这样。布卢姆在他对种群博弈模型的讨论中，提出了两个与此相关的问题：在他的理论中，渐近均衡选择定理能不能保证均衡选择"发生得足够快"，从而使它在经济上是有意义的；以及由博弈和互动模型确定的"全局环境"的不变性，能不能与潜在的经济现实兼容，而博弈规则在现实中将经历内生性变化。要想解决传统数学工具与那些可能表现出永恒新异性现象之间的固有张力，无疑是非常不容易的。

正如我们在前面已经提到过的，第二卷中有几篇文章引入了不那么传统的、基于行为主体的模型。科尔曼、米勒和佩奇讨论了这种建模方法的优点和困难。他们在结论里对这种方法在未来研究中的作用表示了谨慎的乐观。特斯法齐则把自己的文章当作了她所谓的"经济学中'人工生命'方法的一个例证"，她的文章也阐述了"经济学中仍然有待清理干净的障碍"。说了这么多对这些与"过程与涌现"观点相关的知识论问题，我们可以向读者提供的最好建议也许非常简单：读一读第二卷收录的这些文章，找一找你认为有说服力的东西。

COMPLEXITY
AND THE
ECONOMY

06

再好的经济和社会系统也会被"玩弄"
"压力测试"是防范操控行为的良方

再好的经济系统,也可能存在被他人利用的漏洞。我们可以借鉴工程上的失败模式分析法,对政策设计进行"压力测试",模型中无须加入任何"剥削"元素。行为主体在做策略选择时,会发现某些行动特别有效,这时"剥削"行为就显露了身影。通过计算机的自动预警,我们就能采取相应的防范措施。

06

再好的经济和社会系统也会被"玩弄"

在 2008 年美国金融危机之后,许多经济学家就已经看得非常清楚了:金融系统,以及其他社会和经济系统,很难避免被各种小团体操纵,以达到他们谋取私利的目的。这样也就自然而然地引出了以下两个问题。第一,给定某种特定的政策框架或拟议中的经济系统,这种操纵是否可以提前预见并预先防止?第二,我们是否可以设计出某种方法(可能是自动的),来测试它们可能会面临失败的模式,以及它们可能被操纵的程度,从而防范将来可能发生的操纵行为?

本章认为,经济中的剥削行为绝非罕见,而且可以划分为若干特定类别;我们很容易就可以扩展政策研究,以便考察政策被"耍弄"的可能性;经济学需要发展一门强大的、专注于失败模式分析的子学科,就像在

> **剥削行为(Exploitive Behavior)**
> 无论是金融系统,还是其他社会和经济系统,都很难避免被各种小团体操纵,以谋取他们的私利。我们把这种行为称为"利用行为"。

结构工程和飞机设计中已经大获成功的失败模式分析的子学科一样。本章完成于 2010 年,当时我正在 IBM 公司位于阿尔马登的"健康分析和模拟智慧地球平台"(Smarter Planet Platform for Analysis and Simulation of Health,简称"SPLASH")工作,并得到了同事们的帮助,在此表示感谢。本章是首次公开发表。

* * *

社会和经济生活中有一个一般规则：给定任何一个系统，总会有人找到一种利用它、剥削它的方法。或者说得更简洁一些，所有系统都会被玩弄。我这样说，并不是因为我愤世嫉俗。恰恰相反，我在这里指出的是一个有普遍意义的观察结果，即任何政府制度、任何法律制度、任何监管制度、任何企业制度、任何选举制度、任何政策组合、任何组织规则、任何国际协议，人们都能够以你意想不到的方式，利用它来谋取自己的私利。2005年，亚利桑那州州长珍妮特·纳波利塔诺（Janet Napolitano）在谈到美国和墨西哥边境的非法移民问题时，模仿非法移民的口气说："你们把边境墙砌到15米高，我们就会造出16米高的梯子来。"说的就是这样的情况。

能预见到非法移民会造出16米的梯子，也许并没有什么了不起。毕竟，纳波利塔诺只是在表明自己的政治观点。但是，要一般性地预测给定的政策体系中，剥削行为是如何出现却是极具挑战性的。要"剥削"各种系统，方法有很多，其中有些是非常不明显的。但是，我们确实极度需要预见到各种可能的操纵，因为它们有时会造成灾难性的后果。例如，读者不妨回忆一下俄罗斯1990年从社会主义计划体制向资本主义体制过渡的后果。在那个时期，少数"精英"攫取了国家新释放出来的资产的控制权。或者，想一想加利福尼亚2000年开放能源市场的后果，当时少数能源供应商操纵了市场，损害了整个州的利益。又或者，考虑冰岛2008年的银行体系，一些控制了该国各大银行的所谓的金融家，挪用存款人的资产到海外房地产市场上投资，将银行拖入了破产的陷阱。当然，读者很可能仍然对2008年华尔街崩盘记忆犹新，当时对抵押贷款支持证券市场的监管非常宽松，贷款唾手可得，而衍生品则越来越复杂，以至于形成了一个高度不稳定的结构，最终令人震惊地塌陷了。所有这些系统都被操纵了，或者用一个更强、更触目的术语，有些市场被"玩弄"了。现在回顾起来，不难看出，所有这些系统都提供了强大的激励，使得它们非常容易被操纵，而且很多最终都难逃系统崩溃的悲剧。

这就提出了一个不容回避的问题。经济学已经发展得如此精巧复杂，事前又有无数经济学家对拟议中的政策体系进行了细致的研究，怎么还会发生这些经济灾难呢？在前面我提到的那些例子中，确实有若干经济学家提前预见到了未来发生悲剧的可能性并发出了警告。但是这种警告通常并没有什么效果。原因在于，目前大行其道的那种经济学隐含着一种偏见，它会使经济学家选择性失明，因而无法看到经济系统未来被"剥削"的可能性。标准经济理论假定要研究的系统是均衡的，而根据定义，在均衡中没有任何行为主体有动力偏离自己的当前行为。由此而导致的结论只能是，在标准经济学研究的任何一个系统中，侵入性行为或破坏性行为永远不会发生。如果系统可能被侵入，那么某些行为主体将会发起新的行为，并且系统将不能继续处于均衡状态。均衡经济学的基本假设决定了，它的研究目的不是探索各种系统被剥削的原因和结果，因此对于系统是如何失败或被利用的系统性研究，不是这个学科思考的核心问题。[1]

在本章中，我将摒弃均衡假设，并以一个完全不同的非均衡假设为基础来进行分析：任何时候、任何政策体系都会为相关各方提供某些激励，而且这些激励反过来可能会促使各相关方发现一些政策设计者没有想到的、能够用来增进自己私利的途径。在这个假设的基础上，我们就可以探索："剥削"政策系统的行为是怎么出现的，我们如何对这种行为进行建模和分析，并提前预见到它们或者预先提出警告。

为了便于分析，我把怎样才能预见到各种系统可能被"剥削"这个问题分成4个子问题依次考察。第一，这种剥削行为的原因是什么，它通常是怎么出现的？第二，考虑给定的特定经济系统或政策，我们如何预测它（们）可能会在什么地方归于失败，以及我们可以从结构工程学等学科中学到一些什么？这些学科都试图预测潜在的失败模式，因此应该可以在这方面帮助我们。第三，我们如何为被玩弄或被利用的系统构建模型，以及我们怎样预测这些模型中的行为主体"发现""剥削"这些系统的方法？第四，构造人工智能模型来自动预测经济和社会如何被剥削，这种方法在未来的前景如何？当然，我在这里不可能给出这些问题的完全确定的答案，但是我希望本文至少能提供一个辩论的主题。

在展开具体分析之前，我先给出我在下文中将会使用的一些术语的定义。"剥削"（exploitation）这个术语有两层含义。第一层含义是"为了获得利益而使用某种东西"，第二层含义是"自私地或不公平地利用某人或某种情势，而且通常是为了个人私利"。[2] 第一层含义适合我们的讨论，但注意这种意义上的"剥削"一词不一定是贬义的。第二层含义也涵盖了我将要谈论的许多情况。"玩弄"（gaming）这个术语，本身就带有一个更加"有害"的含义：它表示人们为了实现自己的目的而操纵性地使用一个系统，通常会背弃他人对他们的信任，并会伤害他人。[3] 我也会讨论"政策体系"（policy system）这个术语，意指在给定一整套政策的情况下，随着时间的推移而渐次展开的经济系统、社会系统、军事系统、商业系统或政府系统。例如，奥巴马总统2010年提出的"负担得起的医疗保健制度"，就是一个政策体系。

"剥削"的4种类型

在我们分析如何对剥削行为建模之前，先讨论一下剥削行为的原因和机制，这些"预备知识"无疑是非常有用的。

我们的第一个观察结论是，剥削行为并不罕见。之所以如此，并不是因为有的人天生是自私的，而是因为所有的政策体系，即所有的社会政策，都会产生一些激励。作为对这种激励的反应，由行为主体组成的某些群体会为了自己的利益而采取行动，这种反应往往是意想不到的、违背政策设计者的意图的。这样的例子比比皆是。例如，2003年美军对伊拉克展开军事行动。这是一个军事政策体系。它计划得很好，执行得也很好，但还是引发了叛乱。美国决策者关于伊拉克民众对美国在伊拉克驻军的反应预期不足，这种反应阻碍了美国在伊拉克的目标的实现。又如，美国在林登·约翰逊担任总统期间于1965年启动的医疗保险体系，目的是为老年人提供医疗保健、支付医疗服务费、补偿医院和医生的治疗费用。参加这个计划的医院和医生对它的反应是，购买昂贵的设备和提供不必要的医疗服务，因此在该计划推出后的短短5年之内，它的成本就几乎增加了3倍。12年后，美国向市场开放了医疗保健服务，目的是引入竞争和降低成本。但是事与愿违，结果却产生了这样一个系统：每个关键的参与者都能找到某种方法，来利用这个系统谋取自己的利益，从而有害于整个系统。马哈将它描述为一个"霍布斯式市场"，他这样写道："医疗保健行业的所有博弈参与人都在相互对抗，医院与医院、医生与医院、医生与医生、医院与保险公司、保险公司与医院、保险公司与保险公司、保险公司与药物制造商、药物制造商与药物制造商。"

上面举的这些例子都是一些"大规模的剥削行为"，其实剥削发生在所有尺度上。众所周知，公寓楼的管理人员，会溜进他们竞争对手的公寓楼窥探虚实，并在网上发布竞争对手的负面评价，以提高自己的竞争地位。无论剥削的规模如何，其发生频率之高已经足以让我们考虑暂停实施一些社会政策，而我们并没有仔细设想过这些政策被相关参与人利用的可能性。这个事实还警告我们，在接受那些旨在展示某个政策体系的"美好愿景"的经济模型的结果之前，一定要三思而后行。事实上，我们应该时刻保持警觉：在对它们的内在假设进行恰当质疑之前，任何政策模型的结果都不能贸然接受。

那么，我们应该如何质疑政策体系的结果呢？我在上面给出的例子看起来是分散和独特的，要想从它们那里得出一般的洞见似乎并不容易。如果我们可以确定剥削行为的"通用类别"，即剥削的"标准技巧"，或者如果我们能够总结出各种情况下反复出现的剥削行为模式或激励模式，那么无疑会非常有用。换句话说，如果我们能够在经济学中开创一个用来评估政策体系的"失败模式分析"传统，那么将会非常有用。在其他一些学科中，这样的传统很早以前就存在了。在那些学科中，当生命或安全或面临危险时，就会进行这种"失败模式分析"。例如，在工程学中，失败模式分析或故障模式分析研究的是：结构在过去遭受失败的方式，或未来可能失败或无法按预期发挥作用的方式。又如，在预防医学和疾病控制学中，要研究疾病、死亡和流行病的原因，探索未来预防的方法。这些研究不仅要探析过去的失败，而且要建立一个有序的知识体系，以帮助预防未来可能出现的失败或崩溃。

要想构建一门专门研究政策体系失败模式的经济学子学科，无疑是一个非常艰巨的任务。这种努力当然是非常有价值的，但是超出了本文的范围。我们现在能够做的是，细致地思考一下这门子学科怎样才有可能成功地建立起来。而一个很好的开端就是，考察各种系统在过去是如何被剥削或被玩弄的，并对这些发生的事件进行分类。下面，我将讨论4种类型的剥削，并用对应的原因命名。

1. 利用不对称信息

在许多社会系统中，系统各相关方可以访问不同的信息。经常发生的一种情况是，某一方根据自己对可得信息的理解提供某种服务或某种机会，然后另一方以自己所拥有的更详尽的信息为基础做出回应、采取行动，并依靠其优势信息利用系统从中获益。在金融行业和营销行业中特别容易出现这种行为。因为在这些行业中，推广自己产品的那一方非常了解他们正在推广的产品，而另一方潜在的投资者或客户则不然。2007年，高盛创设了一个抵押贷款债券资产包，向它的客户兜售。但它又请了一个著名的对冲基金经理约翰·保尔森（John Paulson），来为这个资产包选择债券。私底下，保尔森认为这个产品将会变得一文不值，于是以它为标的进行对赌。通过购买可以避免这种金融工具带来损失的保险，保尔森大发横财，高盛也小赚了一笔，但是投资者却损失了10亿多美元。这个资产包，即与次级住宅抵押贷款支持证券相关联的综合性抵押债务，是一个非常复杂的"套餐"，其设计者高盛和保尔森对它的前景非常了解，但是他们的客户却无法搞清楚。

医疗保险行业也很容易出现信息不对称问题。医生和患者都比保险公司或为他们支付医疗费用的政府机构更了解疾病情况和何种治疗才是适当的。2006年，马萨诸塞州立法推进个人医疗保险计划。这个计划一开始似乎是有效的，但是短短几个月后，保险公司就发现他们亏钱了。原因在于，正如苏德曼（Suderman）所指出的那样，"成千上万个消费者都在'猎杀'马萨诸塞州2006年健康保险计划，当他们需要支付昂贵的医疗护理费用，如生殖治疗和膝盖手术的费用时就参保，然后就迅速弃保"。这种行为不是非法的，也不是不道德的，但它确实是掠夺性的，是一种剥削。

2. "裁剪"行为以符合特定标准

第二种类型的剥削，在这里也许称之为"操纵"更好一些，发生在必须根据严格的评估标准对行为主体的行为进行评判、监控或测度时。行为主体会"裁剪自己的行为"，以便符合这些标准的狭隘的条文，而不去考虑制定这些标准的更广泛的意图。换句话说，行为主体"玩弄"了标准。在2008年金融危机之前，金融评级机构如穆迪或标准普尔等，多年来一直在对投资银行创设的各种金融工具所固有的风险进行评估。但是在金融危机爆发前几年，在一个以增加透明度和信任感为名的行动中，它们将自己的评级模型提供给了华尔街各投资银行。对此，摩根森（Morgenson）指出："华尔街的投资银行很快就学会了如何篡改这些模型，如改变一两个小小的输入项，然后得到更好的评级结果。也就是说，他们学会了如何利用评级机构的模型作弊，目的是保证在把质量更低的债券掺入投资组合后，仍然能够得到高评级，于是他们就可以把这些本来很可能卖不出去的垃圾卖出去了。"[4]

玩弄绩效标准的人绝对不限于华尔街那帮银行家。在一切需要评判性能或绩效的系统中，都存在这种行为：是否符合法律、能否通过教育考试[5]、是否遵循人权标准、有无遵守环境标准、是否达到接受资助标准、工厂产量是否达产、金融会计是否公允、税务报告是否合规、行政官僚业绩是否出众、政府治理的绩效能不能令人满意等，涉及的标准都可能被"玩弄"。在所有这些情况下，受到监管或被关注的当事方会调整自己的行为，做出一副在规定的绩效措施下"表现良好"的样子，但是他们的实际行为却千差万别：既可能令人满意，也可能应受谴责。事实上，以政府治理绩效为例，人们早就总结出了这种"剥削"的两个"定律"。第一个是"坎贝尔定律"（Campbell's law）："社会决策越是频繁地使用任何量化的社会指标，招致腐败的可能性就越大，也就越容易扭曲和腐化它原本打算监管的社会过程。"第二个是"古德哈特定律"（Goodhart's law）："任何观察到的统计规律性，只要将它用于控制目的，就必定会失效。"[6] 这两个定律都适用于政府行为。不过，我本人更喜欢一个更宽泛的表述：任何绩效标准，都会被最大限度地利用，从而丧失价值。

3. 获得系统的部分控制权

第三种类型的剥削，发生在当由一些行为主体组成的小团伙控制了系统的部分重要资源，并将其用于满足自身的目的时。经济系统中的这种剥削，类似于计算机系统中病毒对计算资源的剥削。这个小团伙实际上接管了一部分系统，并且利用它来为自己谋取利益。

在金融部门，我们可以观察到这种类型的剥削的许多例子。在2008年金融体系崩溃前的几年里，保险巨头美国保险集团（AIG）内部，一个小团伙，即该公司金融产品部，设法在实际上控制和管理了公司的大部分资产和风险负担，并开始大量投资于信用违约互换。这个小团伙的成员以高额薪酬的形式获得了巨大的利益，即他们可以获得他们所"赚得"利润的1/3，但是投资最终失败了，这令美国保险集团遭受了灭顶之灾。冰岛也发生了类似的一连串事件，一小部分企业家利用贷款买下该国银行资产的控制权，并将银行资产投资于国际房地产市场和相关的衍生品。这些投资失败了，冰岛的银行体系垮塌了，它们客户的存款都成了殉葬品。

4. 以政策设计者意图之外的方式利用系统的元素

当行为主体利用系统自身去操纵系统时，还会出现另一种类型的剥削。一个例子是，利用网站的评级系统去操纵对他人的评级。又如，有关利益方会设法去搜寻某个规则，然后使它成为系统的一个漏洞，用来证明他们所做的超出了系统设计者意图之外的行为的合理性。这样一来，这条规则就会蜕变成一个管道，让金钱或能量滚滚流过，并对整个系统造成不利影响。在 20 世纪 70 年代初，阿拉伯对石油实行禁运之后，美国国会为机动车辆制定了燃油经济性标准，不过对商用轻型卡车的要求比对乘用车的要求更宽松一些，这也是可以理解的。但是，底特律的汽车业人士在进行了大量的游说活动后，操纵了国会在一个适当的时机宣布运动型多用途车（SUV）是轻型卡车。这样，大量汽车就轻松地"驶过"了这个"轻型卡车漏洞"，导致美国的高速公路上塞满了SUV。结果是，1988 年到 2005 年，美国的平均燃料经济性实际上反而下降了。这绝对不是这项能源政策设计者的本意。

上面描述的只是 4 个类型，它们绝对不是全部。毫无疑问，各种系统被"玩弄"的方式还有很多。但是，仅仅是这些，就已经足以让我们对剥削类型有一个深刻的印象了。它们告诉我们，系统中的剥削行为绝非罕见，它们简直成了一种狂欢。

"压力测试"的作用

对于某些政策体系来说，它们可能遭受的剥削，显然属于上面给出的 4 大类型之一。但是，许多其他政策体系遭受剥削的模式却不是这么显而易见的。给定一个政策体系，人们就会形成一个心理模型或分析框架，用来预期它将如何运行。我们现在希望可以预计政策体系在现实生活中的哪些方面可能会被利用。那么，我们应该怎样着手去做呢？在一个特定的经济环境下，我们将如何进行失败模式分析？对于这些问题，没有固定的答案，但是我们应该可以借鉴工程学进行失败模式分析的方法和步骤。

显而易见，第一步是掌握关于以往类似系统的失败的知识。有了我在上面描述过的那4种剥削类型,我们可以说至少已经开了一个头。飞机设计师可以从过去的经验中了解到,故障(他们称之为"异常状况")发生的一般原因包括:疲劳性失效、爆炸性减压、火灾、爆炸、发动机损毁,等等。依此类推,正如我在前面所说的,我们必须对过去政策体系如何被利用的失败模式进行分析。

第二步,我们可以观察到,结构的分崩离析始于比其"总体设计"更微观的水平上的失败。在工程设计中,崩溃往往不是因为总体结构整个散架了,而是因为在应力作用下,部分组件中出现了细的裂纹,或者因为某些组件失效了,这些故障被传播到了更高的层次上,从而最终导致整个系统走向失败。这就意味着,对于我们正在研究的任何系统来说,剥削行为通常不会发生在整个系统的层面上。毕竟,剥削行为是个体,或者是由若干个体组成的小团伙创造的或"发明的"。如果我们想要搞清楚对系统的操纵是怎样发生的,我们就必须细致地探究行为主体所拥有的各种可选项和行为可能性。

第三步,通过类推可知,我们可以在制度中找出应力特别高的那些地方,集中注意力观察它们。在社会系统中,这些地方往往会给予行为主体强烈激励,使他们做出与被规定的行为不同的行为。在分析模型中,这类行为的关节点通常被表示为一种"费率",如个人购买健康保险的比率;或者被表示为一个简单规则,如收入超过了 X 美元,并且年龄超过了 Y 岁,就得购买健康保险。建模者必须追问简单的费率或规则,是不是真的能够保证给定行为主体面对的激励。当然,很多时候它们是不能保证的。

上面所有这一切都表明,如果我们对社会系统有一个构想,并且有一个用来分析社会系统的解析模型,那么我们就可以对它进行"压力测试",以便识别那些可能会强烈地诱使行为主体做出不同于设计者预想的行为的激励。这些应力很大的地方,可能就是行为主体有权利去影响其他相关方福利的地方,如他们可以向富裕的房地产开发商颁发建筑许可证，但是我们通常假设他们会做出公正的决定。有些时候，行为主体可以通过牺牲一定程度的性能或安全性来谋取利益，如他们决定降低飞机维护的频率，但是我们通常会假定一切都符合给定的标准。另外，行为主体有时会利用内幕信息谋利，如他们知道公司的未来计划，但是我们通常会假定他们不会进行内幕交易。

接下来，我们就可以根据我们所了解的关于行为主体的具体激励和他们掌握的信息知识，来建构行为主体的"行动可能性"了。换句话说，我们可以为行为主体构造一个详细的策略选择侦察。这里的关键词是"详细的"：所包含的选项或可能性，是由观察该系统的分析者的想象和经验决定的，它们源于现实世界。我们需要把它们认真地、详细地描述出来。我们之所以必须尽可能地去了解一切与行为主体据以决定自己行为的微妙信息和可能机会，原因也就在这里。

一旦我们搞清楚了剥削可能发生在什么地方、又是如何发生的，我们就可以打破关于这个政策体系的整体经济模型，并插入一个模块用来"注入"我们想到的那种类型的行为。这样一来，我们的脑海中就有了一种特定类型的剥削者的形象，以及关于这种剥削的工作模型。于是，我们就可以用它来研究不同的策略性行为主体对整个系统的行为所造成影响的差异了。有的时候，它们只会造成细微的差别，因为策略性行为也许不会在其自身的领域之外造成太大的影响。但是另外一些时候，它们却可能造成重大的影响。在某些情况下，它们甚至会导致所嵌入的结构塌陷。在这里，我们正在寻找的是政策体系中的薄弱点，以及特定行为可能对系统造成的后果。我们还一定要记住，这种测试不能操之过急。在工程学中，当出现了一个重要的新设计时，通常需要几个月，甚至几年的时间来精心检验、调试和重新设计，尤其是当它事关公共安全大局时。

06
再好的经济和社会系统也会被"玩弄"

我们没有任何理由认为,人们在制定经济政策和社会政策时,反而不用强调它们的后果是否安全。

我在上面概述的这种方法,适用于只有一个设计者或一个设计小组的情形,他或他们独自去发现给定的政策或经济系统的缺陷。如果有多个设计者或小组齐头并进地工作,都致力于探测某个模型的弱点,那么整个过程无疑可以加快很多。对于拟议中的政策体系,不妨想象一套新的医疗保健政策,或一组新的金融管制条例,一旦有了一个"工作模型",我们就可以通过它诱导出一个剥削该体系的"策略"模型。更具体地说,我们将先给出一个整体模拟模型或总体政策环境,然后任由外部参与者提出自己的策略来剥削它。类似的做法由来已久。早在几十年前,罗伯特·阿克塞尔罗德(Robert Axelrod)就举办过一系列后来变得非常著名的囚徒困境博弈锦标赛:让不同的策略在重复的囚徒困境博弈中相互竞争。在一个更具一般性的系统中,参与者需要对该系统进行彻底的研究,将它的数之不尽的激励一一识别出来,占据那些存在剥削机会的地方,然后形成相应的模型。

类似的情况也经常发生在加密系统的 beta 测试中。例如,假设美国海军开发了一种新的加密方案,它会邀请一群人来参加测试,即看看他们能否破解该加密方案。如果他们不能,那么这个计划就可以继续推进。在这种情况下,必须保证测试人员来自外部,这是非常重要的。又如,就像施奈尔(Schneier)所指出的:"就拿互联网 IP 安全协议来说吧。它是由一个委员会公开设计的,从一开始就受到相当多的公众监督……海军研究实验室的密码学者最近发现了一个小小的缺陷。这项工作继续公开进行着,任何一个有兴趣的人都可以参与测试。另一方面,微软公司也开发了自己的点对点隧道协议(PPTP),其功能基本相同:他们发明了自己的身份验证协议、他们自己的哈希函数,以及他们自己的密钥生成算法。这些发明每一个都有严重缺陷……但是，因为他们是在内部完成所有这些工作的，没有人知道他们的PPTP是薄弱的。"

用"涌现"发现新行为

在上一节中，我们讨论了探测政策体系失败的可能性的一般方法。现在，我想收缩范围，集中讨论用于探测政策体系失败的基于计算机的模型，通常来说是计算机仿真模型。但是，我们立即就会面临一个困难，那就是大多数基于计算机的模型都很难容纳新异行为：它们往往采用微分方程组、马尔可夫状态或其他建模架构，并假设了事先预置或嵌入在系统内部的固定类别的行为，因此要修改它们，让它们"召唤出"不可预见的行为，即可能出现的"高16米的梯子"并不容易。

但是，我们还是可以向前推进的。很显然，正如我在前面已经提到过的，一个方法是我们向计算机仿真模型中的系统注入"事前推想"的剥削行为。虽然这样做可以让模型保持开放并加入更多的细节，但是我们希望有更一般的方法，就是让我们的仿真模型主动"发现"不可预见的新行为。这无疑更具挑战性。需要注意的是，我们现在实际上要探究的是，系统中的新行为如何在行为主体的发现或学习过程中涌现出来，而且我们运用基于行为主体的建模方法处理涌现问题，已经有相当多的经验了。因此，我们有理由相信，我们确实可以修改某个模拟模型，来允许行为主体"发现"操纵行为。

接下来，我先用一个真实世界的例子来说明这一点，即我在前面提到过的马萨诸塞州的医疗保险计划。我们现在没有关于这个政策体系的现成的模拟模型，所以我们不得不自己构建一个。因为我们感兴趣的不在于描述所有行为的社会性方面的细节，而在于如何模拟剥削行为，所以我们可以构建一个简单和典型的模型。我们将逐步推进，依次开发出这个模型的一系列版本，来刻画我们感兴趣的剥削行为。

第一步，我们构建一个基本的医疗保险模型。我在进行计算机仿真时使用的是 NetLogo，这是一个非常方便的构建基于行为主体的模型平台。在这个模型中，有 N 个行为主体，但在 NetLogo 平台上，通常为 100～1 000 人，他们单独地、随机地产生各种各样的医疗费用，这些费用可能源于疾病、医院护理、外科手术、事故等。初始状态是，他们自己承担所有这些费用。在这个模型中，个体健康成本的分布是一致的、固定的，并且对于所有行为主体都是相同的，如我们可以假设所有人的年龄都相同。人们的收入是固定且相同的，他们的医疗消费 c 等于他们的保健成本。对于医疗消费带来的效用，我假设了一个凹的效用函数 $U(c) = c^{1/2}$。再假设所有人都是风险厌恶的，系统中只有一家保险公司。一开始，保险公司不提供任何保单（或医疗保险政策），而只是在固定时期收集精算数据：它能够获得所有人的保健成本数据，并会使用这些数据来计算每人每期的平均保健成本。一旦它得出了一个足够准确的估计，它就会发售一份自愿的健康保险单。该保单的成本是这样设定的：在"公平"的保健成本，即保险公司估计的每人每期预期成本的基础上，加上 $m\%$ 的加成，用以支付管理费用。通过计算机仿真实验，我们观察到在这样一个模型中，当上述成本加成足够低（$m < 23.3\%$）时，人们就会发现，购买保险的效用更高，而且他们确实也会购买保险。不然的话，他们就不会购买。现在，我们已经有了一个简单的基于行为主体的保险模型。

第二步，我们要对马萨诸塞州的保险计划法令及其后果进行建模。这里出现的问题的核心在于，有这么一类人，他们相信或发现，不参加这家公司的保险计划对自己更有利，这就是说，他们宁愿因自己的不参保行为而向政府缴纳罚款。要想让我们上面那个模型容纳这种类型的行为主体，有好几种方法。例如，我们可以假设，系统中有一类人面临承担健康成本的风险很小。但是最简单的方法是，假设一部分人，不妨假设50%的人不是风险厌恶型的，即他们拥有一个线性效用函数$U(c)=c$。这样的话，他们就会发现，只要向政府缴纳的罚款低于那家保险公司的保险加价（就马萨诸塞州的案例而言，确实如此），那么就向政府缴纳罚款。我们运行了这个模型，结果发现一半的人参加了保险，另一半人则没有。这个结果并不令人奇怪。

第三步，让我们构建关于剥削行为的模型。 现在，我们要允许所有人都可以预先知晓某些类型的医疗保健如肩部手术或物理治疗的费用。为此，我们在模型中内置了，或者说，"注入"了这些行为，并让它们在每一期刚开始时就可以被预见到。同时，我们还赋予这一类人选择权，允许他们在某一期投保，并可以在下一期取消保险。对这个模型的计算机仿真结果表明，已经投了保的那50%人不受影响，他们无论怎样都会继续支付保险金。但是，本来没有投保的那些人的行为则会受到影响。我们发现，他们会根据这种保险是否适合自己而随时决定加入或退出保险。从某种意义上说，他们正在为他们预先知道的某种结果购买保险，而保险公司则不知道这种结果。因此，他们是"玩弄"了这个系统。图6-1显示了保险公司在这种情况下的利润。很显然，它的利润出现了暴跌。

第四步，作为我们的建模过程的最后一个阶段，我们可以假设系统会对这种行为做出反应。 这是符合现实的。一方面，政府可以提高对不参加保险计划的人群的罚款。我们发现，如果政府真的这样做了，那么每个人都会参加保险，系统也就恢复了常态。另一方面，保险公司也可以做出反应，即增加强制性的投保期限。保险公司的强制性投保期限一旦变得足够长，我们就会看到系统再次恢复正常。

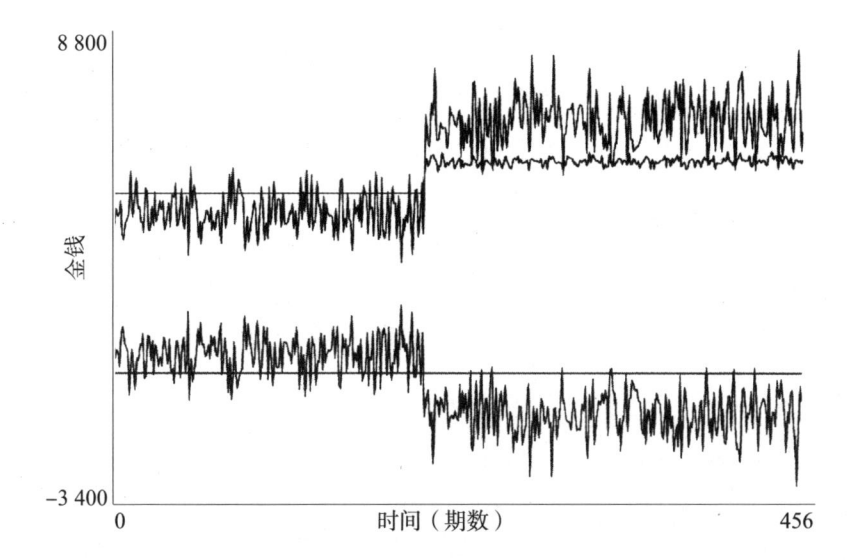

图的上半部显示了保险公司的收入受到的影响。保险公司的收入增加了，因为它的投保人增加了。保险公司的收入是较平滑的那条线，上面的锯齿线是费用。图的下半部则显示了保险公司的利润，即下面的锯齿线。不难看出，利润现在已经下降到了0以下。

图6-1 保险公司的收入、费用和利润变化趋势

我之所以要分步详细介绍构建模型的每个阶段，是因为这确实是一种非常便利的方法。先建立基本模型，然后打破，将做出策略性反应的那类行为主体区分出来，并允许他们这样去做，同时考虑其他行为主体的"自然"反应。当模型最终完成时，当然会遍历所有这些动态步骤。

到目前为止，我们已经阐明，对于特定的政策体系，我们可以采用一个计算机模型，也可以像上面这个例子一样构造一个计算机仿真模型，并通过引入预想得到的"剥削"行为，以及对这种行为的反应对模型进行完善。但是，在现实世界中，剥削行为是自发地涌现出来的。

这就是说，这种行为是在政策体系存在的过程中出现的。如果我们更仔细地观察现实生活中所发生的事情，就会发现相关参与者会注意到他们可以利用的某些选项,他们会学会,或者是突然发现,可以通过某些行为来获利。因此接下来,我们先看看怎样才能将"注意"和"发现"内置于我们的模型中。为了保证行文简洁,在这里我只概略地说明如何做到这一点。[7]

首先,"注意"当然是相当直接的。要允许我们的行为主体"注意到"某些东西非常简单,如最近发生了哪些事件,哪些选项是可行的,只要让他们在信息集的这些部分出现时,能够"知晓"它们就可以了。

不过,我们还需要对"发现"建模。为了这个目的,我们允许行为主体根据他们的信息生成和尝试各种潜在的行动或策略。有很多方法可以实现这一点。行为主体可以随机地生成各种类型的状态依存的动作或规则:如果系统满足一定条件 K,那么就执行策略 G。或者,他们可以通过对以前采取过的行之有效的行动进行重新组合,来构造新行动:如果条件 K 和 P 为真,那么就执行策略 F。又或者,他们也可以生成一个可能行动的集合:如果这一期预先知道医疗保健费用超过了 k 美元,那么就购买保险。这里的 k 可以锚定在多种不同的水平上。进一步,我们假设行为主体能够记住这些潜在的策略(可能有许多),并能够监控和记录每种策略的推定结果,这样一来,随着时间的推移,他们就能学会哪些策略在哪些情况下是有效的。然后,他们就可以随时使用或执行他们认为最有效的策略,并丢弃被证明无效的策略。

这样设计模型,可以为我们带来我们想要的效果。如果被"监控"到的某种随机生成的策略被证明是特别有效的,那么行为主体就会特别快速地"发现"这种策略。从局外观察者的角度来看,这看上去就好像是这种策略在突然之间就"绽放"开了,这也就是说,它突然涌现出来并产生了效果。但是,行为主体是以归纳的方法去探测所处的系统,看到底什么东西是有效的,从而随机"发现"了利用系统的有效策略。由此,"剥削"也就涌现出来了。

06
再好的经济和社会系统也会被"玩弄"

在上面的例子中，我已经描述了一个相当简单的模型，并概略地阐明了对可能剥削行为的涌现进行建模的方法。很显然，我们可以从很多角度来进一步深入阐述。[8]

但是在这里，我想再强调一下最重要的一点。当我们想要对操纵系统的行为进行建模时，并不需要往基于行为主体的仿真模型里加入任何用来代表"阴谋诡计"或"剥削思想"的因素。行为主体只需要根据关于系统及可用选项的特定信息，决定可以采取的行动。有时，他们会发现有些行动特别有效，在这种情况下，我们所称的"剥削"就出现了。要对此建模，只需运用"标准方法"，这种方法在基于行为主体的建模中早就存在了。

自动预警

但是，现在还没有到最后下结论的时候。在上一节中，我们看到，如果我们想要通过计算来"发现"剥削行为，还需要指定某个特定类型的行为主体，他们会进行探索。在未来，我们希望通过计算能够自动"发现"我们没有想到过的、更广泛多样的可能剥削行为，并且对它们进行测试，从而提前预测到可能的操纵。如果真的能够做到这一点，那么无疑理想得多。

前景究竟如何？针对美国-墨西哥边境的偷渡，基于计算机的模型将会给出什么预测（如它是否能够想象到16米高的梯子）？基于计算机的模型在得到了我们的提示后，很容易就能做到这些。我们为计算机仿真程度提供不同的"梯子高度"，如8米、12米、20米等，这样计算机仿真程序就会"学会"：16米高的梯子是有效的。但是，这其实是在作弊。

就"偷渡攻防战"这种情形而言，我们真正希望做到的是，计算机仿真程

183

序能够在完全没有人为提示的情况下自主地"思考"：当边境上竖起了防止偷渡的高墙时，怎么办？我们希望计算机仿真程序能够在没有任何内置提示的条件下，"发现"梯子这一类工具，或者发明其他合理的方式来战胜障碍。而要想做到这一点，计算机仿真程序就需要有关世界的知识，这种知识必定是一种深刻的知识。为此，计算机仿真程序必须成为一个一般意义上的智能体，知道世界的各种可能性、知道什么是可用的、知道一般来说"外面会有什么"。换句话说，它需要某种类似于我们人类智力的东西。不难感觉到，这里有一些人工智能的味道。是的，我们其实是在要求得到一台"发明机"，即一台能够意识到自己身处的世界、能够在概念上将一系列构件组合到一起去解决一般性问题的机器。从这个角度来看，这个问题属于"人类认为不难，但对机器来说却很困难的计算问题"，即所谓的"人工智能完备性"问题，诸如阅读和理解文本、解释语言、翻译语言、识别视觉对象、下棋、裁判司法案件等问题，均属此类。考虑到我们关注的焦点，我们还可以加上一项：对解的想象。

这里的问题绝对不仅是一个概念性的问题，还是一个实践问题。如果能够认识到这一点，那就是一个令人高兴的良好开端。我们能够"教会"计算机识别不同情境，并让它建立一个庞大的、通用性的实用知识库。众所周知，早在2010年，IBM就"教会"了一台计算机，并让它成功地参加了电视智力竞赛节目《危险边缘》，它就是通过建立一个庞大的知识库来实现这一点的。因此有朝一日，计算机也会拥有一个庞大的、关于以往各种情形的，以及这些情形如何被"剥削"的语义性知识的"图书馆"。有了这样一个"图书馆"，计算机就可以"识别"出类似的情形，并利用它们来为当前的目的服务。这并不是一个遥远的预言。例如，在2003年，如果在美军向伊拉克发动进攻之前，已经进行过了计算机仿真实验，那么就应该能模拟出或计算过历史上的入侵，以及随着这种入侵而来的叛乱，还应该能就伊拉克的可能未来提出警告。它会预料到种种"涌现"出来的行为。在未来，计算机模拟应该可以很好地融入历史，找到类似的东西，如找到作为对高墙反应的梯子，并将这些东西呈现给我们。尽管从概念上看，这是完全可行的，但是我认为要充分利用这种类型的实用机器智能，可能还需要几十年的努力。

补上"失败模式反思"这一课

在过去 100 年或更长的时间里，经济学理论在稳定宏观经济预期、制定国际贸易政策、监管货币体系、推行中央银行制度和执行反托拉斯政策等方面发挥了重要作用。但是，它未能防止金融崩溃和经济危机，而绝大部分金融崩溃和经济危机都是由剥削行为造成的。在我们的时代，这几乎可以说是一个异数。航空安全、建筑安全、地质安全、食品和药物安全、疾病安全、手术安全等，所有这些在过去的 50 年中一直在稳步地得到改进。相比之下，"经济安全"在过去 50 年里却没有什么改变。如果说有什么改变的话，那也只能说它变得更糟了。

许多经济学家（包括我自己）也许会说，对自由市场自我调节能力的盲目信心是造成这种情况的一个很重要的原因。但是，经济学理论本身的一个弱点，即缺乏一种能够在政策实施之前找到可能的失败模式的系统方法，也难辞其咎。失败模式研究从来不是经济学这门学科的核心，因为经济学坚持均衡分析，假定系统会快速地向一个没有任何行为主体有动机偏离其当前行为的地方收敛，并且会稳定在那里，因此剥削行为不可能发生。基于这种认识，我们经济学家的普遍倾向是，设计政策并对其结果进行一些模拟，但是不会充分地探讨行为假设的稳健性，不能将那些因系统性的剥削而可能失败的地方识别出来。

因此我认为，现在是对我们的思想做出修正的时候了。设计一个政策体系并简单地分析是远远不够的，即便是相当细致深入地模拟政策结果也是不够的。我们不能把社会系统和经济系统视为一组没有改变动机的行为，而必须把它们视为一种总会引发进一步的行为、诱致进一步的策略、导致系统性改变的激励网络。我们需要仿效结构工程学、流行病学或加密科学等学科中的做法，预测我们所研究的系统中可能被剥削的地方。我们需要对我们的政策设计进行压力测试，来找出它们的弱点，看看我们能否"打破"它们。数十年来，工程学一直坚持失败模式分析，从而使我们拥有了能飞行数百万公里的飞机、不会在地震中倒塌的高层建筑物……如果将这种失败模式分析应用于政策制定的世界，那么我们将更有可能得到我们所可能的经济和社会结果，从而避免世界上的诸多痛苦。

COMPLEXITY
AND THE
ECONOMY

07

技术究竟是如何进化的
在实验室中观察到的组合进化

  技术的进化机制，就是创造新的组合并选择那些有效的组合。所有技术都是从已经存在的技术中被创造出来的。复杂技术是涌现出来的！不过，这是通过先创造简单的、作为构件的技术来实现的。正如我们所预料的那样，只有少数技术被证明是创造"子孙后代"技术的关键构件。

07
技术究竟是如何进化的

新技术是由已经存在的技术构建而成,或者说组合而成的,而且新技术自身反过来又会作为构件,用于创造更进一步的新技术。通过这种方式,技术,即社会可用的设备和方法的集合,从自身构建出了自身。我将技术进化的这种机制,即创造新的组合并选择那些有效的组合,称为"组合进化"。在2009年出版的《技术的本质》一书中,我对这种进化机制进行了详细的描述。这种进化机制不同于达尔文的进化机制,后者依赖于因变化和选择而发生的增量变化的不断积累。

那么,能不能在"实验室"中证明技术的"组合进化"呢?2005年,沃尔夫冈·波拉克和我设计了一个用来检验"组合进化"的计算机算法。从一组原始逻辑电路,即与非门开始,让它们随机地组合成其他更复

> **组合进化(Combinatorial Evolution)** 是技术的一种进化机制。所有技术都是从已经存在的技术中被创造出来的,已有技术的组合使新技术成为可能。

杂的逻辑电路。如果所得到的某个电路能够完成逻辑上有用的事情,就保留下来并封装好,然后作为一个构件加到原来的"电路之汤"中,用于进一步的随机组合。在实验中,我们发现,随着时间的推移,这种连续集成的过程越来越

复杂，我们最终得到了大量复杂的加法器、比较器和异或器。组合进化确实可以创造复杂的技术，但这是通过先创建更简单的、作为构件的技术来实现的。我们的结果响应了生物学的发现：复杂的特征只有在较简单的特征首先被进化女神青睐并成了"垫脚石"之后，才有可能被创造出来。我们还发现，有证据表明，由此而产生的技术集合存在于自组织临界状态下。总之，我们的结果证明了这种进化形式的强大力量。本章是我和沃尔夫冈·波拉克合撰的一篇文章，最初发表于2006年的《复杂性》杂志上。

* * *

技术永远不可能无中生有地凭空出现。新技术是用以前就存在的组分构建的，或者说组合成的。反过来，这些新技术本身又会成为可能的组分，用于构建更进一步的新技术。[1] 在这个意义上，技术，即某个社会或文化可用的机械设备和方法手段的集合，从自身构建出了自身。[2] 1912年，人们将原先就存在的三极真空管与其他一些现存的电路组件组合起来，发明了放大器。放大器使得可以产生纯正弦波的振荡器的出现成为可能。这些新组件与其他组件的组合，又使得可以改变信号频率的外差混频器的出现成为可能。这些新组件与其他标准组件的进一步组合，又使得连续波无线电发射机和接收机成为可能。无线电发射机和接收机与其他元件的组合，又使得无线电广播成为可能。

在"集体"意义上，技术形成了一个由多个元素构成的集合或网络，在这个集合中，现有元素不断地构建出新元素。[3] 随着时间的推移，这个集合不断地通过组合简单元素来构造更复杂的元素，而且可以用很少的构件元素创造许多元素。这种进化不仅是由先前技术的可用性驱动的，它还受到了人类的需求以及技术本身所带来的需求的驱动。特定的需求，如在人类历史上，对食物、交通、疾病治疗、田地灌溉和排水等方面的需求，总是先通过简单的技术来满

07
技术究竟是如何进化的

足，然后用更复杂的技术替代这些简单的技术。被替换的技术（想想马车运输）变得过时后，还会使得依赖于它们的其他技术（想想马车车厢制造业和打铁业）也变得过时了。因此，新元素不仅会使网络扩增，同时还会产生熊彼特所称的"创造性破坏"。当然，所有这一切都是通过经济能动性，以及工程师、科学家和开发人员的人类能动性实现的。在这里，我们可以将经济视为一个安排技术去满足需求的组织结构。

通过考察人类历史上各项技术一步步地被构建出来的过程，可以探索技术的进化规律。但是，在本章中，我们采取了不同的研究策略。我们在计算机内构建了一个简单的人工世界，来模拟技术被构建的过程。在这个人工世界中，技术，即被构建的元素是逻辑电路。逻辑电路的优点是，我们可以精确地描述它们的功能，而且可以将它们通过相互组合而形成的简单规则界定清楚。我们假设，在我们构建的这个人工世界中，存在一些"逻辑"需求，如对执行异或功能或进行三位数加法能力的需求，而且这些需求可以通过适当的逻辑电路得到满足。当然，前提是它们能够被创造出来。在我们的大多数实验中，原始电路就是简单的与非电路。因此，从原始技术开始通过对现有的电路进行随机组合，并测试由此而得到的新电路是否满足某些需求，就可以构建出新电路，即新技术。如果一个电路被证明是有用的，即能够比它的竞争对手更好地满足某种需求，那么它就会取代以前被用来满足某种需求的电路。然后，它会被添加到当前的活跃技术集合中去，并且成为可以用于构建另外电路的元件。由此，有用的元素不断地被添加到当前活跃的技术集合中，而那些被其他元素"击败"的元素则被舍弃。也就是说，技术集合以一种自展向上的方式，先创造能够满足简单需求的简单技术，然后再利用简单技术创造能够满足更复杂需求的更复杂技术。

在这里，我们要提出如下问题。在我们的人工系统中，技术进化的特性有哪些？技术网络是通过怎样一些步骤扩展进化的？某些技术是否会成为使能技术（enabling technology），即在未来进一步的组合中发挥多种多样作用的技术，如矿石冶炼术或晶体管技术，从而使得生成更多技术的有用性的分布是高度偏斜的？我们能不能在这个人工世界中，观察到熊彼特所说的破坏性的创新风暴？如果我们从一项原始技术开始，我们这个人工系统可以创造出满足复杂需求的元素组合。或者换句话说，我们这个人工系统是不是可以从一个原始的电路进化为我们所需要的电路，比如4位到8位的加法器？需要注意的是，我们的兴趣在于探究复杂的技术进化过程。我们不关注如何制造能够完成布尔函数运算的有效的逻辑电路，那是一个工程学问题，而且已经得到解决了。

先来看上面最后一个问题。在现实生活中，复杂技术的创造既源于更简单技术的存在，也源于使这些更简单的构件得以出现的特定的实际需求。例如，如果没有电子放大器和电子波发生器等构件，如果不存在使这些更简单的构件得以出现的需求，那么雷达的发明就是不可能的。因此，我们不应该预期复杂的电路会在这样的情况下被创造出来，即不存在中间元素，也不存在导致这些中间元素出现的更简单的中间需求。

类似地，在生物学中我们也观察到，如果没有"中间结构"及利用这些中间结构的"需求"，复杂的生物器官，如人眼，是不可能出现的。

我们发现，在我们的人工系统中，技术集合可以从极端简单的电路自展地生成复杂得令人惊奇的电路。我们还发现，正如我们所预期的，被创造出来的大多数技术创建都没有成为特别有用的构件，但是有些技术则被证明是创建"子孙后代"技术的关键构件。

我们还观察到了"雪崩式的替代"。在这里，请回忆一下熊彼特所说的"创造性毁灭的风潮"。这种替代遵循幂次法则，因此技术集合的证据表明它处于自组织临界点上。我们还发现，系统创造出复杂电路的方式是：首先满足最简单的需求，然后将所得结果作为构件，以自展的形式满足更复杂的需求。

电路设计的进化

我们把我们这个人工系统的每一次运行视为一个实验。每个实验都从最原始的组件，通常为一个最基本的逻辑门开始行动，让计算机随机地以非循环的方式将几个组件连接在一起，以便生成新的电路。在运行过程中，所用的组件既可以是原始的逻辑门，也可以是用原始的逻辑门构建出来，并已经封装好的其他电路，即将它们视为具有指定的输入和输出引脚的芯片。在表 7-1 中，我们指定了一组"需求"或者说目标，它们是通过组合可以实现的有用的逻辑函数。这些"需求"类似于现实世界中驱动技术进化的真实需求。在理想的情况下，我们希望这些需求是由那些"居住"在这个人工世界中的行为主体产生的。在这个人工世界里，加法器和比较器等被证明是有用的。但是在这里，我们先不考虑这种复杂情况，而是直接列出了一组有用的逻辑函数。当适当的电路出现后，这些逻辑函数就可以实现了。

表 7-1　　　　　　　　　　需求表

名称	输入	输出	说明
非	1	1	非
蕴涵	2	1	蕴涵
n 路异或	n	1	异或
n 路或	n	1	对 n 个输入进行析取处理
n 路与	n	1	对 n 个输入进行合取处理

续表

名称	输入	输出	说明
m 路按位异或	$2m$	m	对 n 对输入进行异或处理
m 路按位或	$2m$	m	对 n 对输入进行析取处理
m 路按位与	$2m$	m	对 n 对输入进行合取处理
全加法器	3	2	两位带进位相加
k 位加法器	$2k$	$k+1$	加
k 位等于	$2k$	1	等于
k 位小于	$2k$	1	比较

注：这是对通用的逻辑函数的一些需求（$2 \leq n \leq 15$，$1 \leq k \leq 8$，$2 \leq m \leq 7$）。

在我们这个人工系统中，既存在对逻辑函数的需求，同时也提供了用来实现它们的手段。采用这样一个人工系统的优点在于，可以容易地对需求和技术进行比对。对特定逻辑函数的每个需求，都可以用特定的真值表来表示：对于每个可能的输入值集合，给出与之相对应的预期输出值的集合。而且，每个创造出来的电路，即每种技术都提供了一个功能，它也可以用真值表来表示：对于提供给输入引脚的每一组二进制值，在输出引脚上产生特定的二进制值。这样一来，我们很容易就可以将实验中的技术与我们的需求表匹配起来。我们完全可以把一种技术的行为、它的真值表视为这种技术的"表型"，而其基因型则是实现这种功能的架构或内部电路。多种不同的基因型可以产生相同的表型。

因此，我们的计算机模型包括了：一组原始的电路、一组利用原始电路和其他组件构建而成的技术或组件，以及一组有待满足的需求。通常来说，我们只使用一个原始电路，即一个与非门，其表型为 $\neg(x \wedge y)$。从根本上看，我们的实验是非常简单的。在每个进化步骤中，都会有新的电路从现有电路中创建出来，方法是根据一个用来指定选择概率的选择函数，从所有先前存在的技术中选出 2 至 12 个电路来，随机组合布线。同时，通过以不同顺序选择不同内部布线作为输出引脚，创建出新电路的不同表型。在每一步，都存在一组最能满足所有需求或目标的现有技术。在它们的真值表中，不正确元素的数量最少。因此，以这组现有技术为基准，对于每个候选电路，都可以有针对性地进行测试，以便搞清楚它是否对它们有所改进。改进大体上可以分为两类：第一类是这个候选电路与需求的真值表的匹配更好，第二类是它实现了同样的功能，但是比现有的电路成本更低。电路的成本取决于它的部件的数量和各个部件的成本。在上述两种有所改进的情况下，这个电路不仅会把它直接改进的那个电路替代掉，而且也会替换掉所有以那个电路为组件的电路。然后，这个电路将被封装起来，成为一个新的组件，在进一步的组合中，它可以作为一个构件。依此类推，一系列封装好的技术就被构建出来了。如果找到一个完全满足某种需求的真值表的新技术，那么我们就说这种需要得到了"满足"。当然，新创建的电路不能替代自己的某个组件。有用的组件会被赋予一个名字，如"TECH-256"或"全加器 -121"，并且可以在更高层次的技术中使用。能够完全、准确地满足某种需求的组件，则赋予一个便于记忆的、可以描述该种需求的名称，如三位加法器。用来实现这些一般算法的详细步骤，以及更多的细节，将在下一节中给出。

不过，关于这个人工系统与现实世界之间的对应关系，我们还要多说两句。现实世界中的新技术确实是现有技术的组合，但是现在几乎没有任何新技术是通过随机地将原有组件组合起来而发明出来的。但是，我们不难把我们这个进化过程的每一步，都想象为一系列用来深入探究一个新想法的、严格的实验室测试。或者更确切地说，我们可以认为，我们的过程对应于现代组合化学或合成生物学中所运用的那种过程：先以随机组合的方式产生新的功能，然后再对它们的有用性进行检验。在这个过程中，会出现一个不断增大的有用元素库，这些元素可以用于进一步组合。

更一般地说，我们还可以将这个过程视为一种算法。这种算法不是用来解决特定问题的，而是用来构建一个可以用于进一步组合的、由有用功能构成的"库"。这个算法很好地模拟了现实世界的技术进化过程，即首先构建能够满足简单需求的技术，再以这些技术为构件，一步步地将更加复杂的技术构建出来。

新技术的涌现

在我们的基本实验设计中，当经过了25万个进化步骤之后，被发明出来的最复杂的电路如下：

8路异或、8路与、8路或、3路按位异或、4位等于、3位小于以及4位加法器。

而在一个更加精简的实验设计中，当经过了25万个进化步骤之后，这个人工系统创造了一个8位加法器。它能够正确地进行8位加法，这并不是一个轻而易举的事情。在基本实验设计中，上述电路被发明出来的顺序在不同的实验中是不同的，而且也不是所有这些电路都一定会在一个实验中进化出来。

在实验的初期，一些简单的目标得到了实现。从图7-1中，我们可以看出，即便是对于简单的电路，也出现了一些并非显而易见的实现方法。这些电路随后被封装起来以备进一步地使用。

随着进化过程的进一步展开，更复杂的电路开始由更简单的电路中被构建出来。如图7-2所示，2位加法器电路的出现，需要利用支持技术TECH-712。

07
技术究竟是如何进化的

而后一种电路正是"中间技术"的一个很好的例子：它对满足 2 位加法器这个特定目标有用，但是仅凭自身是不能满足这个目标的，因为低阶位输出，即左侧位输出的计算是不正确的。2 位加法器的正确电路由 TECH-712 电路，再加上一个能够修正该误差的电路构成。

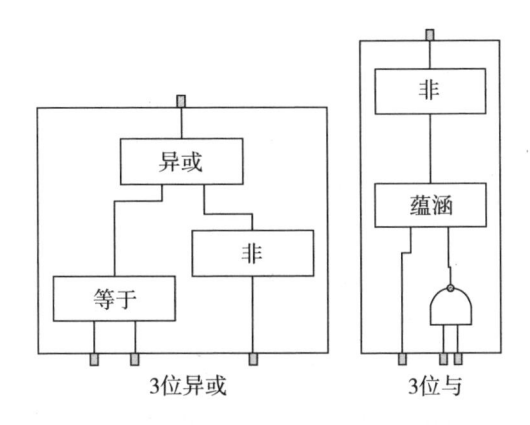

图 7-1　为了实现简单目标而"发明"的两种电路

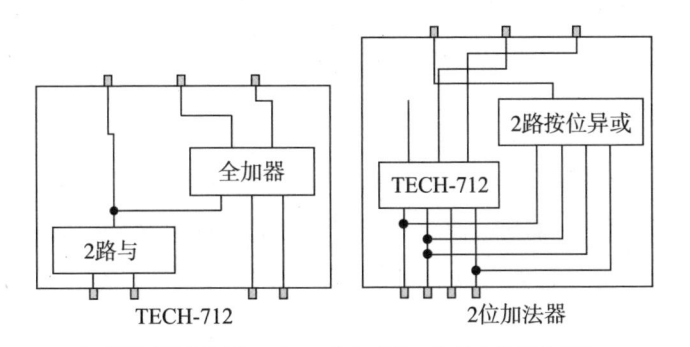

因为低阶位在左侧，对于多位加法器，各输入位是交叉的。
图 7-2　利用 TECH-712 实现"2 位加法器"的目标

在我们这些进化出来的电路中，还包括了部分未被使用的电路。图 7-3 右侧所示的 3 位加法器就是一个例子。在实验过程中，这种"冗余"通常很快会消失，因为成本"不那么昂贵"的电路，很快就会替换掉"不必要地复杂"的电路。

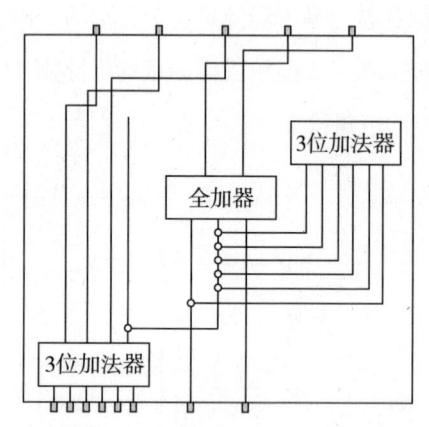

图 7-3　带有一个未连接模块的"4 位加法器"电路

我们这些实验都是从"与非"这种原始电路开始的。而在另外一些实验中，我们则以"蕴含"电路为原始电路。同样地，在那些实验中，复杂的电路也进化出来了。该过程从"蕴涵"这种原始电路构建出了"非""与""异或"，然后进一步构建出了更加复杂的电路。

乍一看来，像 8 位加法器这样的电路自动涌现出来，似乎也不是什么特别了不起的事情。但是我们一定要考虑到组合的巨大可能性。如果一个组件有 n 个输入和 m 个输出，那么就会有 $(2m)^{(2n)}$ 个可能的表型，而且每一个表型都可以通过大量不同的电路得以实现。例如，8 位加法器只是有 16 个输入和 9 个输出的这类电路超过 $10^{177\,554}$ 个表型中的一个。由此可见，通过 25 万个步骤的随机组合发现 8 位加法器这种电路的可能性，是完全可以忽略不计的。因此，我们的实验或者说算法发明复杂电路的途径只能是：首先满足更简单的需求，并将其结果作为构件以自展方式去满足更复杂的需求。

技术的扩展

要讨论技术的扩展（build-out），我们需要先给出两个定义。首先，我们把所有用到过的手段和设备，即我们这个实验中的所有电路的集合称为"常设技术储备"（standing reserve）。其次，我们把当前可用的，以及现在正被使用的，且没有被替换掉的技术的集合称为"活跃技术储备"（active repertoire）。在图7-4给出的三条曲线中，有一条显示的是随着时间的推移，"常设技术储备"，即所有被发明出来的技术的集合的扩增曲线，那是一条单调上升的曲线。相比之下，表示"活跃技术储备"，即当前实际使用的技术的数量的曲线，则不是单调的。这表明重要的发明使得旧的技术过时了。图7-4还表明，系统满足真实功能"需求"的能力得到了持续的改进，这一点从不断增加的替换数可以看得很清楚。

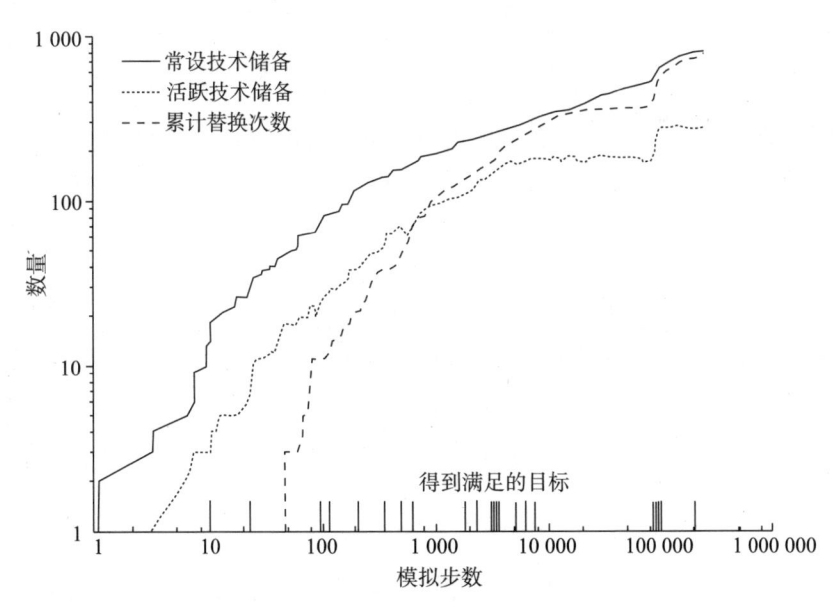

"常设技术储备"是单调增长的，而"活跃技术储备"则不然。这是因为，新发明可以改进，并可能取代好几个现有发明。

图7-4 "常设技术储备"与"活跃技术储备"的替换次数

图 7-4 的时间轴，即横轴上有一些标记，它们标明了一种需求得到了满足的时间。一开始，进展相当缓慢，在实验运行的早期，也完全没有达成任何目标。在一段时间之后，一些功能性"物种"开始出现，并导致更多"物种"的出现。然而，进化过程并不平滑。从图形直观上看，整个过程被不时出现的若干个组分隔开来了。这是因为，每当一项关键技术，即关键的构件或组件被"发现"后，就会快速地"启动"其他技术。例如，在发明了一个"或"电路之后，可以用于3位"或"、4位"或"、5位"或"，以及按位"或"运算的电路就紧随而至了。这些关键构件一旦出现，就能够迅速地激发大量进一步的技术出现。它们在现实世界也有与之相对应的例子，如读者可以想一想蒸汽机、晶体管或者激光，生物进化中物种的扩增也有类似之处。

发明的顺序也很重要。虽然"非"是比"蕴涵"更简单的逻辑函数，但是在某些实验中，"蕴涵"电路可能先被发现，并被作为关键构件使用。

图 7-5 显示了一个以"蕴涵"电路为原始电路的实验结果。从图中可见，在开始阶段，"蕴涵"电路被大量用于其他技术，而且比"非"电路更加普遍。但是到了最后，随着成本更低的"非"电路以及其他电路更多地出现在组合中，"蕴涵"电路作为一个组件被使用的频率下降了。为了便于比较，该图还显示了第三种技术，即 TECH-69 电路。这种技术也要执行"蕴涵"功能，但是还有三个额外的冗余输入，并包含了不需要的组件。最终，所有用途上的 TECH-69 电路都被功能等效同时又更加有效的"蕴涵"电路取代了。

在公布的需求或目标的数量与新技术的创造之间，存在着一种权衡。为了说明这一点，我们运行了这样一个实验：掩蔽掉一些需求，同时保留一个我们认为对构建加法器有用的子集，如"非""蕴涵""二路或""二路异或""全加器"，以及 k 位加法器，其中 1 ≤ k ≤ 8。要想简化进化过程，我们可以这样做：只有当更简单的需求得到满足之后，才加入更加难以满足的需求，难度用输入和输出的数量来度量。结果表明，8 位加法器进化得非常快：只要 6.4 万个模拟步骤，这种加法器就涌现出来了。相比之下，在使用更一般的目标时，有几个实验中需要运行超过 67.5 万步，才会有一个 4 位加法器进化出来。大量的不同需求，导致不同功能广泛地生成于电路设计空间当中，但是满足特定复杂需求的速度则会缓慢得多。聚焦的目标会导致更加深入的搜索，因而满足特定的复杂需求的速度也会快得多，但是只能生成更狭隘的功能库。

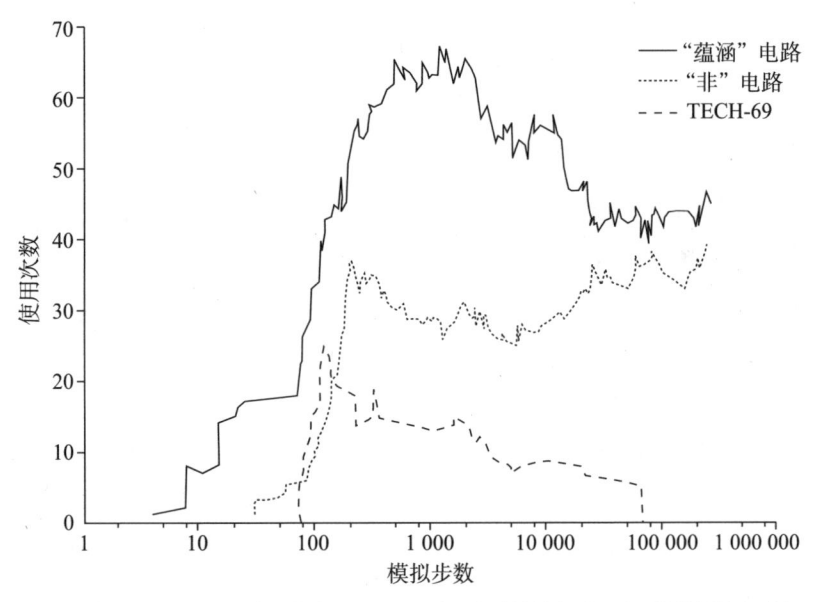

在本例中，"蕴涵"电路的被发明，早于"非"电路的被发明，而且被使用得也更多。不过，随着时间的推移，当更好的技术出现后，"蕴涵"电路的使用量随之下降。

图 7-5 "蕴涵"电路与"非"电路被使用的变化图

我们这个算法在不存在中间需求时不会创造出复杂电路。如果我们在一开始时没有设定这类需求，那么必要的构件库就无法生成。例如，如果在上面列出的加法器的目标一览表中略去"全加器"目标，那么实验在运行了100万步后也无法生成2位加法器。而当存在"全加器"这个目标时，就完全不一样了。甚至，2位加法器偶尔会出现在"全加器"被发明之前。这是因为，构建"全加器"所需的技术，对于2位加法器也是有用的。

在实验的每个步骤，只有组合了少于12个现有组件的电路，才会被作为候选电路考虑。这个事实确定了任何一个时刻的可能实验电路集合。这个集合的元素数量当然要比12大得多，我们可以从相邻可能性的角度来分析。我们可以将这个集合视为围绕现有技术的一团"概率云"，随着靠近中间目标的那些点渐次得以实现，这团"概率云"逐步接近于新的技术。因此，如果目标过于复杂，那么就无法以合理的概率达成，或者说实现。同样地，如果不存在作为"垫脚石"的中间目标，那么算法也无法奏效。

更复杂的技术总是用更基本的技术构建的，而且这是一个简单递归重复的模式。在这个意义上，我们列出的作为需求或目标的这些技术，可以说是"有序"的。例如，像4位加法器这样的复杂电路，可以用诸如加法器和半加器这样更简单的元件重复地组合构建而成。

那么，如果我们选定的复杂目标不容易通过上述这种重复的模式实现，又怎么办呢？为了做到这一点，我们可以选择有 n 个输入和 m 个输出的随机真值表，把它们作为需求。在实验中我们发现，这些目标通常不能通过我们的标准中间步骤实现，这个结果不足为奇。那么，如果我们用相同"中间尺度"的随机真值表，替代我们的中间"垫脚石"目标，又会怎样呢？同样地，这么做也不能得到很好的结果。我们这个算法在各种需求被排好序的空间里，即可以通过重复模式来满足最为有效。在这种条件下，复杂性可以充分利用"从更简单的对象构造更复杂的对象"这个规则，以自展的方式成长起来。

创造性毁灭的风潮

当前用于构建进一步的技术的每一种技术，或者说封装电路，都是活跃技术构成的网络中的节点。如果两种或更多种技术，直接被用来创建一种新技术，那么它们就与该技术之间建立了定向链接。因此，给定一种技术 A，它必定会链接到它自己的"用户技术"（user technology）上去，用户技术有了这种技术后直接变成可能的那些技术。如图 7-6 所示，其中一些技术拥有许多链接。这意味着，这些技术大量用于构建新的技术，其他技术则只有很少的链接。链接的分布接近符合幂律，即会生成无标度网络，当然绝不是完美的幂律。

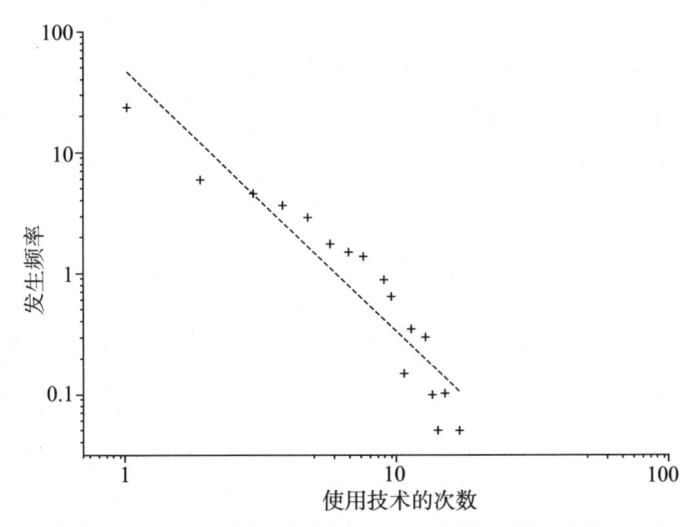

图中给出了 20 多个实验的平均结果，每个实验都运行了 25 万步才结束。
图 7-6　极少数关键技术被大量直接用于构建新技术

有时，系统会发现某种新的、更优越的执行某个功能（真值表功能）的方式。这就是说，有的新电路能够执行同样的功能却只有更少的组件，或者有同样多的组件却能更好地执行该功能。在这种情况下，新电路就会将旧电路替换掉。

而且，这种替换将发生在所有"后代"电路中的旧电路上。在网络中，所有直接或间接地将那个旧技术用作组件的技术都要替换掉。在我们的算法中，替换是立即进行的。

当然，技术替换也可能导致网络中的技术出现倒退。假设TECH-124用于构建TECH-136。然后系统发现，要实现TECH-136的功能，有一种更加优越的方法，那么TECH-124就可能被弃置一边不再利用。因为，它既可能无法满足任何目标，也可能无法用于任何活跃技术。在这种情况下，TECH-124就会从活跃技术集合中消失。

随着它的消失，它的一些组件技术也可能不再被使用。于是这些技术也从活跃技术集合中消失。这样一来，大量技术可能会雪崩式地从活跃技术集合中"扫地出门"。这种或大或小的雪崩，就是熊彼特所说的"创造性毁灭的风潮"。

图7-7描绘了这种沙堆崩陷式的技术弃用情景，它遵循幂律。然而，规模轴，即横轴上的那种尺度不会延伸得太远，因为网络中的技术数量从来不会太大。不过，我们还是可以说，图7-7表明，我们这个技术系统存在于自组织临界点上。

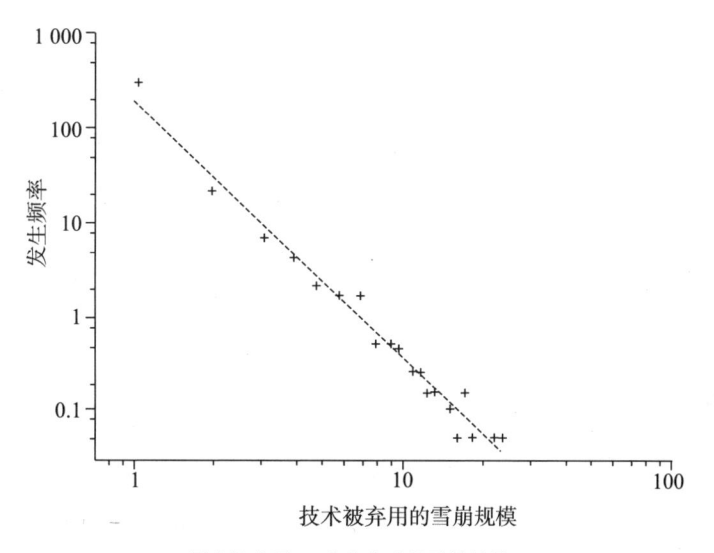

图中给出了 20 多个实验的平均结果。

图 7-7　创造性毁灭的风潮

复杂技术是涌现出来的

利用人工系统，我们已经阐明了技术是如何以自展方式，在自我引导下从极端简单进化为相当复杂的。这种复杂性，既体现在创造出来的对象的数量上，也体现在这些对象自身的性质上。当然，在现实世界中，新技术通常不是通过随机组合构建出来的，而且也不存在那种指明需要创造技术的公开的需求表。然而，所有新技术确实都是通过对已经存在的组件和部件进行组合而构建出来的。它们所满足的需求，通常无论在经济上还是在技术上，都清楚地发出了信号。并且现有的技术也构成了未来技术的基础，或者说形成了一个构建未来技术所需的构件库。

这个模型有力地刻画了我们在现实生活中观察到的某些现象。大多数技术都不是特别有用的构件，但是某些使能技术，如激光或晶体管，是创建"后代技术"的关键。在我们这个模型中，我们发现有强烈的证据表明，我们的活跃技术集合在统计特征上与地震或沙堆相似，这也就是说，它存在于自组织临界点上。我们的模型还表明，技术能否扩展在很大程度上取决于为中间需求或更简单的需求而构建出来的早期技术是否存在。这也印证了伦斯基等人的发现：在生物系统中，复杂的特征是可以涌现出来的，但是只有在更简单的功能已经得到了进化女神的青睐并发挥着"垫脚石"作用的条件下。

COMPLEXITY AND THE ECONOMY

08
技术进化所引发的经济进化
经济是从它的技术中涌现出来的

众多的技术集合在一起，创造了一种我们称之为"经济"的东西。经济从它的技术中浮现，不断地从它的技术中创造自己，并决定哪种新技术将会进入其中。每一个以新技术形式体现的解决方案，都会带来新的问题，这些问题又迫切需要进一步得到解决。经济是技术的一种表达，并随这些技术的进化而进化。

08
技术进化所引发的经济进化

新技术进入一个经济体后，不仅会使经济增长，而且会使经济变得更有生产力。如果对经济的影响很重要，那么新技术还会导致经济在结构上发生变化，并且经济得以组织起来的方式也会变得有所不同。那么，这种结构变化是怎样发生的？经济又是如何随着技术的进化而进化的？

本章认为，新技术的出现会触发一系列级联式的事件。新技术会成为进一步的新技术的构件。新技术会创造出对支持技术、新型组织形式以及新型机构的需求，从而创造出机会利基。新技术也可能带来社会和经济挑战，从而需要进一步的技术来解决这些挑战。因此，新技术带来了一连串的进一步的技术，经济的特性或内部结构也将因此而不断变化。本章原是2009年出版的著作《技术的本质》中第10章"技术进化所引发的经济进化"的内容，在此略有改动。

* * *

在《技术的本质》一书的第10章中，我直接以技术的进化为主题进行了讨论。不过，还有另一种感知技术进化的方式，那就是通过经济的"眼睛"去观察技术的进化。经济能够映射出我前面一直在讨论的技术的变化、增长和替换。经济对技术的这种映射，正如在《技术的本质》第8章中所说的，不仅是通过平滑地调整生产模式和消费模式，也是通过创建新组合实现的。经济会随着技术的进化而改变它自己的结构，即改变它的制度安排方式。这种改变时时刻刻都在发生，而且发生在所有层次上。

因此，我想从经济的角度出发，重新回过头去分析技术进化的各个步骤，看看它们是如何依次展开的。我们将会看到经济的结构性变化的自然过程。这个过程是由我们刚刚深入探究过的技术进化过程驱动的。为了阐述技术进化驱动了经济进化，我们首先必须做到的一点是：以一种不同于标准经济学的方式来思考经济。

经济就是技术的一种表达

无论是在词典中，还是在经济学教科书中，定义经济的标准方式就是将它定义为一个"生产、分配和消费"商品和服务的"系统"。[1]这种定义将"经济"这个系统当成了一个背景：经济本身之所以存在，就是为了向发生在其中的事件和调整提供背景。这样一来，经济就变成了一个巨大的容器，里面装载着它的技术，或者说，是一台包含着许多模块和零部件的巨大机器。这些模块和零部件就是经济的技术，或者是它的生产手段。当出现了一种新技术（如铁路交通）后，就为某个特定行业提供了一个新的模块，并使这个行业得到升级：新技术替换下来的旧的专用模块（在铁路交通的兴起这个例子中是运河）将会被舍弃，而新的升级模块则悄然到位。至于这台"机器"的其他部分，则会自动地重归平衡，而且它的张力和流量，即价格及生产和消费的商品和服务，都会相应地进行重新调整。

这种看法不能说全错。而且，我在大学里读研究生时，被灌输的就是这种思考经济学的方式。这也正是今天的经济学教科书描述经济时所用的方式。但

08
技术进化所引发的经济进化

是，这种看法也不能说全对。为了探索结构变化，我将以一种不同的方式来看待经济。

我将把经济定义为一整套安排和活动，社会需要借助这一整套安排和活动来满足自己的需求。有了这一定义，经济学将研究这一整套安排和活动。那么关键是，这些安排到底是什么？对此，我们可以从维多利亚时代经济学家所说的"生产手段"，即处于经济核心的工业生产过程开始讨论。我的定义应该不会令卡尔·马克思觉得惊讶。很早之前，马克思就指出经济形成于它的"生产工具"，而他所指的生产工具，则包括了他那个时代的大型工厂和纺织机械。

但是，我将不限于马克思所强调的工厂和机械。形成经济的一整套安排，包括了数之不尽的所有设备和手段，还包括了被我们称为技术的所有目的性系统。这就是说，包括了医院和外科手术、市场和定价系统、贸易安排、分配制度、组织和企业，还包括了金融体系、银行、监管系统和法律制度。所有这些，全都是我们用来满足我们的需求的安排；所有这些，都是实现人类目的的手段。在《技术的本质》开始的章节中，我把技术定义为实现人类目的的手段，因此所有这些都是"技术"或目的性系统。由此可见，如果我们承认纽约股票交易所和合同法的专门规定，与钢铁厂和纺织机械一样，都是实现人类目的的手段，那么我们就可以说，它们在广义上也都是技术。

如果我们把所有这些"安排"都纳入技术的集合当中，我们就会看到，经济不是技术的容器，而是建构在技术之上的。经济是一系列活动、行为、商品和服务流，是以技术为中介或被技术所覆盖的。也就是说，我一直在讨论的那些方法、过程和组织形式构成了经济。

经济是其技术的表达。

我并不是说一个经济体与它的技术是完全相同的。经济所包含的东西还有很多。商业中的谋划、投资、投标及交易,这些都是活动,但并不是目的性系统。我要说的是,经济的结构是由它的技术形塑的,或者如果你喜欢的话,也可以说技术构成了经济的骨架。经济中的其他部分,如商业活动、博弈中各方参与者的策略和决策、商品和服务的流动,以及随之而来的投资等,则构成了经济体的肌肉、神经和血液。但是,所有这些"其他部分"都只是环绕在经济的外围部分,而且它们也是由技术,即目的性系统形塑而成的。只有技术才构成了经济的结构。

我在这里建议的这种思维转变的幅度其实并不大,但是确实很微妙。这就像我们不再把心智视为装载观念和惯常的思维过程的容器,而要把它视为从观念和惯常的思维过程涌现出来的东西。或者说,这就像不再把生态环境视为容纳各种生物物种的容器,而是把它视为物种的集合的产物。经济也是如此。经济因它的技术而形成了一种生态。经济形成于技术,这就意味着经济不是单独存在的。就像生态为物种形成了生态位一样,经济为新技术形成了机会利基,当新技术出现后,这些机会利基就会被填补上。

思维方式转变了,结果也就不同了。因为这意味着,经济是从它的技术中涌现出来的,或者说萌发出来的。这还意味着,经济不仅必须随着技术的进化而重新调整适应,而且还必定会随着技术的进化不断地形成和重构。这也意味着,经济的特征,即它的形式和结构必定会随着技术的变化而变化。

总结一下,我们可以这样说:当技术构成了集合之后,创造出了一个结构,决策、活动、商品流和服务流全都发生在这个结构中,进而创造出了被我们称为"经济"的那种东西。因而,经济就是以这种方式,从它的技术中涌现

08
技术进化所引发的经济进化

出来的。它不断地从它自己的技术中创造自己,并决定哪些新技术将进入它自身。请读者注意,这里的因果循环是这样的:技术创造了经济的结构,同时,经济调节着新技术的创造,因此也调节着经济自身的创造。我们通常看不到这种因果循环:

$$技术 \xrightarrow{创造} 经济 \xrightarrow{创造} 技术$$

这是因为在短期内,如一年左右的时间,经济似乎是固定不变的。它确实很像它的活动的一个容器。只有从几十年的长期的角度观察,我们才能看清楚那些使得经济形成、互动,以及再次崩溃的安排和过程。只有在更长的时间跨度内,我们才有可能观察到一个持续创造和再创造的经济。

结构性变化

当新技术进入经济后,这个从它的技术中形成的系统会发生什么呢?当然,我们仍然会观察到,我在《技术的本质》第 8 章中谈到过的那种调整和新组合。它们仍然完全有效,都会对经济产生很大影响。但是除此之外,我们还可以看到更多的东西:增加新技术,会推动经济结构发生一系列变化,也会给经济的制度安排带来一系列变化。

现在,我们进入了一个经济学理论通常不会进入的领域:结构性变化。但是,这个领域并不是一个完全空白的"无人地带"。事实上,历史学家们,更准确地说是经济史学家们,一直在这个领域"精耕细作"。历史学家们在看待经济时,向来都认为新技术进入经济,不仅会引发经济的重新调整适应和增长,而且会导致经济的构成,即经济的结构发生变化。但是,大多数历史学家们进行的都是案例研究，得出的是只适用于特定的情况的特殊理论。相比之下，我们对经济和技术的思考方式，却给我们提供了一个抽象地思考结构变化的途径。

在现实世界中，一项新技术很可能会创造出一个新的行业。它可能会要求建立新的制度安排，也可能会引发新的技术和社会问题，并且因此创造出新的机会利基。而且，所有这些反过来又可能引发进一步的组合变化，即新技术。如果我们借用《技术的本质》第9章中所总结的技术进化中的步骤，并通过经济的视角来重新审视这些步骤，那么我们就可以刻画这种变化序列。接下来，我们就来这样做。

我们可以从假设一项"候选技术"出现在了经济中开始。这项技术是通过对以前的技术的组合创造出来的，而且已经击败了它最强劲的竞争对手。现在，它进入了经济，接下来的事情可以总结为6个事件，或者说步骤。我们可以把这些步骤看作这个"技术建构博弈"的"法定行动"。接下来，我将在抽象的层面上进行阐述。但是读者可能会发现，如果在思考时，心中想象着某种可以作为案例的技术，如铁路、汽车或晶体管，那么将会对理解这些步骤大有帮助。

1. 新技术作为一个新的元素进入活跃技术集合，成为活跃技术集合中的一个新元素。
2. 该新元素可用于替换现有技术或现有技术的组件。
3. 该新元素为支持技术和制度安排，建立了进一步的"需求"或机会利基。特别是，这种需求可能源于新技术导致的新的技术、经济和社会问题。因此，新技术带来了能够解决这些问题的进一步的技术需求。
4. 如果旧的、被替换掉的技术从技术集合中逐渐"隐退"，那么它们的随附需求也会逐渐消失，当然它们提供的机会利基也将随之消失，因此填补这种机会利基的那些元素从此将变得不再活跃。

5. 新元素作为未来进一步的技术，即未来元素的潜在组件，将变得活跃起来。这也就意味着，新元素会"调动"使用它和容纳它的其他技术。特别是，它可能导致包含它的新组织的产生。

6. 经济，即商品和服务的生产和消费模式，重新调整以适应这些步骤。成本和价格以及随之而来的对新技术的激励，也会相应地发生变化。

以上是我用经济学术语，阐述了我们在第9章中描述过的各个步骤。技术进化的机制就是通过这些步骤形成的。但是我现在的目的是，重新解释这些步骤，来描述经济的新结构是如何形成的。当一项新技术进入经济后，它就会召唤新的安排，即新技术和新的组织形式。新的技术或新的安排，反过来又可能引发一系列新问题。为了找到这些新问题的答案，又需要进一步的新安排，或通过修正现有技术来实现这个目的，而这就又打开了对更进一步的新技术的需求之门。所有这些，构成了一个不断向前推进的"问题与解决方案（挑战与回应）"的序列，而这也就是我们所称的结构性变化的序列。就是通过这样一种方式，经济在暴风骤雨般的变化过程中构成了自身并不断重构自身，这包括为了适应这种变化的创新和新的制度安排，以及因此而打开的、相互之间如影随形的机会利基。

下面，让我用一个具体的例子来详细说明这一点。在18世纪60年代的英国，实用的、易操作的纺织机械出现了，这就提供了一种可以替代当时以手工作坊为基础的生产方式的途径。当时流行的生产方式是散工制或外放分工制（putting-out system）：羊毛和棉花的纺织都是在家里以手工方式完成。[2] 但是，新的纺织机械在刚开始时只取得了部分成功，因为它要求比家庭手工作坊规模更大的生产组织。这样一来，纺织机械就为更高级的组织安排，即纺织厂提供了机会，并使自己也成了更高级组织中的一个组成部分。工厂本身作为一种组织手段，这也是一种技术，反过来也要求另一种手段来实现机器生产，那就是工厂劳动力。劳动力当然早就已经存在于经济当中了，但是当时的劳动力数量并不足以支撑这种新的工厂生产体系。所需要的劳动力主要是从农业转移出来的，这种转移又反过来要求在工厂附近有居住的地方。因此，工人宿舍和工人住房的建设就开展起来了。而工厂、工人及工人住房的组合，就是工业城市。随着工业城市的增长，一整套新的社会组织方式，或者说一整套新的制度安排出现了。由此，维多利亚式的工业经济的结构就开始涌现出来。是的，一个时代的特征，即一整套与机械化工业生产的优越技术相匹配的制度安排，就是以这种方式逐渐呈现出来了。

但是，任何一个时代都不会就此终结。在当时的制造业工人中，有许多是童工，他们经常在狄更斯作品中所描述的那种条件下工作。这种情况引发了强烈的改革需求。人们不仅呼吁提升"下层阶级的道德水准"，而且要求保障他们的安全。[3] 于是，到了时机成熟时，法律制度做出了进一步的调整，以回应这种呼声。例如，旨在防止最糟糕的情况发生的劳动法出台了。然后，新的工人阶级开始要求在工厂创造的财富中分享到更大的份额。为了改善自己的境况，他们找到了一种有效的手段，那就是组织工会。工厂中的工人比分散在孤立的家庭小作坊中的劳动者更加容易组织起来，因此在短短的几十年内，工会就成了一支强大的政治力量。

通过这种方式，纺织机械的到来，不仅替换了家庭小作坊的手工生产方式，而且还为更高一级的制度安排创造了机会，那就是工厂生产体系。在这个制度安排中，机械只是其中的一个组成部分。新的工厂系统反过来又生成了一个对劳动和住房需求的链条。而为了满足这些需求所提出的解决方案，又创造了进

08
技术进化所引发的经济进化

一步的需求。所有这些，到最后进化成了维多利亚式工业体系。整个过程用了100多年的时间才最终完成。

有的读者可能提出反对意见说，这种描述使得结构变化看起来太简单化了，或者说太机械化了。技术 A 提出了一个对安排 B 的需求，技术 C 实现了这个安排 B，然后技术 C 又提出了进一步的需求 D 和 E，而这些需求则由技术 F 和技术 G 来满足……当然，确实是这样一种序列构成了结构性变化的基础，但是这样一种序列绝不是简单的。关于这一点，只要我们思考一下，这些新的安排和技术本身所引发的次一级技术和次一级安排的递归循环过程，就可以明白了。工厂体系本身就需要为新机器提供动力的手段，需要传递动力的绳索和滑轮系统，需要获取和跟踪材料的方法、新的记账方法、新的管理手段、新的产品交付方式，等等。所有这些又都是用其他组件构建出来的，因而都会产生自己的需求。结构性变化本身是一种分形，它会在次一级的层级上伸展出进一步的"分支"，就像胚胎动脉系统会随着胚胎的发育，而分支出更小的动脉及毛细血管一样。

技术进化引发的反应当中，有些根本不属于经济领域。手工作业可以机械化这个观念，很快就从纺织业传播到了其他行业，并导致了新的机械设备的出现。从心理学的角度来看，工厂体系不仅创造了一种新的制度安排，而且要求一种"新人"的出现。历史学家戴维·兰德斯指出："工厂纪律需要并最终创造了一种新的工人……纺纱工不能再在自己家里自在地摇她的纺车，织布工也不能再在自己家里轻快地抛他的梭子，因为不受他人监督的美好时光已经一去不复返了。现在，工作必须在工厂中完成，工人必须跟上由那些永不疲倦但了无生气的机器设备规定的步调。工人成了一个大团队中的一员，这个团队必须共同进退，开始、歇息和结束，一切都在监督者的密切注视之下进行。为了让工人勤奋工作，工厂主采取了道德劝勉、金钱奖罚等手段，有时甚至不惜通过伤害工人的肉体去强迫他们。工厂成了一种新的监狱，而时钟则成了一类新的狱卒。"因此，新技术不仅仅导致了经济变化，它还造成了心理变化。

在讨论经济的结构性变化时，我们还必须记住一点，这就是变化不一定全部都是有形的，也不一定全部都是某种"安排"。我们还需要记住，变化可能是多因多果的。不过，我最想强调的是，对于经济的结构性变化的过程，只要利用上面列出的描述技术进化的各个步骤，我们是可以从逻辑上，或者说，从理论上进行探究的。经济的结构性变化不仅仅是新技术的增加和旧技术的替代，以及紧随其后的经济进行重新调整适应。相反，它是一连串后果结成的链条。在这个链条中，构成了经济结构的骨架的那些安排不断地召唤新的安排。

当然，对于那些制度安排，它们要落到实处并确定经济的结构，没有什么是不可避免的，或者说没有什么是预先决定的。我们早就知道了，有很多不同的组合，有很多种制度安排，它们都可以解决技术带来的问题。到底哪一个被选中，则取决于历史上发生的小事件，如问题出现的顺序、个人性质倾向和行为偏好等。技术决定了经济的结构，并进而决定了由此产生的大部分世界，但是到底哪些技术能够"落地"，却不是事先就能确定的。

解决方案带来的新问题

我在前面已经指出过，结构的展开也是构成经济的那些安排不断重构的过程。一套安排为下一套安排的到来创造了条件。这种重构过程一旦启动，就没有结束的理由。即便只有一项新技术，读者不妨想一想计算机或者蒸汽机，这种后果序列也很可能会连绵不断地延续下去。

08
技术进化所引发的经济进化

反过来说,经济也永远不会停滞。在任何时刻,经济的结构都可能处于高度相互兼容的状态,因此看上去接近不变。但是事实上,在这种静态的表面之下,早就蕴藏了"自我毁灭"的种子,就像熊彼特在100多年前指出的那样。原因是创新。一旦经济创造出了新的组合、新的安排或者熊彼特所说的"新的商品、新的生产或运输方法、新的市场、新的工业组织形式","工业突变"过程就会出现。这种突变"不断地从内部彻底地重构经济结构,不断地破旧立新"。

是的,系统总是"时刻准备着"从内部发生变化。

不过,与熊彼特相比,我要在这里阐述的观点有更多的含义,而且不仅仅是多一点。新技术的到来通过发现新组合打破了现状,这些组合是比我们现在使用的商品和方法更好的"新版本"。不仅如此,为了容纳新技术,需要进行一系列的调整适应,从而引发一连串的新问题,这样也就创造了新的机会利基。而新的机会利基又会召唤更进一步的新组合,进而引入更进一步的新技术和更进一步的新问题。[4]

因此,经济总是存在于永恒的变化之中,总是存在于永恒的新奇之中。这也就是说,它永远存在于自我创造的过程之中。经济永远不会"满意"。事实上,我们还可以再加上一句:重要程度各异的大量新技术随时随地都会进入经济,不仅如熊彼特所说的"打破了均衡",而且还会引发连锁性的不断变化。所有的变化都重叠在一起并相互作用,从而触发进一步的变化。因此,其结果是变化带来变化。

然而奇怪的是,对于这种随时都在发生的不断变化,我们却不一定很在意。这是因为,结构性变化的过程动辄长达几十年,一般不可能在短短几个月内结束。它更像在我们脚下发生的缓慢的地质运动。在短期内,现有结构具有高度的连续性。它是一个松散的、有很强兼容性的系统,行为主体在这个系统中通常可以从容制订计划并采取行动。但是在任何一个时刻,这个结构都在改变,经济永远都在建构自身。

那么,这种技术不断进化、经济不断重塑的过程,是不是总有一天会宣告终止呢?从原则上说,这是可能的。但这只是在原则上。只有在未来不能再发现新现象,因而无从创造新技术的情况下,只有在进一步组合的可能性完全耗尽的情况下,只有在我们人类的实际需求仅用我们拥有的可用技术就可以完全得到满足的情况下,经济才会停步不前。但是,这些"如果"没有一个是可能变成现实的。永无止境的需求和总有可能被发现的新现象,足以推动技术永远向前发展,而经济也将如影随形。

技术进化和经济进化的过程永远不可能停止,还有另一个原因。正如我一直强调的,以新技术的形式出现的每个解决方案,都会创造出新的挑战、新的问题。这可以说是一个一般规律:每项技术都包含着问题的种子,而且通常有好多颗。当然,它不是技术或经济的"法则",更不是宇宙的"普遍规律"。它只是一个基于人类历史的、有一定普遍意义的经验观察结果,但它还是一个会令人觉得遗憾的观察结果。使用碳基燃料的技术带来了全球变暖问题。使用原子能,即一种环保的清洁能源的技术,则带来了很难处理的核废物问题。而航空交通则意味着病毒在全球迅速蔓延的一种可能性。在经济中,解决方案导致问题,而问题又指向进一步的解决方案。这种在解决方案与问题之间的舞蹈将会一直跳下去,未来的任何时候都不可能改变。如果我们足够幸运,那么我们可以收获净利益,这时我们称之为"进步"。无论是否有进步,这场舞蹈已经注定了,技术将永恒变化,而经济则如影随形。

08
技术进化所引发的经济进化

我在本章中讨论的实际上是从经济的角度看到的技术的进化。因为经济是它的技术的表达，所以经济是一整套安排，这些安排源于各种过程、组织、设备和制度规定，它们构成了不断进化的技术集合，因而经济要随着它的技术的进化而进化。同时，因为经济源自它的技术，所以经济继承了技术的自我创造性、永恒开放性和永恒新异性。因此，经济最终产生于创造技术的现象。这也就是说，归根结底，被组织起来为我们的需求服务的是大自然。

这样一种经济从来不是简单的。任何一个制度安排都是建立在另一个安排的基础之上的：法律制度中涉及商业的那部分，是建立在假设市场和合同存在的基础之上的，市场和合同则必须假设存在银行和投资机制。因此，经济从来不是一个均质的东西。它是一种结构，一种宏伟的结构，由相互作用的、相互支持的安排构成，这些安排存在于各个层次上，很多个世纪以来一直在自我发展。它可以说是一个有生命的东西，或者至少是一个不断进化的事物。它不断改变自己的结构，因为它的安排会创造出进一步的可能性带来的问题，这就需要进一步做出回应，然后又是进一步的安排。

这种结构的进化是对构成经济的安排的不断重构，因为一套安排为下一套安排的到达创造了条件。这与在给定的安排中或给定的行业内进行调整是不同的，而且也不等同于经济增长。它是连续的、分形的和不可阻挡的。它带来了永不停息的变化。

那么，在这种永不停息的结构性变化中，有什么是不变的吗？有的。经济在形成它自己的模式时，总是要利用一些相同的元素：人类行为的倾向、解释所依据的基本现实，以及购买的商品必定等于销售的商品这样的自明之理等。这些基本的"法则"总是保持不变。但是，它们用以表达自身的手段却会随着时间的推移而变化，并且它们形成的模式也会随着时间的推移而改变和重构。这样，每一个新模式，每一套新安排，都会产生一个新的经济，而旧的结构则如烟般消逝。但是无论如何，经济得以形成的基本组成部分，即那些基本的"法则"却始终保持不变。

经济学作为一门学科，经常受到人们的批评，因为与物理学或化学这样的"硬科学"不同，经济学无法始终"钉"在一套不随时间的推移而改变的描述上。但是，这并不是经济学的失败之处。恰恰相反，这种情况的出现，其实是正当的和自然的。经济不是一个简单的系统，它是一个不断进化的、复杂的系统，它形成的结构永远在随时间推移而变化。这就意味着，我们对经济的解释也一定要随时间推移而不断变化。有时，我会把经济想象为第一次世界大战期间的夜晚战场。那里漆黑一片，当士兵往护墙外看时，几乎什么也看不到。距我军陆地一公里左右，就是敌军的阵地，从那里传来的声音隐约可闻，可以感觉到敌军正在调兵遣将，进行重新部署。但是我们对敌军的新部署的最佳猜测，也只能是在以往观察到的原部署基础上外推。突然，有人发射了一颗照明弹，耀眼的光芒点亮了整个夜空，整个战场尽收眼底：部队的位置、火力的配备、工事的安排……无一例外。然后，亮光骤灭，一切再次陷入黑暗。经济也是如此。在经济学的历史上，也曾经闪现过一道道耀眼的光芒，那是一些伟大的经济学理论，由斯密、李嘉图、马克思和凯恩斯，还有熊彼特等伟大的经济学家提出。这些理论的思想光芒偶尔会将"经济学战场"照亮一段时间，但是黑暗始终笼罩着。而在黑暗之中，骚动和重新部署一直在继续。我们确实可以观察经济，但是我们所用的语言、我们给它加的标签、我们对它的理解，却全都凝固在了夜空被照亮的那一瞬间，尤其是最近一次，当一组照明弹同时闪耀的时候。

COMPLEXITY AND THE ECONOMY

09

复杂性的进化
是越来越复杂，还是随时可能坍塌

我们经常认为，随时间进化的系统，一般都会变得越来越复杂。实际上却并非如此。复杂性随系统进化而增加的机制有三种：协同进化多样性的增加、结构深化和捕获软件。在这三种机制下，复杂性的增加都是间断性的和世代性的。由于前两种机制是可逆的，因此复杂性也可能随时坍塌。

09
复杂性的进化

我们经常认为，随时间进化的系统一般都会变得越来越复杂。这似乎是理所当然的、无须解释的。其实不然。1994年，在我写作本章时，对于什么机制可能导致进化有利于复杂性增加，我们的理解相当有限。本章指出，复杂性随着系统的进化而增加的途径有三种。第一种途径是，在共生，即进化的系统中，复杂性可能会通过"物种"多样性的增加而增加：在某些情况下，新物种可以提供进一步的生态位，从而使得更多的新物种得以涌现出来，导致物种总数稳定地以螺旋向上的形态增加。第二种途径是，在单系统中，复杂性可以通过结构复杂性的增加而增加：系统的内部子系统或子功能或子组分的数量不断地稳定增加，以便突破系统性能限制，或者增强其运行范围，或者用于处理异常情况。第三种途径是，复杂性可能通过"捕获软件"机制而突然增加：系统捕获更简单的元素，并学会将它们编写为"软件"，以便用它们来实现自身的目的。

在这三种机制下，复杂性的增加都是间断性的和世代性的。前两种机制是可逆的，复杂性坍塌的情况随时都可能随机地发生。这方面的例子不仅在生物学中有，在经济学、自适应计算科学、人工生命和进化博弈理论中也比比皆是。本章最早发表在由G. 考温（G. Cowan）、戴维·派因斯和D. 梅尔策（D. Meltzer）主编的《复杂性：隐喻、模型和现实》（*Complexity: Metaphors,*

Models, and Reality）一书中。该书于 1994 年出版。

* * *

随时间进化的系统一般都会变得越来越复杂，这是一个人们普遍接受的观念，几乎可以说它是一个"民间定理"。但是，这种观点有什么证据吗？进化真的有利于复杂性的增加吗？如果是，那又是为什么呢？进化使得复杂性随时间流逝而增加，是通过什么机制实现的？而且，这个过程会不会向另一个方向发展，即复杂性会不会减少呢？在本章中，我将讨论这些问题。特别是，我将阐明在一般的系统中，进化使得复杂性增加的三种途径。

在生物学文献中，关于进化与复杂性之间的关系，向来是一个聚讼纷纭的主题。但是，大多数争论都流于粗疏，进一步的深入探讨由于如下事实的存在而滞碍难行：进化创新通常以平滑的变化或连续的塑性修饰的形式出现，如体现在生物体的大小、身体器官的形态、生物的行为等方面，因而使得"复杂性增加"很难定义和识别。因此，虽然大多数生物学家都认为复杂性确实会随着进化而增加，而且他们也提出了一些特定的机制，但是由于定义和观察的困难，这个问题仍然深陷在泥沼之中。有一些生物学家甚至怀疑，进化与复杂性之间根本不存在任何联系。

不过幸运的是，近年来，我们积累了不少关于不同进化情境的经验证据，而且它们不全是生物学的。这些情境包括：经济中不同技术之间、不同厂商之间的竞争，自我复制的计算机程序、自适应计算、人工生命系统，以及由竞争性的博弈策略组成的基于计算机的"生态"。它们不但可以用来替代生物学中的相关实例，而且还拥有两大优点：第一，它们的变化和创新通常是离散的和明确的，所以在这些情境下，我们可以更容易地定义和观察复杂性的增加；第二，

09
复杂性的进化

它们大多数是基于计算机的，因此它们可以成为"实验室"，使得我们能够实时测量复杂性在进化过程中的变化并进行复制。

本章在讨论复杂性与演变之间的关系时，采用的例子有来自经济学的，也有来自上面提到过的这些情境的，当然还有来自生物学的。我将只关注看上去就是"复杂性"的那种复杂性。"复杂性"完整的准确定义取决于不同的具体情境，但是我希望，随着对复杂性因进化而增加的各种机制的讨论的深入，它的定义将会越来越清晰。我将经常在系统发育的意义上使用"进化"这个术语，因为在一个具有明显的遗传结构谱系的系统中，"发育"可能是随时间推移而展开的。这样一来，我们就可以讨论一种语言或一种技术的进化，而不必先假定该语言或该技术必定会在一个语言"种群"或技术"种群"中得到繁殖。

机制1：协同进化多样性的增加

复杂性随进化而增加的第一个机制，我称之为"共生多样性的增加"（growth in coevolutionary diversity）。这种机制适用于各种个体或实体、物种、生物体在相互作用的种群中共存的系统。在这种共生系统中，一些个体或实体、物种、生物体构成了"基质"，或创造了"生态位"，从而允许其他个体或实体、物种、生物体存在。因此，对于这样的共生进化的系统，我们可以这样来看：它们组织成了松散的层级结构或相互依赖的"食物网"，下一个层级的个体存在取决于更接近"层级基座"的"更基础"的个体存在。

在这些系统中，当个体及它们在互动中的多种可能性创造了大量不会封闭、可以被新产生的个体利用的"生态位"或利基时，多样性倾向于以自我强化的方式增大。而进入种群的新个体又可能会提供新的基底、新的生态位，从而又为更进一步的新个体提供了填补或利用的新的可能性。当然，这些最新进入的个体，也可以提供更新的生态位和基底……依此类推。正是通过这种方式，复杂性随着时间推移在自我发展过程中不断增加。在这里，复杂性以更大程度的多样性、更复杂的交互网络的形式出现。在最初的时候，当新出现的个体仅限于取代没有竞争力的先前存在的个体时，共生进化多样性的增加可能会比较慢，甚至可能会完全止步不前。但是随着时间的推移，当个体开始提供生态位，且生态位使得新个体的出现成为可能时，共生进化多样性就会进入正反馈通道，即多样性本身就可能为进一步的多样性提供"燃料"。

在过去的20年里，计算机工业中的专用性产品和软件出现了快速增长。这种增长就是经济中共生进化多样性增加的一个很好的例子。在现代微处理器出现后，它们就为诸如存储器系统、屏幕监视器和总线接口之类的设备创造了适当的生态位或利基。将它们与微处理器连接在一起，就是非常有用的硬件——计算机设备。而这些设备反过来又为新的操作系统软件、新的编程语言以及新的应用程序创造了需求或利基。这些硬件和软件的存在又使得桌面出版、计算机辅助设计和制造、电子邮件、共享计算机网络等技术成为可能。这些技术又为激光打印机、工程设计软件和硬件、网络服务器、调制解调器和传输系统创造了利基。这些新设备反过来又"召唤"新的更强大的微处理器和系统软件来驱动它们。因此，在这大约20年的时间中，计算机行业经历了多样性的爆炸性增长：从少量的设备和软件到各种各样的设备和软件，因为新设备使得更多的新设备成为可能，新的软件产品使得计算机的新功能成为可能，而这些反过来又要求进一步的新设备和新软件的出现。

当然，我们不应该忘记，随着新的计算机产品和功能的出现，它们也会取代经济中的其他东西。计算机辅助设计可能最终取代基于标准绘图板和T字尺的设计。因此，系统中一部分组件的多样性增加，可能被其他地方的多样性减少所抵消。偶尔在共生系统中，现有功能被替代也可能导致共生多样性增长出现逆转。当新实体替换掉了系统中更基础的实体，同时依赖于被替换掉的实体的利基消失时，就可能发生这种情况。例如，在整个19个世纪，马车运输业出现了许多"利基企业"，它们专业化程度高且相互联系紧密，数量也一直在稳步增加。到了19世纪末，各种不同类型的马车车厢制造者、马具制造商、铁匠铺和马种繁殖场等形成了一个共生进化的生态。不久之后汽车出现了，所有这一切都崩溃了。与之相反，以燃油汽车技术、石油勘探和精炼技术及内燃动力技术等为基础的一系列相互连接的新"利基制造商"，则组成了一个新的网络。这个网络一开始增长缓慢，但它逐渐替代了以往的"马车制造网络"。因此，共生系统中的复杂性，在这种情况下，复杂性就是指多样性，当然可能随时间推移而增加，但是也可能出现很大的震荡。

多样性的增长在很多人工进化系统中都可以观察到。这样的不完全例子包括：汤姆·雷（Tom Ray）开发的Tierra系统、约翰·霍兰德构建的ECHO系统、斯图尔特·考夫曼设计的多个化学进化系统。在这里，作为例子，我简单介绍一下汤姆·雷的Tierra系统。它是雷构建的一个人工世界：不同的计算机程序在虚拟计算机中竞争处理器时间和存储器空间。这个世界是从一个单一的"有机体"开始的，该"有机体"是一组能够自我复制的机器语言指令，偶尔会发生变异。这个"有机体"构成了一个生态位，或者说基底，从而为那些利用它的部分代码进行复制，或者说以它的指令为"食物"的"寄生有机体"的出现提供了条件。此外，还会出现另外一些"寄生有机体"免疫的有机体。"寄生有机体"也会形成基底，供依赖它们的"超寄生有机体"所用。然后，"超超寄生有机体"也会出现……依此类推。就这样，新的"有机体"不断出现、不断消失，形成了一个丰富多彩的、由相互竞争的机器语言程序构成的生态系统。这个生态系统呈现出多样性持续净增长的趋势。在这个系统开始运行后的连续几天里，汤姆·雷一直没有观察到多样性增长的终点。在这个不断进化的基于计算机的系统中，从单个基因型开始，进化出了超过2.9万种不同的、能够自我复制的基因型，它们大致可以分为300个类型，这相当于这个系统中的物种数量。

行文至此，我想向读者指出几个适用于这种机制的要点。

第一，在某些情况下，新实体的出现可能不太依赖于先前实体的存在，而更多依赖于它们之间展开"互动"的可能性。例如，在经济中，只有当激光技术、静电复印技术和计算机技术等技术都存在时，像激光打印机这样的新技术才有可能变成现实。在这些情况下，实体的共生集群，即一组实体，它们的"集体活动"或共同存在有重要意义，可能会创造出很多利基。因此，我们可以预测，当"集体存在"对于利基的形成非常重要时，共生进化多样性的增长在一开始时将会显得非常缓慢。因为在只有极少数实体的情况下，形成组合的可能性非常低，从而出现的生态位也非常少。但是，随着更多的单个实体的进入，我们就可能会观察到生态位的爆炸性增长。因为可能出现的组合数量的增加是呈爆炸性的，可能产生的生态位数量的增加也是呈爆炸性的。

第二，如果新实体对旧实体的替换发生在等级体系的基底附近，那么系统复杂性坍塌的概率就会非常高，因为这种等级体系的每个层级都依赖更基础的层级。而如果发生在等级体系的端点附近，那么复杂性坍塌的概率就会很低。因此，在一个共生进化系统中，多元化是扩展还是坍塌，在很大程度上取决于等级体系的依赖结构。

09
复杂性的进化

第三，这里存在两种正反馈，或者说循环因果关系。这是这种机制所固有的。新实体的产生可以强化进一步的新实体的产生。原因很简单，因为系统中出现了可用于进一步的"自适应辐射"的新"遗传材料"。新实体的出现还为其他新实体的出现提供了生态位。反过来，这也就意味着，当只有很少的新实体被创建出来时，也很少会有进一步的新实体出现，因而也就几乎不会创造出新的生态位。因此，系统在这种情况下将呈现基本静止的状态。当新实体迅速出现时，新的生态位将快速增加，从而进一步产生新的实体和新的生态位。然后系统就可能经历一种类似"寒武纪大爆炸"的快速增长。因此，我们可以预期，这样的系统可能在很长时间内处于相对静止的休眠状态，但是偶尔也会突然进入复杂性爆发式增加的时期。也就是说，我们预测，它们会经历间断均衡。

这种机制，即系统的复杂性随着新的生态位或利基的创造而增加，是我们大多数从事复杂性研究的人很熟悉的。例如，斯图尔特·考夫曼就写过很多论著，介绍了各种各样的自强化多样性的例子。然而奇怪的是，在传统的生物学文献中，却很难找到有关这种机制的讨论。博纳（Bonner）在1988年出版的《复杂性的进化》（*The Evolution of Complexity*）一书中也没有提到它，尽管他用了整整一章的篇幅来讨论以多样性形式表现出来的复杂性。沃丁顿（Waddington）认为，随着有机体多样性的增加，生态位会变得越来越复杂，这种说法有点接近我们这里讨论的这种机制。他还说，生态位越复杂，来填补生态位的生物就会越复杂，而这反过来又会增加生态位的复杂性。但是，他在谈到这些时，所指的似乎是内部结构复杂性的螺旋式上升，而不是共生进化生态的多样性。不过，有意思的是，早在100多年前，达尔文就提到了这种机制，或者至少是与之有密切关系的某样东西。在他笔记的第422页，达尔文这样写道：

世界上，动物的极大数量取决于它们的结构和复杂性……因此当形式变得很复杂时，它们也就打开了增加自身复杂性的手段的大门。[1]

但是，这种说法同样可以理解为与内部结构复杂性有关，而不是与生态多样性有关。

机制 2：结构深化

我将导致复杂性随时间增加的第二种机制称为结构深化（structural deepening）。这个机制适用于单一实体，包括系统、生物体、物种及个体，它们都在某个"背景"下进化。在此，我们可以将这个背景视为它们的"环境"。通常来说，在竞争的强大压力下，这些系统会运行在自己的性能极限之内。但是，它们也可以通过增加某些功能或子系统，来打破这些性能限制。增加了这些功能或子系统后，它们就能够：（a）在更广阔的或更极端的范围内运行；（b）感知并对异常情况做出反应；（c）服务于其他系统，使其运行得更好；（d）提高其可靠性。通过这种做法，它们增加了它们的"结构深度"或"设计的复杂性"。当然，在加入这些功能或子系统后，系统的运行仍然可能达到其性能极限。在这种情况下，还可以通过进一步添加子子系统，来再次突破这种限制。循环反复地推进上述过程足够长的时间后，原来的系统就会被更深层次的功能和子功能所"覆盖"，从而可以极大地改善自己的运行性能和适用范围。当然，这样一来，它内部的结构也就变得更加复杂了。

技术进化的历史提供了许多结构深化的例子。例如，弗兰克·惠特尔（Frank Whittle）和汉斯·冯·奥海因（Hans von Ohain）在20世纪30年代分别独立设计了最早的燃气轮机和喷气式航空发动机，就是一个很好的例子。这种发动机的工作原理是：压缩进气，在压缩空气中点燃燃料，并通过涡轮机释放燃爆的混合物以驱动压缩机，然后以极高的速度排出空气来提供推力。惠特尔的原型有一个可移动的部分，即压缩机-涡轮机组合。但是，多年以来，在来自商界和军界的利益团体的推动下，巨大的竞争压力导致航空发动机不断做出改进。设计师们不得不想方设法，让航空发动机能够克服极端的压力和温度所带来的限制，并能够应对各种突发的特殊情况，有时是通过使用更好的材料，但更多的时候是通过添加子系统。

因此，随着时间的推移，最终的成果是，通过使用不止一个压缩机，而使用一组压缩机，即压缩机的系统，实现了更高的空气压缩比。其他一些改进包括：采用可变位置导向叶片控制系统，以便在高海拔和高速度条件下吸入更多的空气，同时降低发动机熄火的可能性，从而提高了效率；增加排气阀控制系统，以便在气压达到某一临界点水平时，将空气从压缩机中排出，这样就能够减少发动机失速的可能性；添加二次空气流系统以冷却红热的涡轮叶片，并对集液槽腔加压以防止润滑剂泄漏，涡轮叶片也通过一个在内部循环空气的系统来冷却；在军事应用中，为了在空中作战条件下提供额外的推力，增加后燃烧器组件；为了减少发动机起火的可能性，增加复杂的火警探测系统；为了防止进气区域中积聚冰块，添加了除冰系统；另外还有增加专用燃料系统、润滑系统、可变排气喷嘴系统和发动机启动系统。

但所有这些系统都需要进一步的子系统，以便监视和控制它们，并在它们达到极限时提高它们的性能。而增加的子系统，又需要更进一步的子子系统来增强它们的性能。现代的航空燃气涡轮发动机的功率，比惠特尔的原型高出了30倍到50倍，而且非常复杂。但是，惠特尔发明的原始的简单系统还在，只不过被子系统叠子系统地覆盖在了一个极其复杂的互联模块和部件的阵列当中。现代航空喷气发动机的部件超过了2.2万个。[2]

以航空发动机为例。在这种机制中,在持续的竞争压力的推动下,设计师们必须不断地将新功能和新模块添加到系统中,以突破原有的性能限制和处理异常情况,或适应更加复杂的环境,从而导致复杂性不断增加。行文至此,读者应该已经看得很清楚了,通过结构深化而使复杂性不断增加的这种机制,不仅适用于技术,而且适用于生物有机体、法律制度、税收体系、科学理论甚至连续发布的软件。

约翰·霍兰德的遗传算法为我们提供了一个实时观察结构深化的"实验室"。在"候选解决方案空间"运用遗传算法搜索可行的解决方案的过程中,会先出现一个大致正确的,或者用霍兰德本人的术语来说,"粗糙的模式"。它可能只比它的"竞争对手"稍稍好一点。但是随着搜索的继续进行,更加好的解决方案也开始出现。这些解决方案具有更深的结构,更精细的子模式,是对原始解决方案的"精炼",能够处理异常情况或克服原始解决方案的某些限制。最终的解决方案或模式的组合,可能在结构上很"深",也很复杂。在运用遗传算法搜索解决方案的过程中,还可以观察到结构深化的逆转。这种情况发生在相当长的一段时间内,一直占据了主导地位,并被精炼得相当充分的"粗略模式"被另一个新"发现"的、有所改进的"粗略模式"取代的时候。这时,依赖于原先那个粗略模式的子模式的层级结构就会坍塌。于是,对好的解决方案的搜索开始集中于新的模式,它们将会得到精炼。这种情况在遗传算法的搜索过程中可能会发生很多次。

约翰·科扎(John Koza)的遗传编程算法也提供了一个类似的"实验室"。科扎让一些代数表达式在他的"实验室"中进化,最终的目标是让它们解决给定的数学问题。在科扎的实验中,我们可以观察到,由于不断增加的"结构深度"被构建到了当前性能最佳的代数表达式中,用来描述表达式的算法解析树长出了越来越多的分支。

图 9-1 给出了在科扎的实验中，结构随着对"好的解决方案"的搜索的进行而不断增长的一个例子。正如我们很容易就可以看到的，这种机制也不是单向的。当新出现的表达式替换掉了原始系统中"根基"附近的符号表达式时，就会发生结构深度和复杂性的反转。总的来说，结构深度是增加了，但是"在途中"会间歇性地反转成为相对更简单的结构。

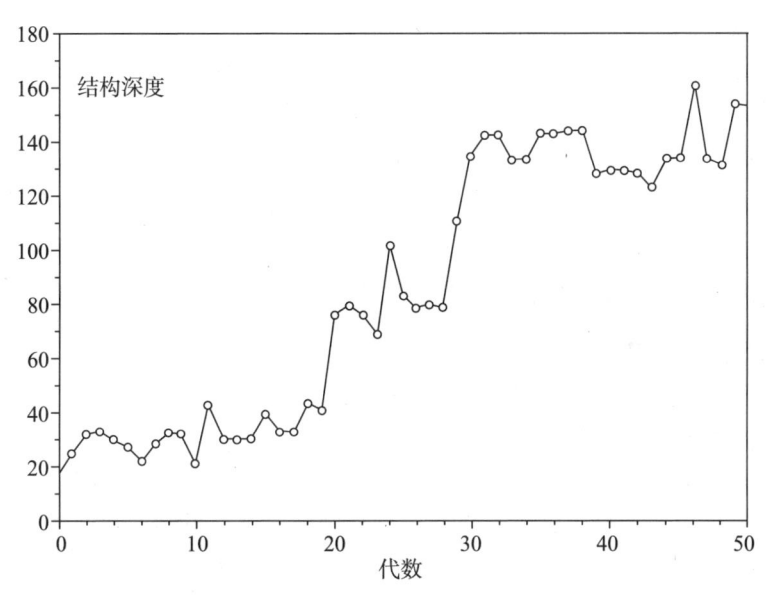

图 9-1　当前最佳表达式的结构深度与搜索代数之间的关系

复杂性在一个系统的"根基"附近坍塌这种现象，在一个大相径庭的情境下也可以观察到。科学发展史上，当新的理论突然取代精心构筑且得到了详细阐述的旧理论时，这种情况就出现了。其中一个很好的例子是，经开普勒和牛顿改进过的哥白尼理论造成了托勒密天文学的崩溃。这种新颖的理论体系，只需要寥寥几个简单的定律，就可以解释行星的运行轨道，从而摧毁了巨大而复杂的托勒密体系的根基。由于新的理论的解释力胜过旧理论百倍，托勒密体系也就从此一蹶不振了。类似地，在20世纪30年代，推进原理非常简单的惠特尔式喷气航空发动机相当彻底地取代了活塞式航空发动机。当时，为了克服在高海拔地区非常稀薄的空气对高速内燃发动机的限制，后者已经不可避免地变得过于复杂了。在很多其他不断进化的系统中也是这样。突然涌现的简单性，往往会切断原先的复杂性增长之路，并建立一个全新的基础，让复杂性再次增长。总的来说，在这种复杂性与简单性之间的"拉锯战"中，在更多时间内占据上风的通常是复杂性。

到目前为止，我已经阐述了两种明显不同的机制。第一种机制是，生态系统，即许多个体的集合，在进化过程中变得越来越复杂、越来越多样化。第二种机制是，生态系统内的个体在进化过程中，内部变得越来越复杂、结构变得越来越深化。当然，在许多系统中，这两种机制是同时发挥作用的，而且它们会相互作用、互相交替，甚至彼此竞争。

这一点在克里斯蒂安·林格伦对博弈论的策略进化的研究中，可以很清楚地看出来。林格伦构建了一个基于计算机的模型，让各种策略为获得收益而相互竞争。这是一个有限的多次重复的囚徒困境博弈，策略之间的配对是随机的，博弈是一对一进行的。这些相互竞争的策略用编好码的位串来表示。在位串中的"位"代表对先前行动的记忆，而行动是由策略决定的。策略偶尔会发生变异。在这种共生的环境中，成功的策略将迅速繁衍，而不成功的策略则会消失。在林格伦的世界中，我们可以清楚地观察到，随着新的、不断进化的策略创造了更新的策略可以利用的生态位，策略的多样性会不断增加。这种情况与我在上面讨论过的第一种机制相当类似。但是与此同时，策略本身也变得越来越"深"，在这里"深度"指代码串或记忆的长度，竞争中得到的回报也随策略变得越来越微妙而上升，这就是符合第二种机制的情况。事实上，这两种机制是相互作用的，一个新的、成功的、更"深"的策略一旦出现，就会使许多以前的、更加简单的策略消失。这样一来，多样性坍塌了，随多样性而来的许多利基也不复存在。但是在这之后出现的又是这样一个阶段：更新的、更"深"的策略突变出来并得到增殖，从而使得多样性再次增长。因此，新的、更"深"的策略就可以破坏旧的多样性，也可以在新的、更"深"的策略当中引发新一轮的多样性增长。这样一来，共生多样性的增长以一种偶发的方式，随着策略的结构深度的增长而交替变化。在生物进化史上，不难找到明显类似于这种过程的例子。例如，许多生物学家认为，多细胞、真核生物的出现意味着生物系统的"深度"的增加，而且也促进了距今6亿年以前寒武纪的多样性爆发。

机制3：捕获软件

接下来讨论复杂性的增长的第三种机制。这种机制与前两种机制完全不同。事实上，这种机制基本上只与复杂性的快速涌现有关，而与缓慢增长的复杂性没有太大的关系。它刻画的是一种我称之为"捕获软件"的现象。这是"外向型系统"（outside system）出于自身目的，通常是信息方面的目的而"接管"系统外部的比较简单的元素，并让它们"完成任务"的行为。在这种机制中，通常而言，"外向型"系统会"发现"外部的一些较简单的元素，并"认为"可以将它们用于某些基本目的。这些元素则通常"具有"一组规则，它们决定了它们如何被组合和被使用，这种规则可以称为"交互式语法"。这种语法通常允许简单元素以许多种方式组合起来，而且当"外向型系统"学会这种语法后，它还能学会利用组合中的这些元素来实现自己的目的。在这种学习非常成功时，"外向型系统"能够学会运用这种交互式语法，来对这些简单的元素进行

"编程",并且在复杂组合中利用它们来实现自己的多项目标。

初听起来,这种机制似乎有点奇怪,而且许多人都会觉得有些陌生。因此,我在这里先举一些例子来说明一下。一个非常简单的例子是电子技术。在过去的几个世纪里,我们人类已经学会给电子"分配任务",让电子完成诸如传输声音和视觉信号、控制复杂机械和进行计算等"工作"。最初,在法拉第和富兰克林的时代,人们对电子和静电的工作原理的了解非常有限,所以电子的"用法"也很少。但是在19世纪和20世纪的前几十年里,我们开始学会了电的"语法",即一组包括导电性、电容和电阻的操作规则,它们可以控制电子的运动、放大电流。自那之后,我们也就慢慢地学会了"捕获"电子,并对电子进行"编程",以服务于我们自身的目的。在这个例子中,上面提到的"简单元素"指的是电子,"外向型系统"指的是我们自己,即人类用户,"语法"指的是电磁学定律,"可编程输出"指的是电子设备所用的各种技术用途。在输出的层面上,这里存在着迅速的"适应"。我们将电子作为"可编程软件"来使用时,各种技术的用途都会迅速改变和迅速扩大。但是在语法和载体层面上,在这个例子中是不存在"适应"的。这是因为,电和电子的"行为"是由物理定律"规定"的,而物理定律至少在人类时间的范围内是不会改变的。

不过,在其他一些使用"捕获软件"的场合,交互式语法却不是不可改变的,而是可以在"捕获"软件的过程中自己更新和进化的。这方面的一个例子是人类语言的进化方式。原始人类可能在距今几十万年前,就学会了发出一些粗糙的声音,用于满足提出警告、表达情感,以及其他简单的需求。然后,非常缓慢地,在比较近的进化时间尺度上,语言的基本规则,即语法开始涌现出来了,从而人类可以将声音组织成简单而连贯的表达。最终,经过数千年的进化,这些声音或音素加上语法,终于进化成了一个复杂的交互系统:一种语言。

语言可以被"编程",用于构成能够表达含义非常细致微妙的陈述、问询和命令。

在这个例子中,发挥着载体作用的"简单元素",是人类说的话中的声音或音素。"外向型系统"是人类社会,它"捕获"这些简单元素,使它们成为一种软件、一种语言。"语法"是一个句法体系,它确保意义的一致性和共通性。当然,人类并不存在一种共同的语言,因此也没有单一的句法结构。语法必定是通过社会惯例的缓慢进化而涌现出来的,而对语言效率和一致性的需求,以及人类大脑中组织语言活动的方式,都会使语法受到一定限制。当然,作为对语言进化的一种回应,人类的发声器官和大脑的生活解剖结构也会发生变化。总而言之,从这样一个进化过程中涌现出来的语言是一种"可编程软件",我们可以把它的潜在输出视为语言可以表达的所有有意义的句子或语句的集合。

在语言这个例子中,适应可以发生在所有层面上。在程序输出层面上,适应是瞬时完成的。我们可以把人们说出的一个句子视为一种一次性的、极其快速的软件输出层面上的适应,其目的是适应人们用这个句子想沟通的东西。而在语法层面上,适应意味着语言本身的变化。这通常会以漂移的形式出现,其发生是一个缓慢的和连续的过程。这是因为,语法的任何突然改变或大的偏差,都会使当前的"输出程序"无效。而在音素或简单元素层面上,适应或者说改变和漂移是最慢的。在这种载体层面上的任何轻微变化,如果不是极其细微和连续的,都很可能导致整个系统的表达的失败。非常缓慢的漂移确实可能发生,如元音在一代人或两代人的时间内可能会有所改变。但是总的来说,存在着一种强有力的机制,它可以保证载体元素的行为方式保持恒定。

捕获软件这种机制的一个特别有意思、特别有说服力的例子是,近年来在金融市场中复杂的衍生产品的出现和广泛使用。在这个例子中,"外向型系统"

是金融界。最初，金融市场上交易的是有价值的东西：大豆、证券、外汇、市政债券、第三世界债务、抵押贷款、欧元，以及任何可以持有的有价值的东西。这些东西的价值可能会出现波动。用金融术语来说，它们是"基础资产"，或者被称为"基本面因素"。它们构成了我现在所要考虑的系统的简单载体元素。

在这样的金融市场的早期，基础资产通常是被简单地持有，或以其内在价值被交易的。但是，随着时间的推移，一种新语法形成了。一些交易者发现，他们可以：(a) 创设一些与或有事件相关的期权或选择权，这种或有事件会影响基础资产的价值；(b) 就像股票指数一样，将几种基础资产合并在一起来创建一个相关指数；(c) 发行期货合约，约定在某一时间，如未来的60天或一年，交付或取得基础资产；(d) 发行以基础资产为担保的证券。但是请读者注意，这些"衍生工具"与或有事件挂钩的期权、指数、期货和证券，本身也是价值的元素，因此它们也可以成为"基础资产"，拥有自己的交易价值。金融市场可以再次对这些新的"基础资产"，应用上面的(a)、(b)、(c)或(d)。然后，我们就有了证券期权、指数期货、期货期权以及证券指数期权等进一步的衍生产品，它们都可以进行交易和掉期。

有了这样一种语法，衍生产品专家就可以对这些元素"编程"，然后组成一个"包"了。这种"包"是为那些有非常特殊、非常复杂的财务需求的客户量身定制的，为他们提供了他们想要的融资、现金流和风险敞口的组合。当然，金融市场不是在一夜之间发明这样的"编程方法"的，它是在若干个市场中半独立地发展起来的。一开始只利用了简单的载体元素，然后再与自然的金融语法相结合。

从我在上面给出的这些例子来看，使用和捕获简单元素、用于实现自身目的的系统似乎总是我们人类社会。但是，事实当然并非如此。下面，我再举两个来自生物领域的例子。第一个例子是神经系统的形成。随着生物的进化，某些生物体开始给一些专门的细胞"分配任务"，即让它们只服务于感觉和调节对外部刺激的反应这个简单目标。这些专门的细胞又反过来发展出了自己的交互式语法。然后，整个有机体又使用这种语法，来对这个互连的神经系统进行"编程"，以便利用它来实现自己的目的。类似的一个例子是免疫系统的形成。人们发现，高等生物的免疫系统中的细胞的祖先，最初只用于一些简单的目的。随着时间的推移，这些祖先细胞也开发出了有用的互动规则，即交互式语法，并最终发展成为一个高度可编程的系统，它可以保护有机体免受外部抗原的侵袭。

对于生物生命本身，也可以用这种方式来思考。不过，这里的情况比前面的那些例子要复杂得多。生物有机体是由一系列主要是细胞构成的模块所构成，而细胞又是由相对较小且种类有限的、大约50种的分子构成的。这些分子是相当简单的，在所有陆地生命中都普遍存在，它们是生物构建的载体。而且，这些分子只需运用一种相对简单的语法，就可以组合成适当的结构。这种语法包括相对少量的代谢化学通路，是一种代谢语法，它又受一些酶的调节，或者说被一些酶编程。当然，进行这种"编程"的这些酶并不是有意识的、有目的性的，它们本身又是第二层的编程系统中的载体。它们要受一种复杂的基因表达"语法"调制。基因表达语法会根据它们所在的生物体状态的反馈，打开或抑制编码它们的基因或DNA中的繁殖"开关"。于是我们就看到：前一个捕获软件系统，是受后一个捕获软件系统调节的。前者通过蛋白质或酶对简单代谢途径进行编程，以形成和维持生物结构，后者通过核酸根据生物体的当前状态，对蛋白质或酶进行编程。

在上面这个例子中，整个系统是封闭的，是不属于对某种生物对象进行编程，以实现自身目标的那种"外向型系统"。在短期内，每个有机体根据自身当前的发育状况和当前的需求，来对自身进行编程。而从长期的角度来看，整个系统，即那些生存下来并相互作用和共生进化的生物体的生物圈以及各种环境和气候因素会成为编程者，并以基因序列集合的形式"写好"代码。当然，基因序列任何时候都将生存和存在。只要没有一个"外向型系统"，我们就不能说这些可编程的系统曾经被"捕获"。相反，它们是涌现出来的，而且会自我引导，或以自展方式开发出载体、语法和软件。从这个角度出发，生命的起源可以解释为一个由物理系统承载的软件系统的涌现，即一个能够学会对自身编程的可编程系统的涌现。

在上面所有例子中，捕获软件都是一个非常成功的进化策略。在这种机制下，系统只需通过对捕获的系统重新编程，来形成另一种不同的输出，就可以非常快速地实现适应。但是，因为语法和载体的变化会破坏现有的"程序"，因此我们通常会希望它们是被"锁定"的，或者即使有变化，也是越缓慢越好。这就解释了为什么遗传序列可以轻易地改变，但是遗传密码却不会；还可以解释为什么新生物体可以出现，但是细胞和代谢化学通路则是相对固定的；还可以解释为什么新的金融衍生产品不断涌现出来，但是证券交易所的规则却会保持相对恒定。[3]

复杂性的坍塌

在本章中，我阐述了复杂性随进化而增长的三种机制。这三种机制是：通过自我增强的多样性的增加，或者通过结构复杂性的增加来突破性能限制，或者通过系统"捕获"更简单的元素，并学会将它们"编程"为"软件"来用于

09 复杂性的进化

它们自身的目的。当然，我们不能指望这种复杂性的增长是稳定的。相反，在所有这三种机制中，我们都预测复杂性的增长是间断性的、世代性的。我们也不能指望复杂性的增长是单向性的。前两种机制肯定是可逆转的，所以我们会预期，复杂性的坍塌随时都可能随机地发生。

在我们更加深入细致地对进化进行研究时，我们在生物领域之外发现了大量我们感兴趣的例子。任何一个系统，只要它的结构要面对提升自身性能的压力，并有一个"继承下来的、可变的结构的世系"，都会呈现出进化现象。我相信，能够证明复杂性与进化之间的联系的例子会不断地涌现出来。它们不仅来自生物学领域，还来自经济学、自适应计算科学、人工生命、博弈论等领域，在这些领域中能找到复杂性与进化之间的联系。重要的是，本章描述的这些机制，适用于所有这些进化情境中的任何一个例子。

COMPLEXITY AND THE ECONOMY

10

认知科学

打开经济学黑箱的金钥匙

当人类行为主体面对复杂的或不确定性的决策问题时，他们在推理时所运用的不是演绎理性。那么，他们用的是什么呢？认知科学告诉我们，在这种情况下，我们会"联想地"进行思考：我们从经验中找到类似的情境，并用这些情境去拟合我们所面对的问题，然后从中得到一些启示。

大多数经济学家都认为，当人类行为主体面对复杂的决策问题，或者面对包括了具有根本不确定性的决策问题时，他们在推理时所运用的不是演绎理性。那么，他们用的是什么呢？认知科学告诉我们，在这种情况下，我们会"联想地"进行思考：我们会从自身的经验中找到类似的情境，并用这些情境去拟合所面对的问题，然后从中得到一些启示。现在这篇文章探讨了这种类型的推理对经济学的意义，并提出了在经济学中对这种推理建模的若干方法。这篇文章还强调，各种情境的记忆和经验，对于我们的推理是必不可少的。有鉴于此，学习经济学的学生应该深入地钻研经济史，而不能仅仅关注经济学理论。

这篇文章最初是在 2000 年出版、由戴维·科兰德主编的《复杂性视野与经济学教育》(*The Complexity Vision and the Teaching of Economics*) 一书中发表的。

* * *

伯特兰·罗素（Bertrand Russell）在自传中告诉我们，他在学习了半年的经济学后，就对这门学科失去了兴趣，因为他认为它实在太简单了。马克斯·普朗克也在中途放弃了经济学，可是他的理由却是因为它实在太困难了。至于我自己,之所以会成为一名经济学家,是因为我接受过数学方面的专业训练,而且我一开始也像罗素一样,觉得经济学很容易。几年之后,我就从罗素的立场转换到了普朗克的立场。从其本质上来说,经济学是非常"难"的。在本章中,我将详细解释我为什么会得出这样的一个结论。

经济学从本质上说到底是难是易,取决于提出经济问题的方式。如果在构建一个经济问题时假设决策是理性的,那么通常而言都可以求得一个确定的"解"。这种经济学是简单的,无非是从问题跳到问题的解而已。但是,在这种经济学中,行为主体到底是如何从问题得到问题的解的,却仍然是一个黑箱。而且,行为主体是否真的能够到达那个解,也是无法保证的,除非我们能够打开这个黑箱看一看。但是一旦我们试图打开这个黑箱,经济学马上就会变得非常困难。

曾几何时,经济学家们认为,我们对问题与问题的解之间的联系的假设是有道理的。在一篇现在已经很著名的文章中,拉斯特讲述了威斯康星州麦迪逊大都会公共汽车公司维修主管哈罗德·泽克(Harold Zurcher)的故事。在整整20年里,泽克一直负责为他的公司制订更换公共汽车发动机的计划。这个复杂的问题需要他平衡两个相互冲突的目标:最小化维护成本与最小化发动机意外故障率。拉斯特用随机动态规划方法找到了这个组合优化问题的解,并将这个解与泽克的优化方案进行了对比,结果发现两者之间拟合得相当好。据此,拉斯特得出了这样一个结论:尽管面对的是一个非常复杂的问题,但是哈罗德·泽克还是找到了问题的解,因此经济学家的假设,即个体能够找到复杂问题的最优解并不是一个坏的假设。

泽克的例子给我们留下了一个很大的问题:个体能够找到经济问题的最优解这个假设,是不是合理的?如果是合理的,我们是否就可以不用去研究决策过程的细节了？在简单的情况下，答案是肯定的。然而，在大多数情况下，答案却是否定的。读者不妨想象这样一个"决策问题之海"，它包含了所有我们感兴趣的、有明确定义的经济问题。这些问题构成了海水浅表层，复杂的决策问题构成了海水的深层和底层，海水越深，问题就越困难。海平面附近是类似于"井"字游戏的那些问题，下面是跳棋一级的问题，更深的是国际象棋和围棋一级的问题……在理论上，我们可以说，国际象棋的"解"是存在的，它将采取纳什混合策略的形式，但是我们不能保证人类行为主体肯定能得到这种"解"。因此，可以求得"解"的、像"井"字游戏这样的问题，只存在于海平面及海平面以下半米左右的海水内。而在比这更深的海水处的问题，则无法保证有解。我们还可以进一步列出这些行为主体要面对的许多更加复杂的问题。但是，大多数问题是没有明确界定的。泽克面对的问题恰好位于经济主体可以通过"理性"求解的问题与不能通过"理性"求解的问题之间的分界线上。若"海水"比它更深一点，那么经济问题的"解"就无法与"理性"匹配了，甚至可能根本不存在。

那么，在这些更深的层面上会发生什么呢？在现实生活中，人类决策者绝不会因为一个问题很难或尚未明确界定就望而却步。也许，当问题太复杂以至于无法求解时，或者当问题尚未得到明确界定时，我们应该说行为主体面对的不是传统的问题，而是一种情境或情况。他们必须处理好这种情况，他们必须自己框定（framing）问题。从许多方面来看，这种框定正是决策过程的最重要的部分。在考虑如何框定问题时，你必须考虑问题和要采取的行动之间的关系。介于问题与行动之间的是认知，而且在问题与问题的解之间有很多很多东西，只要将这些东西纳入考虑的范围，那么经济学就会变得非常困难。关于介于问题与行动之间的认知问题，我可以将它转换为如下几个问题：人们如何理解一个问题的意义？个体如何处理更加复杂的问题？我们怎样才能真正认识一些东西？

在本章中，我想从认知心理学家的角度来考虑认知问题，并利用得到的结果来讨论以下两个问题：经济建模和经济学研究生教育。

心智是什么

在经济学中，我们一直秉持着一个简单但陈旧的心智概念。心智（Mind）被视为一个保存数据的容器。数据通过与世界的互动不断更新，而心智则根据这些数据进行演绎推理。所有这一切在经济学中都是隐含的假设，因为在经济学中我们不会谈论"心智"。但是，我们确实认为心智或"那个推理机"，是在数据集的基础上进行演绎推理的。在经济学理论中，这种观念反映的是，将对世界的信念视为以当前数据，即当前信息为条件的变量的期望值，以及基于这些信息来制订解决方案。这是一种"速记"，也是一种合理的抽象，各门学科在许多情况下都可以利用这种方法，而且效果不错。但是我们必须超越它，只要我们来到了比"决策问题之海"海平面低半米左右的地方。

因此，我们应该从更加深层的观点，即认知科学的观点，来讨论心理和认知过程。请读者想象一下，在某个静谧的晚上，你正在读一本小说，或者就拿哈尔多尔·拉克斯内斯（Halldór Laxness）所写的《独立的人民》（*Independent People*）来说吧，你很喜欢这本小说。表面上看，这似乎是一件再平常不过的事情了，但是实际上却很复杂。印在纸页上的那些黑色和白色的标记，会聚焦到你的视网膜背面的光传感器或"像素"上。这些感官知觉随后会传递到你的大脑的后部，并映射到特定的视觉神经结构。然后，不知怎的，字母和单词被解析出来。同样不知怎的，这些字母和单词通过对句法的理解而结合在了一起。我在这里说"不知怎的"的意思是，认知科学家不知道在这个知觉过程中，发生这些事情的确切机制是什么。再然后，意义不知怎的从句法结构中涌现出来了。但是，"意义"到底是什么意思？在这个例子中，意义指的是一组关联或联想。你可能刚好读到了一句描写雨景的话："雨一直下，平稳地、执着地，把整个郡都笼罩起来了。它落在衰朽的沼泽草上，落在那个'是非不断'的湖上，落在铁灰色的砾石砌成的地上，落在了俯视众多小山的阴沉沉的大山上……把所有的风景都玷污了。"这些词会触发联想，事实上是触发相关的记忆。然后，你的脑中会形成一幅画面或一组画面。这些相关的记忆和画面，反过来又会触发你所称的"情感"或感觉。感觉往往是很微妙的，在拉克斯内斯的世界中当然也不例外：雨的阴暗、砾石铺就的路的泥泞、山的压迫感、小农场的潮湿气味，这些感觉确实非常微妙，它们其实是我们智慧的一部分，是我们认知的一部分。它们是我们赋予符号意义的一部分。阅读并理解读到的内容的含义，涉及相关的记忆和相关的感觉。这种理解何以成为可能？认知科学家们迄今仍然未能很好地解释这一切是如何发生的，因此法国思想家亨利-让·马丁称之为"神秘的炼金术"。

对于这种炼金术，普林斯顿大学认知心理学家朱利安·杰恩斯（Julian Jaynes）这样描述道：

啊，这是怎样的一个世界啊！看不见的多姿多彩，听得到的无声无息。这个无形无质的心智国度竟是如此神奇！啊！那不可窥见的本质！那无法触及的记忆！还有那难以预测的遐想！它莫非也要保护它的隐私吗！这是一个秘密剧院，上演的戏剧中充满了无言的独白和抢眼的秘密。这是一幢看不见的豪宅，收藏着所有的心情、冥思和奥秘。

这是无限的失望和无穷的发现的胜境。它是一个王国,在这里,我们每个人独立地推行自己的统治,质疑我们想要做的,指挥我们做自己能做的。它是一个隐秘的道场,我们在这里一边研习秘籍,一边反思自己做过的、谋划自己未来要做的。它是一台"内部对讲机",但所说的,更多的是关于"我自己",而不是关于任何我可以在镜子中找到的东西。意识就是自我本身,它无所不包,但又什么都不是。那么,它到底是什么?它来自哪里?它的意义何在?

我在这里想强调的一点是,从书中抽象出来的意义并不在书本中,而在我们的心智中。对于这一点,哲学家们,如康德在18世纪时就已经开始认识到了,但是直到20世纪还没有完全阐明。我们通过我们所建立的关联来构建意义。

如果读者觉得这个论断听起来有些奇怪,那么请想象一下:让一个俄罗斯人看陀思妥耶夫斯基的俄文版小说《独立的人民》,与让一个不懂俄语的外国人看同样的一页纸,会有什么不同。他们两个人获得了完全相同的数据,但是那个俄罗斯人能够在他看到的那些西里尔字母与意义之间建立起关联,从而使他自己获得关于那些书面文字的感觉数据"活"起来。而那个不懂俄语的外国人虽然看到了完全相同的数据,却无法建立起关联,因而那些字母对他没有意义。

从这个角度来看,意义是"强加"的,它因我们强加的关联而得以涌现出来。是我,而不是陀思妥耶夫斯基这个人,也不是《独立的人民》这本书给我带来了意义。认为后两者给我带来了意义,那只是一个错觉。是我给《独立的人民》带来了意义。是我在理解,在赋予它意义。是我给我看到的东西强加了各种关联,给我看到的东西强加了意义。而且,不仅是某种陈旧的意义,还有刚刚从这本书与我的神经记忆的关联当中涌现出来的意义。

下面，我再给读者举一个例子，因为我想从这个要点锤炼出更多东西。爱尔兰诗人叶芝有一首著名的小诗这样写道："我的爱人和我确曾相会在柳园下边，她那一双雪白的小脚款款走过柳园……她让我从容看待人生，如堰上长青草，可我，那时年少无知，如今悔泪滔滔。"[1] 这些诗句对不同的读者会产生不同的影响，即对不同的读者有不同的意义。

读者不妨问一下自己，当你从河边走过，看到河中的堰时，它对你有什么意义。对于我来说，它有"重大"的意义，因为孩提时，我和我的朋友们经常在各种堰的附近玩乐嬉闹。堰是河流中的小坝，通常覆盖着碧绿的尾草和各种藻类。当然，我也知道什么是"柳园"（salley garden）。但是，那些不熟悉爱尔兰的人的感受可能会完全不同。他们可能会觉得奇怪，这里说的"柳园"到底是什么啊。也许一个名叫莎莉（Salley）的人有一个花园。也许有什么东西叫"Salley Garden"，莫非诗中的男女主人公在都柏林附近有一栋别墅叫这个名字？在不知道"Salley Garden"到底是什么东西的情况下，你在脑海中可能会浮现出一个美丽花园的形象：繁花似锦、绿草如茵，还有许多园丁在辛勤地劳作着。但是，不是这样的！在盖尔语中，"Salley"这个词要说成"s-a-i-l-e-a-c-h"，意思是"柳树"。因此，叶芝说的那个场景中有柳树，因此旁边不远处应该有水。如果还有一个堰，那么就应该是一条小溪或小河。一旦建立起了这些关联，一切就立刻全都改变了。总之，我的观点是，不同的意义可以强加在相同的数据之上。源于不同关联的意义可能完全不同。

数据，无论是文学中的数据，还是经济学中的数据，都没有固有的意义。它们能够获得的意义，只能是我们给它们带去的意义。不同的人，因为各自拥有不同的经验，肯定会建构出不同的意义。

心智是快速的模式完成器

> **联想引擎（Associative Engine）**
> 哲学家和认知科学家安迪·克拉克提出的一个概念。现代认知心理学告诉我们，我们的大脑就是一个"联想引擎"。通过联想，我们给事物强加了可理解的模式。

那么，现代认知心理学从这些例子中得出了什么结论呢？第一个结论是，我们的大脑是一个"联想引擎"。这个术语是由圣路易斯华盛顿大学的哲学家和认知科学家安迪·克拉克首创的。我们非常擅长联想，就认知而言，我们可以说联想几乎相当于我们所做的一切。通过联想建立关联，我们给事物强加了可理解的模式。这里不妨借用克拉克首创的另一个术语：我们是快速的模式完成器（pattern completer）。

举一个例子，如果我看到墙角露出了一条尾巴，它是黑色的、毛茸茸的，还摇个不停，我就会说："那里有一只猫！"但是，实际上是一个小男孩，在一根棍子上装了一条尾巴，试图欺骗我。我刚看到的时候却不会这样去想。我的心智天生就注定了，它不会让我这样去想的。如果我强烈怀疑那应该不是一只猫，或者如果我看到了一个搞恶作剧的小男孩，那么我可能会说："哦，那是一只猫或一个小男孩。"但是在没有看到任何一个小男孩的时候，我肯定只会说："嘿！我看到了一只猫。"尽管我看到的并不是一只猫，而只是看到了一条黑色的尾巴。著名哲学家伯特兰·罗素讲过的一个故事也反映了同样的观点。一个小学生、一个牧师和一个数学家从英国乘坐火车到苏格兰去。小学生从车窗往外看风景时，发现了一只黑羊，于是他就说："哦！看哪！苏格兰的羊是黑色的！"牧师听到这句话后，就说："你说得不对。严格地说，我们只可以说苏格兰有一只羊是黑色的。"数学家却说："这样说还是不准确。我们可以说的是，我们知道，在苏格兰至少有一只羊，至少有一侧是黑色的。"

认知科学反复"告诫"我们，我们人类在日常生活的决策中，不会像数学家那样去演绎，而只会像小学生那样去联想。而且更加重要的是，我们这样做有一个非常强大的理由：这种倾向是进化造就的。我们人类祖先在10万年前就拥有了这样的能力：只要嗅一嗅空气，瞬间就能把空气中的湿气与远在几公里之外的水源之间建立起关联。这种能力对生存有非常重大的价值。这里存在着一种"快速完成模式"，即在一瞬间就从最微弱的线索中推测出水的存在的能力和程序，它有助于我们的生存。但演绎逻辑却不是这样的，除了一些最"有空"、对生存最不重要的情况之外，我们根本不会使用演绎推理。

认知心理学家还告诉我们，演绎推理本身也主要是联想性的。例如，在解决球面三角学中的一个问题之前，我要先解决这样一个问题："这个问题是球面三角学问题吗？"然后把这个问题与适当的框架建立起关联。在那个框架内，我再把结构和符号与该问题的感觉数据关联起来。我只有通过这样的联想，才能一步步地解决问题，即把各种关联拼合成一个模式。

我这样说，并不意味着人类大脑所能做的一切都是联想，但是从认知的角度来看，联想确实是我们做的主要事情，而且我们在做这件事情时，速度非常快。我们的神经系统会对许许多多的关联进行快速搜索，然后确定某一个为"意义"。偶尔，这个过程也会变慢，因此我们可以观察它是如何"行动"的。例如，几年前曾经相当流行的三维光学幻视图片游戏：让你盯着看一些二维图片，在盯视半分钟之后，一个3D图片就会"蹦出来"。因此，我们的大脑要对大量的联想进行处理，将它们集结成模式，形成各种各样的隐喻。

隐喻就是更加复杂的、带有含义的联想。利用隐喻，我们将"这个"与"这个"、"那个"与"那个"相类比，如果类比是成立的，那么我们就预期会"这样"、会"那样"。隐喻是模式联想的一种形式,我们通过隐喻处理大量信息。总而言之,我们有许多不同形式的联想:形象、记忆、隐喻以及理论。理论,事实上就是得到了阐明的隐喻。在完全起作用时,所有这些东西构成的集合,再加上将它们组合起来的规则(这也是联想)就是我们所称的"心智"。

因此,通过隐喻、记忆、结构、模式和理论,我们的心智特别擅长建立事物之间的关联。换句话说,心智从来不是给定的,它不是一个空空如也的、被动地装载数据的"桶"。心智本身就是涌现出来的。这种观念在西方思维传统中是全新的,但是在东方思维传统中却早就有了很多先例。中国著名理学家程颐和程颢生活在距今900多年的宋代,他们都认为心智是"涌现的"。他们没有把心智看作一个容器,而是把心智视为一系列互依互倚、层层相叠的想法。是的,心智不容纳我们的想法。相反,正是这些想法、这些联想包含着心智或构成了心智。心智也绝不是固定的,它由联想和控制这些联想的工具组成。正是在这个意义上,心智是涌现的。因此严格来说,我不应该再像以前那样说,意义存在于心智中。因为在认知哲学中,当我们探究得足够深入时,心智概念本身也将消失。意义存在于联想中,我们的神经网络会在呈现给它的数据与自己的联想之间建立关联。

现代认知科学的最新结果告诉我们,我们的立场应该远离如下经济学的传统假设:推理是演绎性的,发生在心智这个容纳各种变量的容器中,而且这种容器中的各个变量的值是通过"信息"来更新的。如果推理在很大程度上是联想性的,那么就取决于推理者的以往经验。因此,对一个情境的框定,为它构建的意义,都取决于推理者的历史。当然,其结果也必定同样取决于历史。

关于认知,我在这里还要再说一点。有时我们可以粗略地说,只有一个"正确"的意义,即只有一个单一的、正确的联想。但是更加常见的是,在存在复杂性的情况下，存在多种解释。我们可以采取其中的某一个，也可以采取其中的某几个。通常，如果我们试图解决一个问题，或者试图做出一个决定，如在下棋或打牌的时候，我们会提出许多个假想性的关联，然后对它们进行比较。到最后，当有了足够证据的时候，我们会保留一个或几个。在上面举的"黑色尾巴"的例子中，如果我在几分钟前刚刚看到过一个搞恶作剧的小男孩，那么我就可能会把"猫"和"恶作剧"这两种可能性保留下来，然后等待进一步的证据的出现。

认知过程建模

关于认知，上面已经说了很多了。但是，作为经济学家，必须考虑的问题是，我们怎样才能利用这些东西呢？或者说，在面对复杂的或界定不明确的问题时，我们如何对思维过程建模？

根据如上所述的观察结果，我给出的建议如下。在面对复杂的问题时，作为决策者，经济行为主体必须先找到框定面临的情境的方法。他们会尝试在临时的内部模型、模式或假说与面对的情境之间建立关联来框定问题，并利用这些临时的内部模型、模式或假说。如果他们希望找到行动的指导，他们可能会选择上述模式或模型中的某一个，并进行简单的推理。这种推理仅仅发生在"井"字棋这类游戏的复杂性水平上。当得到了更多的证据后，他们可能会强化或削弱对自己当前的模型或假说的信念。他们也可能在他们的模型或假说不再起作用时舍弃它们，或者在需要时用新的模型或假说替代它们。换句话说，当行为主体面对复杂的问题或无法明确界定的问题时，他们会利用环境提供的线索来形成假想性的模式、框架和关联。这些假想性的模式填补了行为主体理解中的空白。

有了这样一个程序，我们人类就可以处理复杂性问题了。这就是说，我们先构建一些较简单的模型，它们不但是可行的，而且是我们可以处理的。有了这样一个程序之后，我们就能够处理界定不明确的问题了：在我们面临定义不充分的情况下，我们可以利用工作模型去填补空白。这种行为是归纳性的。它可能会显得有些凌乱，或者看上去有点像"特殊理论"，但是它绝不是"理性"或科学的对立面。恰恰相反，它就是科学体系本身运行和进步的方式。

因而在实际的研究中，当面临一个随着时间的推移逐步展开的经济问题时，我们可以建立一个行为主体的集合，他们一般是异质的，并假设他们会联想，这就是说，假设他们能够以心理模型、假说或主观信念的形式建立关联。至于这些信念本身，既可能采取简单的数学表达式的形式，即可以用来描述或预测一些变量或动作，也可能是统计假说，还可能是某种"条件-预测"规则，即如果观察到情况为 Q，那么预测结果或行为就为 D。这些信念通常是主观的，即不同的行为主体有不同的信念。行为主体在同一时间既可以只考虑一个信念，也可以同时考虑好几个信念，并记住每个信念的"表现"。这样，当需要做出选择时，行为主体根据当前自己最可信的，或者也可能是最有利可图的那一个信念采取行为。他把他的其他信念暂时"藏在自己心底"。说到这里，有的经济学家可能会提出反对意见：行为主体这样做，不就是理性地将自己的若干个假说结合起来吗？得出这样一个结论确实是一个很大的收获。但是，认知心理学告诉我们，我们并不是这样行事的。我们会同时考虑许多假说，但是只会根据目前最合理的那个假说采取行动。而且，一旦采取了动作，那么整体图景就会更新，同时行为主体也要更新对他们的每个假说的置信度。

当然，我在上面提出的这个认知"图式"，本身也是简化和抽象的。但是，它确实刻画了一个重要思想的本质要素：行为主体要将意义"强加"给问题及其情境，或者说行为主体要建立多个框架或信念结构、假说与问题及其情境之间的关联，并让它们相互竞争以此来理解问题。这也是一个存在学习的系统：行为主体通过"学习"获悉他们的假说是否有效。他们的"学习"行为也体现在抛弃表现不佳的假说，并生成新的"想法"而将它们替换掉。请注意，这里存在着一个天生的滞后：行为主体根据他们目前最可信的假说或信念模型来行动，并且在它不再有效时抛弃它，转而采用更好的另一个。某个假说或者关联、信念模型之所以被采用，不是在于它是"正确的"，因为行为主体没有办法知道这一点，而是在于它在过去是有效的。而且，在"值得"将它舍弃之前，必须先积累起它失败的记录。

但是，这里仍然有一个关键问题悬而未决。上面说的那些假说或心理模型来自哪里？它们是怎样生成的？这涉及心理学中的一个深层次问题，与对象表征和模式识别有关。我不能在这里详细讨论这些。但是就建模而言，还是有一些简单的和实用的选项。有时，我们可以让我们的行为主体拥有"焦点模型"（focal model）。焦点模型是指明显的、简单的和容易处理的模式或假说。这就是说，我们可以先生成一个"焦点模型库"，并分配给不同的行为主体。而在另外一些时候，我们可以给定一个适当的模型空间，然后让某种类型的智能搜索设备，如遗传算法去生成合适的模型。在这里需要提请读者注意的是，无论选择什么方法，我在上面描述的框架都是独立于所使用的具体假说或信念的，就像经济学中消费者理论框架独立于特定的产品选择一样。

这个研究方案真的可以在经济学中付诸实施吗？答案无疑是肯定的。现在已经出现了越来越多的成功例子，如萨金特的研究、"爱尔法鲁"问题、圣塔菲人工股票市场研究。这种类型的研究通常都会发现，必须通过计算来生成"解"、信念及基于这些信念的行动的模式，因为异质信念会使复杂性急剧增加。

这些研究通常还会发现一个更加丰富的世界,一个"心理世界"。在这个世界中,关于被研究的问题的各种信念形成了一个生态。有时,这个生态会收敛于某个标准的信念均衡,但是在更多的时候则不会收敛,因为永远都会发现新的假说、新的想法。

理论很重要,经验也很重要

接下来,我将从经济学的建模转向一个完全不同的领域——经济学的教育。这个领域也可以从认知科学的洞见中受益匪浅。

在这里,我想先提请读者注意,我们要理解某事物,或者说使某事物有意义,有两个途径,即我们可以构建两种不同类型的关联。这两种关联不是完全不同的,不过确实分别位于一个频谱的两端。我把其中一端称为"理论",另一端称为"经验"。

理论就是包含了蕴涵关系的隐喻。如果在 1705 年,埃德蒙·哈雷(Edmond Halley)接受了牛顿的引力理论,并应用这个理论分别对在 1531 年、1607 年和 1682 年的一颗彗星的轨道进行分析,那么就可以得到这样一个蕴涵关系:这颗彗星将于 1759 年"返回"。在应用牛顿理论时,哈雷实质上是在彗星和牛顿所研究的天体之间建立起了一种关联,而且这种关联的蕴涵关系允许哈雷做出这类预测。我在这里要指出的是,理论是一种"薄"的关联。因为只有在满足一组有限和精确的条件的情况下,理论才会很好地拟合现象,而且蕴涵关系本身也是有限和精确的。假如正确地拟合了,或者说假如理论给出了一个好的关联,而且自身是内在一致的,那么其蕴涵关系就是可靠的。理论描述的是有限的拟合、有限的蕴涵关系,正是在这个意义上,我们说理论是"薄"的,但是其关联则是强有力的。

经验则与理论不同。假设我是一名经理，被派往韩国开发业务，但是我从来没有去过那里。当我到达韩国后，我想知道我应该如何行事。我不知道与当地人见面时我应该向他们鞠多少次躬，甚至不知道我是不是应该向他们鞠躬。我也不知道进餐时是不是应该把鞋脱掉。我也不清楚，如果我想结束交易，我是不是得等到晚餐结束之后？但是我有许多在日本和中国做生意的经验，所以我可以利用这些经验。在这种情况下，当我到达韩国后，我的脑海中会浮现出许多画面。这也是一种关联，但这种关联有点像梦境，它更加丰富多彩。它还涵盖了更广泛的案例。当给定了某些东西，要预测将会有什么东西随之出现时，经验是非常有启迪价值的。但是，经验与理论相比，要不精确、不准确和不可靠得多。但是无论如何，体现为记忆和情况的图景的经验，是一种"厚"的关联，也是强有力的。它的力量体现在它的覆盖范围和启发性上。我们通常会从人们的对话和故事、小说和戏剧中去寻求这种经验。这就是说，我们会试图吸收别人的经验，使"他们的情况"进入我们的记忆图景，以便供我们日后所用。通过这种方式，我们构建出或想象出一个"梦想"般的世界。在这个世界中，逻辑是不重要的，精确度也是无关紧要的，但启发性和覆盖面却自有其威力。

但是，正如我在前面已经指出过的，这两种类型的关联并不是完全水火不容的。关联是一个频谱，一端是"窄"的"准确性"，另一端是"宽"的"启发性"。

那么，这与经济学研究生教育又有什么关系呢？有很大的关系。教育在很大程度上就是要让受教育者懂得如何联想或建立关联，而且关联的频谱范围也是从一端的狭窄的、精确的理论，到另一端的宽泛的、启发性的和不精确的图景。作为人类，我们同时需要这两种类型的关联。

在经济学中，接受研究生教育的人，必须在一两年内掌握二三十个经济学理论模型，即"薄"的关联。这些理论模型包括委托代理模型、世代交叠模型、囚徒困境模型等。这种教育隐含的理念是，待经济学研究生毕业后，这些理论隐喻会在他们的工作中化为有用的关联。我们希望，如假设某个经济学研究生毕业后在世界银行就业，那么只要他观察到某种情况就能够说出一番"道理"来。比如说，"非洲农业中出现的这个问题部分是一个委托代理问题，某些因素则可以用世代交叠模型来处理，同时还包含了博弈论的成分。所以，我可以建立一个把这三个理论模型结合起来的混合模型，以提出关于这个问题的更深刻的洞见。"这当然很好。好就好在经济学已经认识到，它已经使理论具备了一种循环结构。我们希望，同时也可以合理地预期，一个受过良好教育的经济学研究生会以这些理论为组件，建立起一系列关联。

但是模型并不是我们所应该教的一切。很长一个时期以来，许多研究生院一直倾向于强化理论教学，而不惜牺牲经济史和案例教学。至于学生自己，当然还可以选择，如他们可以去自学经济中的各种经验或细节，但是他们很清楚这种努力对他们毕业后的职业生涯并没有什么助益。1990年，科兰德和克拉默（Klamer）问学生这样一个问题："对经济的全面了解"对作为一名成功的经济学家的重要性如何？ 只有3%的人认为非常重要，认为不重要的人却高达68%。在这些学生眼中，更加重要的是"要聪明，即要善于解决问题"和"数学能力突出"。带着这种偏爱理论、鄙视经验的倾向，我们取消了来自历史−经验的更广泛的隐喻，即"厚"的关联。来自历史−经验的更广泛的隐喻，可以让学生将他们的模型置于一个适当的视野中，或者说理论提供了语法，它们则提供了词汇。他们所能提供的丰富的思想和广泛的关联，是理论不可能相比的。

当决策者面对着高度复杂的情况时，如果过于匆忙地应用理论，即一套精确但适用面狭窄的隐喻，就很可能会导致非常危险的后果。波斯尼亚在20世纪90年代中期发生的一系列事件证明了这一点。不妨假设，美国国务院负责波斯尼亚事务的那位高官，毕业于名校政治学研究生院，掌握了许多理论模型，但是却没有多少实际经验。他的反应有可能是，匆匆忙忙地将波斯尼亚硬塞进一个预先构建好的框架内。但是在这种情况下，最好的反应是先等待一下，仔细观察一番。同时，在观察的过程中构建一个随时可以变动的各种图景的集合，利用这些图景可以建立更加丰富的一系列关联。这种"自由关联"源于对历史的研究，而不是死板的理论。如果采取这种思维方式，那么这位官员就会发现："哦，现在的局势与1908年的波斯尼亚危机有点接近，而且与这个地区处于1831年土耳其统治时的情况相雷同。从另一个角度来看，它的一些因素又类似于1875年的民族冲突，后者最终导致了奥匈帝国的接管……"类似这样的历史图景可能有成千上万，它们都是有用的，可以用来拓展思路、值得考虑。最终，从无数次这样的思考和权衡中，即从大量做梦般的联想中，会涌现出一系列假说或复合图景。只有到了这个阶段之后，才可以考虑如何应用理论的问题。过早建立理论关联，而不先去考虑一下大量的可能图景，结果将会是灾难性的。在我出生的地方，贝尔法斯特这个城市与另一个非常复杂的情势密切相关，人们经常说："如果你从来没有困惑过，那么你其实什么都不知道。"诚哉斯言！

我之所以说这么多，是要强调学生不仅需要理论，还需要经验和细节。这也就是说，他们需要学习经济史。经济学不是作为理论模型的辅助材料，它自己就是认知意义上理解的"供应商"。那么，经济学思想史的教学又当如何呢？经济学思想史是经济学教育中另一个有"生存危机"的学科。从认知的角度来看，经济学思想史可以让我们对所做的联想有更加深刻的认识。没有这种认识，联想就可能是"下意识"的，不太可能适合我们要面对的情况。例如，考虑那些在17世纪末或19世纪初来到澳大利亚的英国画家的经历。这些艺术家希望将澳大利亚的树木画入画中，因为他们在英国时就已经学会画树了。他们在英国的艺术学校中学习过，个个训练有素，知道如何画树。但是在澳大利亚，大多数树，典型的如桉树的叶子都比较薄，阳光可以穿过树叶，因此澳大利亚的树看起来与英国的树有很大的区别，它们枝叶更稀疏、更不挡风。结果是，这些来自英国的画家没有画好澳大利亚的树。事实上，澳大利亚本土出生的画家，整整花了一代人的时间，才画出了看上去真正像澳大利亚的树的画。在此之前，来自欧洲的画家会在不知不觉间进行"欧式"联想，并"强加"给澳大利亚。同样地，这个时期的欧洲画家，把非洲原住民画成了"黑皮肤的欧洲人"。我在这里并不是要批评这些艺术家，而只是想提醒读者注意，我们采取的行动其实建立在我们的无意识联想之上。我们必须搞清楚，我们的想象是什么、它们来自哪里。我们必须对它们持怀疑态度。我们需要一种"禅意"，即我们必须先超脱一点，以一个"初生儿"的心智角度观察一番。我们必须意识到，理论不是外生的。恰恰相反，它们是人构建出来的，而且这个"人"在其他情况下也要有计划，那些计划在那些情况下有时是适合的。因此，我们只有掌握了经济思想史，才能对我们在经济学中建立的关联以及它们的出处有充分的意识。

那么，在经济学研究生教育中，我们真正需要的到底是什么？我们当然需要理论。作为理论经济学家，我怎么会说我们不需要理论呢？但是，我们也需要对历史和制度研究提供丰富的图景。我们同时需要两种类型的关联：我们既需要定量的、精确的理论框架，还需要成千上万的基于案例的、生动的图景。只教授理论，就相当于仅仅通过教授内科学和病理学来训练医生，而不让学生参与诊断和实习。无论掌握了多少理论，都只是初学者。在这里，可以想一想通过了"理论考"的学车者。在我们能够无缝地将理论与生动的图景，即理论与经验整合在一起的时候,我们才可能成为专家。我认为,我们现在教出来的学生当中,许多都只掌握了理论,而没有学会利用图景。我们这样做,是在害他们。

认知真的有那么重要吗

我要求我的经济学家同行们考虑认知的影响,这会不会是个有用但不必要的"奢侈"要求?我不这样认为。鉴于经济学目前的发展水平,我们自然而然地会倾向于那种尽管有价值但显然完全出于想象的一般均衡结果:各项制度都已到位、市场将顺利运行,同时所有激励都是正确的、恰当的。

经济主体不仅有自身的偏好和禀赋,而且有他们自己的理解,即他们会从以往的行动和经验中获得关联和意义。在面对那种"标准化"的、微不足道的经济学问题时,我们可以忽略这一点。但是,在涉及发展和重建的重大问题时,在为创建一门适用于复杂性和界定不明确问题的经济学时,我们就绝对不能忽略这一点了。是的,我们必须认真对待认知。

COMPLEXITY AND THE ECONOMY

11

确定性的终结

不确定性是经济世界的主旋律

很多年来，确定论和理性主义思想主导了理论经济学，这让许多经济学家深感不安。如果我们以完美的演绎推理预期采取行动，那么我们的预期就创造了正在试图预测的世界。但如果没有关于他人的预期的知识，任何一个行为主体的预期，从逻辑上看就不可能形成。实际上，经济中存在着根本的不确定性。

11
确定性的终结

在 20 世纪 80 年代中期，确定论和理性主义思想主导了理论经济学，但是许多经济学家却对此深感不安。本章是对这种狭隘的"高理性"思维的一个反应，它指出经济中存在着根本的不确定性。我们根据预测或预期采取行动，因此我们的预期创造了正在试图预测的世界。没有关于他人的预期的知识，或者没有关于每个人都知道他人的预期的知识，任何一个行为主体的预期在逻辑上看都是不可能形成的。所有其他人的预期也是这样。因此，理性预期就成了一个可疑和脆弱的假设，而现实世界则受到了根本的不确定性的影响。这种不确定性意味着，经济行为是建立在主观信念的基础之上的，而主观信念是涌现出来的、共同进化的、不断变化的、相互加强的、相互否定的、会衰变的。我认为，经济学应该承认并接受这样的主观推理，并以之为基本前提。

本章原本是我于 1999 年在布鲁塞尔举行的"当爱因斯坦遇见马格利特"研讨会上的一次演讲，它里面有一些例子曾经出现在本书其他章节中。本章最初发表于那次会议的文集中。

* * *

20世纪的科学发展史可以说是决定论和确定性一步步丢城失地的历史。许多在20世纪初时仍然像机器一样真实、客观和确定的东西，到了20世纪中叶，已经变得像幻象一样不可预测、主观和不确定了。20世纪初用来定义科学的那些性质，如预测能力、清晰的主客观区别等，都不能再定义科学了。"科学后的科学"已经失去了它的"清白"，但这恰恰说明，"科学后的科学"成长起来了。

经济是确定的吗

首先，经济学是一门科学吗？是的，我相信它是的。经济学肯定是一整套得到了合理论述的知识。然而不同的是，直到最近这几年，经济学仍然保持了它的确定性，或者说它的"清白"没有受到任何损失。所以我们必须问：莫非经济学的研究对象，本质上就是不确定性的和非决定论的？抑或经济学也正在失去其"清白之躯"，也将加入其他"复杂性"科学的行列？

我认为，后者是对的。最近一段时间以来，在经济学中有越来越多的迹象表明，这门科学正在失去其僵硬的决定论立场，长期占支配地位的实证主义思想对它的影响也正在削弱。机械性更少、有机性更多的方法正在步入经济学的舞台。在这个演讲中，我将从我自己的角度来阐明这种确定性的丧失。我将论证，经济中存在着很大的不确定性。我将证明，经济学中以往明确的主体／客体区分，其实是模糊不清的。我将力图阐述清楚，经济不是一台巨大的机器，而是它的行为主体的一个建构物。所有这些，都不是"可怕"的"异常"现象，而是经济的自然属性。如果我们承认它们，我们就可以将经济学建成一门更加强大的、而不是更加羸弱的科学。

接下来让我从源头说起。经济学的基本思想主要源于18世纪一些伟大思想家的思考，其中特别是来自英国和苏格兰启蒙思想家的思想。1733年，作为启蒙浪潮的其中一个高峰，亚历山大·蒲柏（Alexander Pope）的《人论》总结了启蒙思想的精华：

> 整个自然都是艺术，只是你未曾领悟；
> 一切偶然都有方向，只是你没能看清；
> 一切不谐，都是你不理解的和谐；
> 一切局部的恶，都是整体的善。
> 高傲可鄙，只因它不近情理。
> 凡存在皆合理，这就是清楚的道理。

在上面这种语境下，"艺术"意味着技巧，即意味着技术或机制。所以，蒲柏说，我们在自然界中看到的一切复杂的奇迹，实际上是一台巨大的机器，一台像他那个时代的机械钟表的机器。所有看上去复杂的、偶然的东西，背后都有自身的运动方向。所有看上去复杂的、无序的东西，都有隐藏的简单性，就像开普勒和牛顿等人看到的行星运动一样。所有对每一个"神的造物"有不利影响的，都以某种无法言说的方式有利于整体的利益。最后，蒲柏引用苏格拉底的名言说："凡存在皆合理。"

这些不仅仅是蒲柏一个人的观点。在亚当·斯密长大成人的那段岁月里，类似的话语充斥着思想空间。在他的《国富论》中，斯密继承和发扬了这种思想。在这部巨著中，斯密阐明，商人和制造业者、屠夫和面包师等人复杂多样的经营活动背后隐藏着简单的逻辑：经济其实是一门"艺术"，只是它的原理隐而不彰。个人的私利在一只"看不见的手"的引导下，促进了所有人的共同利益。因此，"凡存在皆合理"。两个世纪之后，科学哲学家雅各布·布罗诺夫斯基（Jacob Bronowski）指出，经济学从来没能从18世纪强加于它的致命的"理性结构"中恢复过来。然而，传统经济学继承的不仅仅是斯密的理性结构。在经济学的传统思想的历史深处，还继承了经济就是一种艺术的观念，即经济是一台巨大的机器，只要我们理解了它的各个组成部分，我们就可以预测它的整体行为。当然，在25年前，当我在加州大学伯克利分校修读经济学时，许多经济学家，包括我自己也曾那样想过，建立经济学的大统一理论是有可能的。从理性人类行为的公理出发，就可以构建出消费者理论；从消费者理论和相应的厂商理论出发，就可以构建出内在一致的微观经济学；而从微观经济学出发，就可以构建出关于经济总体的理论，即宏观经济学。所有这一切将构成一个关于经济的大统一理论。

然而，这种还原主义的宏图伟业，从最底部的组件开始构建整个理论大厦，却有两个难解的问题始终挥之不去：第一，经济依赖于人类，而非依赖于有序的机器组件，因为每个人都有自己的信仰、情感和偏好；第二，经济中的技术是不断进化的。技术会破坏"整洁性"，因为它使经济持续变化。在经济学中，人类行为是利用"经济人"这个工具加以"巧妙处理"的。"经济人"是完全理性的，能够以完全演绎的方式推断出有明确定义的问题的解。至于技术进化，则更难"巧妙处理"，因此不是被忽视，就是被视为外生的。因此，为了得到一个有序的、可预测的理论，经济人，即行为主体，必须只对有明确定义的问题对象进行操作。无论是行为主体，还是要解决的问题，都不得有任何模糊之处。明确定义的问题才有明确的解，而且得到的解将成为下一个聚合层次的理论的构件。

当然，这种方法可以取得一定成效。但是，当问题涉及了不止一个决策者并涉及了任何程度的复杂性时，这种方法就会遇到困难。然后就必须"英勇"

地做出大胆的假设,否则良好的定义就不复存在,行为主体和问题就会变得模糊,而不确定的"口袋"就开始膨胀。

"起飞时段选择"的困惑

接下来,我举一个例子,说明上述方法在现代经济学的一个分支——微观经济学的语境下的典型含义。这个例子是我在 20 世纪 70 年代后期的产业组织文献中选择出来的。[1] 考虑这样一个问题:我们有一个飞机场,24 小时都可以供飞机起飞,有许多航空公司,比如说 20 家航空公司,都在利用这个飞机场,它们必须决定让自己的飞机在哪个时间段起飞,如从拉瓜地亚机场去华盛顿。当然,不同的航空公司有不同的偏好。它们知道自己的偏好,并准备预定适当的起飞时段。所有选择都是一劳永逸的,一经选定就一直适用。在他们真正想要起飞的地方,与不要太接近其他航空公司所选择的这两个起飞时段之间,存在着权衡。在每一个合格的经济问题中,都总是存在权衡问题。所以,给定航空公司的偏好,他们会选择哪些起飞时间,这就是要解决的经济问题。

将这里的情况说成是确定的,也许有人会觉得有些不对劲,因为它看上去挺复杂、挺不和谐的。但是,在这种不和谐情况下找到一个和谐的解,正是我想向你们展示的经济学中的现代启蒙方法的精要所在。这种现代方法被称为理性预期。我先将它讲清楚,然后从现实主义的角度去分析它、拆解它,使它露出不确定性的端倪。下面就开始。

在理性预期方法中,首先假设我们知道各航空公司提交选择的顺序。现在不妨先看一下第 20 家航空公司的选择,想象一下它的推理过程:"只要知道前 19 家航空公司将选择什么,我就会知道我自己想选择什么。"因此,无论前 19

家航空公司的选择是什么，我都知道自己将选择哪个起飞时段。对于第20家航空公司来说，这是一个很容易解决的问题。那么，第19家航空公司会怎样选择？第19家航空公司在选择时，知道前18家航空公司的选择，能够计算出自己应该怎么做。给定第20家航空公司，将根据其他18家航空公司和第19家航空公司的选择，来选择一个最佳起飞时段。接下来，第18家航空公司又会怎样选择？没问题。第18家航空公司知道前17家航空公司的选择是什么，知道第19家航空公司将会怎么做，也是可以解决这个最优选择问题的。因为第19家航空公司将会做出自己的最佳选择，而第20家航空公司也将基于第19家航空公司的选择结果，做出自己的最佳选择。复杂吗？这是挺复杂的。但是你可以通过逆向演绎法，或者更准确地说，通过动态规划以相反的顺序搞清楚这里的逻辑，并推断出所有20家航空公司将如何做出自己的最优选择。

需要注意的是这个推理过程的性质。问题是有明确定义的。这是一个序贯决策问题，而且假设所有航空公司都运用逻辑上的逆向演绎推理法，得到的解在数学意义上是精确的、"干净"的。因此，这个经济问题变成了一个数学问题。所有这类问题都会变成数学问题，从而使经济学变成了数学。这类问题通常还有另一个属性，那就是个人行为对整体是有好处的，也就是说，部分的恶是普遍的善。尽管在现在这个例子中，情况不是这样，但是在经济学中，这是一个一般属性。

然而，这个解还带有很多的"附带条件"。各航空公司必须准确地知道自己的偏好，不仅如此，它们还必须准确地知道所有其他航空公司的偏好。此外，它们还必须知道，每一个其他航空公司都准确知道每个其他航空公司的偏好。它们还必须知道，每家航空公司都知道，每家航空公司都知道每家其他航空公司的偏好……这是一个无限的递归。此外，每家航空公司还必须足够理性，以求出那个最优解。更进一步,每家航空公司还必须确信,每一家其他航空公司都是理性的,并且都会运用完全理性来制订解决方案。此外,每家航空公司都必须知道存在一个无限的递归,知道每一家其他航空公司都正在使用这种理性的方法来解决这个问题,因为这些航空公司当中只要有一家"搞砸"了,就会使每一家其他航空公司的解全都乱成一团。在使用这种逆向演绎法求解时,每家航空公司的最优解都必须是唯一的。在这个"需求网络"中,任何一个链条一旦中断,解也就不复存在了。对此,我的评语与那位法国元帅康罗贝尔(Canrobert)在比利时留下的评语一模一样:"这确实极为壮观,但是这不是在作战!"

这种类型的多行为主体选择问题在经济学中是非常普遍的。所以,我们必须认真对待这种求解方法。假设我们是第3家航空公司,如果我们不能确定第17家航空公司将会怎么做,那么我们应该怎么做?作为第3家航空公司,我们也许会说:我不相信第17家航空公司的人都有那么聪明,我不知道他们是否会运用上述完全理性的方法解决这个问题。如果他们不这样做,那么我不知道我作为这个序贯决策问题的第三个决策者的最佳选择是什么。这种不确定性足以打乱整个情况。而且更加糟糕的是,第3家航空公司可能会将这种不确定性"传染"给其他航空公司,于是它们就可能无法再依赖第3家航空公司和第17家航空公司。这样一来,整个解也就开始土崩瓦解了。得到的解是航空公司的预期或对其他航空公司将要做什么的预测的函数。因此问题的要害是,如果我是一个有"代表性"的航空公司,我要找到的是我的预期应该是什么,这也就是说,我正在试图预测一个由我自己和所有人的预期创造的世界。这里存在一个自我指涉的循环。每家航空公司试图预测的结果,取决于它和其他航空公司可能形成的预测。换句话说,这些预测正在形成这些预测试图预测的世界。除非有某种协调装置，使得各航空公司可以从逻辑上确定其他航空公司的预测，如上面这种"折磨人的"逆向演绎推理方法，没有其他方法可以确定其预测。

因此，这里存在一种逻辑不确定性。这就是说，在经济中，人们正在创造一个从他们的预测中形成的世界，但是如果他们试图以一种完美的演绎推理的方式形成这些预期，那么他们就会进入一个自我指涉的循环。标准的经济学思想存在一个逻辑漏洞。我们的预测共同创造了我们的预测正在尝试预测的世界。如果不知道别人如何确定他们的预测，那么我的预测就是不确定的。当然，在经济学中，在某些情况下，很显然每个人都知道自己该做什么。在这种情况下，像上面提到的那种方法是有效的。但是除了这类情况之外，我们在所有其他情况下都会面临这个根本的不确定性问题。经济中的行为主体生活在一个马格利特式的世界里。当我们的想法和偏好共同创造了它们试图预测的世界时，自我指涉就会使得问题变得不确定。我们可以将经济的主体，即形成经济的行为主体与客体经济完全区分开来，这种想法是有问题的。不确定性的"口袋"在经济中随处可见。现代形式的经济决定论注定要失败。

"资产定价"的困惑

在这里，有两个问题是我们要追问的。第一个问题是：这一点很重要吗？也许所有这一切都只发生在一个零测度集上，也许这种困难仅仅局限于经济学中的一些琐碎的、无关紧要的例子中。第二个问题是：如果真的很重要，那么我们应该怎么办？

接下来，我就来回答这两个问题。我将举出一个来自资本市场领域的例子，即资产定价理论。我可以先告诉大家，这个理论与前面解释航空公司的选择理论遇到了同样的麻烦。

11
确定性的终结

唯一的区别是，资产定价理论是一个非常重要的理论。

1991年，我在中国香港受聘担任花旗银行的顾问。该银行试图开发一个复杂的神经网络模型，用以预测外汇市场的价格变化。作为经济学家，我的初步反应是对此表示怀疑。我相信标准的有效市场理论，它的其中一个结论是，没有办法预测金融市场。但是很快地，我就发现外汇市场上的交易者不同意这种看法。至少看在能帮助他们赚钱的事实上，他们认为他们可以预测价格走势。不过，我还是先得快速地概述一下标准理论。标准的有效市场理论说，所有进入金融市场的信息都会被投机者和投资者利用，而且对未来价格变化有任何预示的所有信息都会被"用尽"。换句话说，通过一个与上面那个航空公司的例子非常类似的推导过程，每个投资者对每只股票的出价都会定格到一个唯一的水平上，它只取决于当前可用的信息。根据这种观点，使用过去的价格模式来预测未来价格，即技术交易方法是不可能带来更多的利润的。不然的话，过去的价格内含的信息可以用于获得更多利润，并且根据假设，投资者已经将所有信息都折现为当前价格了。因此，标准理论认为，投资者利用所有可用的信息形成预期。这些预期将会确定股票的价格，而平均的价格又将支持同样这些预期。这又一次说明，理性预期是存在的。因此，在这种情况下没办法赚到钱，市场是有效率的。

但是，交易者则认为市场是可以预测的。他们认为，可以从过去的价格中发现某种有助于预测的模式，即他们相信技术交易。他们认为市场是拟人性的，也有自己的"心理"和"动机"，如"市场昨天一度很紧张，但是它对坏消息没有太多过激反应，最终稳下来了"。经济学家则对此持怀疑态度。我记得，我曾经听一位著名的经济学家说过："如果技术交易可以赚钱，那么就会出现很多极其富有的公司和银行。"这句话着实令我迷惑不解。因为在现实中，确实有很多公司和银行通过各种形式的技术交易，变得越来越富有了。

当然，标准理论是很成功的。它有它自己的逻辑。这个逻辑是完整的，而且具有所需要的一切属性，如数学上的唯一性。但是，标准理论必须面对一些不明原因的现象所带来的挑战，它称这些经验现象为"异常现象"。"异常现象"一词的基本含义是，这些现象是有"问题"的，因为它们不符合理论。据说，"异常现象"并不能说明理论有问题，尽管它不能解释这些现象。因此根据标准理论，即使1987年10月的股票市场和其他金融市场损失了23%以上的价值，也只能被称为一种"修正"。但是，1987年10月并没有任何消息要对这次崩溃负责。另一个异常现象是"泡沫"，如著名的荷兰郁金香泡沫。"泡沫"指价格保持在极高的水平上，而且没有任何明显的理由。此外，市场交易量也比理论预测的高出了几个数量级。已经有好几位经济学家，如布洛克、拉克尼肖克（Lakonishok）和勒巴伦等证明，技术交易在统计上确实是有利可图的。另一个谜题是所谓的GARCH行为，它指的是股票价格的高波动期与静止期随机地交替出现。

总之，资产市场上至少存在6个重要的统计上的异常现象，是标准理论无法给出解释的。这也导致了许多更现代的、更巧妙的新理论，有些运用了特殊的行为观察结果，有些则给出了更加复杂的理论模型。

现在我来阐明,对于资产市场,标准理论是如何崩溃,并导致了不确定的"口袋"，就像前面的航空公司的例子一样。假设投资者可以将他们的一部分资金投入单一的一只股票，它每一期，比如说一天或一年支付一定股息，但股息的具体数额投资者无法完美预测。投资者购买股票，是为了获得股票的股息和任何资本增值（未来的价格），因此他们面临着如何预测未来的股息和价格的问题。

11
确定性的终结

为了得到标准理论的解,我们假设投资者是同质性的,即全都是相同的"克隆体",他们对期末股利的预测、对股票未来价格的预测全都相同。预测的平均结果是无偏的,因此这是理性预期。只要稍作经济学推理,就可以证明,今天的价格等于明天的价格加上股息,再经适当贴现和加权后的共同预期。这样在每一期都会产生一系列方程。然后利用条件期望代数方法,我们就可以解出这些方程,求得以当前信息为条件的对未来价格的预期,最终得出作为预期的未来股息函数其当前价格的表达式。问题解决了。但是,这只是给定了"假设投资者是同质性的,即全都是相同的'克隆体',他们在期末对股利的预测、对股票未来价格的预测全都相同"的条件下的解。如果我们不做这个假设会怎样?如果我们假设投资者不是完全相同的,又会如何?

接下来就让我们来看看,假设我们的投资者行为主体不是"克隆体",即不是同质性的,运用与上面相同的推理方法会得到什么。这里需要注意的是,标准理论对完全相同的"信息"的要求,不仅意味着每个人都会观察到完全相同的数据,而且意味着他们对数据的解释也完全相同。但是,请想象你自己在一个真正的市场环境下的情况,如在中国香港外汇市场中,信息包括了过去的价格和交易量、新西兰中央银行或新加坡银行或中国人民银行采取的行动、谣言、CNN 的评论、新闻、你的朋友在做什么、他们通过电话告诉你什么、某人的姨妈认为市场将发生什么……不一而足。所有这些都包含了实际信息,而且我们可以合理地假设,即使每个人都拥有访问所有这些信息的相同的权利,他们也会将该信息视为"罗夏克墨迹测验"中的墨迹,并对其进行不同的解释。即使我们假设解释这些信息的人拥有无比强大的智能,也可以说是"无限聪明的",而且他们受过系统的统计学训练,他们也仍然会对数据给出不同的解释,因为解释相同的数据有很多种不同的方法。

因此，不存在单一的预期模型。每个个体投资者仍然可以得出个人对股息的预测。但是未来的价格则由投资者和其他投资者对股息和下一期价格的个人预测所决定。而且，个人投资者无法预先知道其他人的预测，借用凯恩斯的话来说，即不能算出预期的"平均意见的平均意见是什么"。那样做的话，会导致逻辑上的递归："我认为他们可能会认为，而且同时还意识到我会认为他们会这样认为。"除非我们假设投资者是完全相同的，不然的话，我们的行为主体就还在尝试预测作为其他行为主体的预测函数的结果，即未来价格。这里的问题与前面举的航空公司的例子中的问题是一样的，都是演绎无法闭合。从而，预期变成了不确定性的，理论失败了。

而且更加糟糕的是，预期还会变得不稳定。请想象一下，假设有几个投资者认为市场上的价格会上涨。如果我相信这一点，并且我还相信别人也相信这一点，那么我就会向上修正我的预期。但是，后来我又收到了一些负面的传言，于是我会重新评估，而且意识到别人也可能会重新评估，同时意识到他们也意识到别人，即我可能会进一步重新评估。这样一来，无论交易是否会发生，预期就会变成一种不可捉摸的转瞬即变的东西，于是价格就不断上涨或下跌。从而，预测变得不稳定了。这是价格泡沫开始出现的方式。如果人们预期价格上涨，他们会预测其他人也会预测价格会上涨，所以他们会买入，从而启动了一个泡沫。当人们观察到价格上涨后，他们对价格上涨的预期就实现了，因此价格可能继续上涨。这就是说，泡沫是自我实现的。

类似的逻辑同样适用于对"价格底"和"价格顶"现象的分析。举例来说，如果当前价格是894，同时许多投资者都认为在900的位置有阻力，那就会成为一个"价格天花板"，即一个"顶"。当价格达到这个上限时，它有一定概率回落，或者也可能"突破"这个"天花板"。我听到"价格底"和"价格顶"这样的叫法时，第一反应是怀疑，不过很快我就开始意识到，许多投资者之所以在 900 的位置卖出股票，只是因为它是一个整数。但是，这将使价格触及 900 后会出现回落这种预期成为一个自我实现的预期。"价格底"和"价格顶"是作为部分自我实现的预期而涌现出来的，这就是说，因为在这些位置买卖股票比较方便，所以价格维持住了。现在，我们已经偏离同质的理性预期相当远的距离了。在更加现实的假设下，交易者可能对不同的信息给出不同的解释，从而使预期变得不确定和不稳定。而且，它们很可能会相互自我实现。

上面说的这些可以总结如下：只要我们仔细观察资本市场理论这个重要的经济学分支，我们就可以看到与航空公司的例子中同样的不确定性。行为主体需要对结果形成预期，而结果是所有这些预期的函数。只要假设对"信息"的解释存在合理的异质性，演绎推理就无法闭合。因此预期的形成是不确定的。

现实世界是这样的

但是我们来看一看现实世界！在现实世界的每一个市场中，人们每一天都要形成预期。那么他们如何做到这一点呢？如果他们无法以演绎推理的方式做到这一点，那么我们又应该怎样对他们在这方面的行为建模呢？1988 年，约翰·霍兰德和我决定，我们将通过一个基于计算机的人工股票市场来研究这个问题。在这个人工股票市场中，"小小的"行为主体，实际上是一些人工智能计算机程序，拥有某种手段来完成这里所需的推理。这是最早的基于行为主体的人工市场之一。后来，我们又邀请了物理学家理查德·帕尔默、金融专家保罗·泰勒，还有金融学家布莱克·勒巴伦加入我们的研究项目。当我们的研究刚启动时，著名的计算机科学家约翰·霍兰德，虽然是遗传算法的设计者，但是他只会用 BASIC 编程，我也只会用 BASIC 编程。幸亏，帕尔默是一个高明的程序员,所以我们的进展非常迅速。我们先在麦金塔计算机上实现了基于计算机的人工股票市场,后来又移植到了 NeXT 计算机上,并用它完成了一系列实验。

我们没有往这个人工股票市场输入任何来自实际股票市场的数据。这是一个存于计算机内的人工世界。它的人工行为主体是一些人工投资者,在彼此之间买卖一只"股票"。计算机可以显示股票的价格和股息、谁在买卖、谁赚了钱、谁亏了钱、谁进入了市场、谁留在市场外面,等等。价格在计算机内通过出价和要价形成。另外还有一个小程序的"专家",它设定市场出清价格,就像在实际股票市场上一样。

这个模型试图解决的问题是:如果行为主体不能以演绎推理的方式形成他们的预期,那么他们又将怎样才能形成他们的预期呢?我们决定遵循关于真实人类在这种情况下会如何行事的现代认知理论。因此,我们允许我们的人工行为主体查看股票价格变动的最近历史,建立多个用来预测的假说或模型,并不断地对它们进行测试。这些假说中的每一个都具有与之相关联的预测。在任何阶段,每个行为主体使用其最准确的假说,并相应地买入或卖出股票。在我们的人工市场中,行为主体通过两种方式进行学习:第一,他们能够学会判断他们建立的预测假说当中哪一个更加准确;第二,他们会不断地舍弃那些不起作用的预测假说,并利用遗传算法产生新的预测假说将它们替换掉。因此,他们一直会学习识别他们共同创造的模式,这反过来会共同创造股票价格的新模式,对此新模式他们又可以形成新的假说。提出假说、测试它们并偶尔替换它们的这样一种行为,就是我们所称的归纳。因此,我们的人工市场的行为主体使用的是归纳理性。这无疑是一种更加现实的行为方式。

这一切看上去还不错吧。但是，现在还有一个关键问题，那就是我们的人工市场是会收敛到标准经济学理论所说的理性预期均衡，还是会表现出某种截然不同的行为呢？我们惊讶地观察到，在我们的人工市场中，这两种"市场体制"都出现了。第一种体制，我们称之为"理性预期体制"。当我们让人工市场的行为主体用非常接近理性预期的预测假说开始他们的交易时，这种体制就出现了。我们在图表上描绘出了预测假设的所有参数，结果发现在这种情况下，随着时间的推移，它们被引入了理性预期解的轨道。所有预测假说围绕理性预期均衡点形成了一个"毛带"（fuzz），那是因为它们偶尔会偏离理性预期以测试不同的想法。为什么理性预期会占上风？理由很简单。如果预测整体上接近理性预期，那么价格序列将接近理性预期，这样非理性预期预测将被"证伪"。所以在这种情况下，标准理论得到了验证。

但是还有第二种体制，我们将它称为"复杂体制"。在更广泛的情况下，都是这种体制占上风。我们发现，如果我们让人工市场的行为主体用有些偏离理性预期的预测假说开始，或者如果我们允许他们用比以前稍快的速度提出假说，那么市场的行为就会完全改变。在这种情况下，市场中涌现出了相互加强的预测子集。不妨设想一下，如果我们的人工市场中有 100 个行为主体，每个行为主体都使用 60 种不同的预测公式，那么总共就会有大约 6 000 种预测器。在这些涌现出来的预测器中，有一些是相互加强的，有一些是相互否定的。假设有许多预测器的预测是，股票价格将随时间推移而周期性地上下波动，那么这些预测器就是相互否定的，因为它们将导致行为主体在周期底部买入，并在周期顶部卖出，相互抵销利润，最终会从预测器"种群"中消失。但是，如果出现了这样一个预测器子集，它们的预测是"如果在过去三期内价格是上涨的，那么下一期的价格也会上涨"，而且这样的预测器足够多，那么就会导致行为主体不断买入，这样平均来说会导致价格上升，从而反过来强化这样的子群体。在这种情况下，这类预测器子集将会"突然走红"，并且嵌入到预测器的种群中。在我们的人工市场的"复杂体制"中，确实发生了这样的事情，从而使得该市场的行为更加丰富多彩。这种复杂体制的另一种表现是，我们的人工交易者发现了有效的技术交易形式。他们能够基于过去的价格模式来进行预测，并取得了成功。因此，我们的人工股票市场涌现出了技术交易。而且，这种拥有相互强化元素的子集的涌现，不禁令人想起生命的起源。生命起源的关键就在于，正确组合的 RNA 亚群涌现出来并可以"相互加强"。这不能不令人惊叹。

复杂体制的另一个涌现性质是 GARCH 行为，即在股票价格的若干个高波动期与若干个"静止期"交替出现。这也是标准资产定价理论无法解释的一个现象。那么，GARCH 行为又是如何成为一个涌现性质的呢？在我们的人工股票市场中，经常有一些投资者发现，某种新的方法能在市场上获得更好的结果。即使改变幅度非常小，这些投资者还是会改变他们的买卖行为，并进而导致市场发生变化，这反过来又导致其他投资者也改变自己的行为……由此，变化的"雪崩"将席卷整个市场。这就出现了变化触发进一步变化的高波动时期，以及随后出现的几乎没有变化且很少需要改变的静止时期。这就是 GARCH 行为。

现在，让我总结一下。我们在人工股票市场中发现的是，在我们的投资者从非常接近于理性预期解的位置开始的情况下，这种"解"占优势。但这只反映了参数空间的一个很小的集合。除此之外，复杂体制将占优势。在复杂体制下，会涌现出自我强化的信念和自我增强的"变化雪崩"，然后涌现出更丰富的"解"或行为集，它们符合实际的市场行为。这是一个更一般的理论，理性预期理论是它的一种特殊情况。

源于启蒙运动时的标准经济学观点认为，经济是一个客体对象。它也许是复杂的，但还是可以机械地予以处理。主体与客体，即行为主体与他们所处的经济，是可以被"整齐"地区分开来的。但是，我在这里给出的观点则完全不同。我认为，经济本身就是从我们的主观信念中涌现出来的。这些主观信念聚合起来，就构成了微观经济。它们使金融市场形成了作为金融市场的特性。它们引导资本流动，支配策略性行为和谈判。它们是经济的DNA。这些主观信念是先验不确定的，或者说是事先不可能通过演绎方法确定的。它们共同进化、生成、衰亡、变化、相互加强或相互否定。主体和客体也不能整齐地区分开来。因此，对于经济表现出来的行为，我们只能描述为有机的，而不能描述为机械的。经济不是一个有序的、巨大的机器，它是有机的。在所有层次上，它都包含着不确定性。它涌现于主观性，并将回到主观性上。

COMPLEXITY AND THE ECONOMY

结 语

复杂的经济需要复杂经济学

在经济系统中，人类行为主体能够通过思考自己将要采取的行为可能带来怎样的结果，对自己的策略和预测进行调整，因此，完美的演绎推理就失效了。源于收益递增的正反馈是经济系统的重要特征。复杂经济学不是标准经济学理论的附属物，而是一个更一般的、超越了均衡观念的理论。

结　语

复杂的经济需要复杂经济学

　　本章总结了我在1999年对"复杂性与经济"这个问题的思考。它是本书第1章的前身，而且两者有所重叠。尽管如此，我还是决定将它收录进来，因为它第一次引入了"复杂经济学"这个术语。本文最初发表在1999年的《科学》杂志上。

* * *

　　一切关于复杂性的研究，针对的都是多元素系统，这些元素要适应或对它们自身创造的模式做出反应。这里所说的元素可以是元胞自动机中的元胞，它们会对邻近的元胞的状态做出反应；也可以是自旋玻璃中的离子，它们对局部磁矩做出反应；或者是免疫系统中的细胞，它们对B细胞和T细胞的浓度做出反应。元素也好，它们所要适应的模式也好，都因具体的情境而异。但是不变的是，元素必须适应它们创造的世界，即它们共同创造的总体模式。通过调整和变化的过程，时间因素也自然而然地进入系统：当元素做出反应时，总体模式发生变化；随着总体模式的变化，元素又得重新做出反应。除非达到某种渐近状态或均衡，一个复杂系统必定是处于不断进化和展开中的系统。

复杂经济学是一种超越均衡的经济理论

经济自然是复杂系统。经济行为主体，无论是银行、消费者、厂商，还是投资者，都要不断地调整各自的市场行为、买卖决策、定价策略和对未来的预测，以适应这些市场行为、买卖决策、定价策略和对未来的预测共同创造的情境。但是，与经济系统中的元素不同的是，旋转玻璃中的离子总是以一种简单的方式对局部磁场做出反应。而经济这个系统中的元素，即人类行为主体，能够通过考虑自己所采取的行为可能带来的结果，对自己的策略和预测进行调整来做出反应。这就给经济学研究又增加了一层复杂性，而在自然科学中是没有这层复杂性的。

面对经济这个复杂系统，传统的经济学理论的选择是，不去研究它的行为主体创造的模式的展开，而是简化其问题以便于求出解析解。因此，传统经济学要问的问题是，什么样的行为元素，即行动、策略和预期，是与这些行为元素共同创造的总体模式相一致的？例如，一般均衡理论问的是，在不会产生任何导致改变激励的情况下，生产出来和消费掉的商品的价格和数量，与经济中各市场的价格和数量的总体模式是否一致。博弈论问的是，在给定的策略情境下，什么样的行动、选择或分配，与其他行为主体的行动、选择或分配相一致或是最优的。理性预期经济学问的是，什么样的预测或预期与这些预测和预期共同创造的结果相一致，或能够被这些结果所验证。因此，传统经济学研究的是各种"一致的模式"，即行为均衡中的模式，它们不会引发进一步的反应。不过现在，圣塔菲研究所、斯坦福大学、麻省理工学院、芝加哥大学和其他一些研究机构和大学的经济学家正在突破这种均衡方法，转而研究行动、策略或预期怎样对它们创造的、可能内生地改变的总体模式做出反应。复杂经济学就是他们这种努力的结果。复杂经济学不是标准的经济学理论的附属物，而是一个更一般的、超越了均衡观念的理论。

一只"轻推的手"

如果我们描述的这类系统，还包含了以正反馈形式表现出来的非线性特征，那么它们就会变得特别有趣。在经济学中，正反馈源于收益递增。为了确保能够得到唯一的、可预测的均衡，标准经济学理论通常需要假设收益递减：如果一个厂商在市场上遥遥领先，那么它会遇到更高的成本或某种其他形式的负反馈，结果市场份额将稳定在某个可以预测的唯一的均衡水平上。然而，当我们允许正反馈或收益递增时，就会产生完全不同的结果。例如，以几年前的在线服务市场为例。在这个市场上，主要是三家公司在竞争：Prodigy，Compuserve 和 America Online（美国在线）。当一家公司的会员基数得到扩大之后，它就可以提供更广泛的服务项目，让更多的会员分享专门的服务和定制的聊天室，以满足自己的爱好。这也就是说，扩大会员基数是收益递增的。Prodigy 是最早进入这个市场的企业，但是后来者美国在线却抓住机会，通过适当的策略获得远超同侪的无可比拟的优势。到今天，它已经占据主导地位了。如果情况稍有不同，那么它的竞争对手就可能已经占据了市场。请注意这里呈现在我们面前的一些性质：存在多种潜在解，实际达到的结果是不可预见的，经常会被锁定，结果不一定是经济上最有效的，结果取决于所采取的历史路径，尽管各公司在开始时可能是平等的，但是结果却是不对称的。在存在类似的正反馈的非线性物理学中，这些性质不难找到各自的对应物。经济学家所说的多重均衡、不可预测性、锁定、无效率、历史路径依赖性和不对称性，大体对应于物理学家所称的多重亚稳定状态、不可预测性、相位或模式锁定、高能基态、非遍历性和对称性破坏。[1]

在经济学中，收益递增问题已经被讨论了相当长的时间。早在 100 多年前，阿尔弗雷德·马歇尔（Alfred Marshall）就曾经指出，如果一个厂商能够通过扩大自己的市场份额来占据优势，那么"任何率先获得良好开端的厂商都可以获得垄断地位"。但是，传统的静态均衡方法无法克服不确定性带来的障碍：在存在多重均衡的情况下，怎样才能达到其中的某个均衡呢？面向过程的复杂性方法提出了解决这个问题的一个途径。在实际经济中，各种小的随机事件时时刻刻都在发生。例如，在前面举的在线服务的例子中，就会发生诸如随机接口改进、新产品推出、好口碑、用户推荐这类的事件。

随着时间的推移，收益递增会放大这种事件对随机选择结果的累积效应。因此，在研究经济学中的收益递增问题时，最好将它视为具有随机事件和自然正反馈的动态过程，即非线性随机过程。这种从静态视角到过程导向的转变，在复杂性研究中是极为常见的。现在，收益递增问题在市场分配理论、国际贸易理论、技术选择进化理论、经济地理学，以及对贫困化和族群隔离模式的研究中，都已经得到了大量的研究。在所有这些研究领域，研究者们得到了一个共同发现，那就是经济结构可能因某些小事件固化并被锁定。这个共同发现已经开始改变政策，使决策者意识到政府施政必须避免两个极端：强制实现预期的结果，或者完全放任自流，而应该设法将系统"轻轻地推到"能够生长和自然涌现出结构的那个方向上去。这不是一只"沉重的手"，也不是一只"看不见的手"，而是一只"轻推的手"。

一旦我们采纳了复杂性视角，强调结构的形成而不是强调给定结构的存在，那么经济学中预测问题就会变得完全不同。传统的常规经济学方法试图回答的是，在某个特定的问题中，假设预测模型或预期模型是由所有行为主体给出并共享的，那么什么样的预测模型是与该预测模型部分生成的实际时间序列是一致的，这一般而言是可以得到验证的。这种"理性预期"方法在一定范围内是有效的。但是，它必须假设行为主体能够预先以某种方式推导出什么模型是有效的，并且每个人都知道并使用这个模型，即共同知识假设。关键是，当预测模型不那么"显而易见"，并且对他人的预期不知情的行为主体必须独立成形的时候，又会怎么样呢？

"归纳理性"的胜利

作为例子，考虑我提出的"爱尔法鲁酒吧"问题。假设有 100 个人，每个人每个星期都必须独立地做出决定，要不要去他们最喜爱的酒吧，即圣塔菲的爱尔法鲁酒吧去消遣。规则是：如果某个人预测同一天会有超过 60 个人去酒吧，那么他或她为了避免拥挤嘈杂就选择留在家里；如果预测不到 60 个人会去，那么他就选择去。我们想知道的是，这些酒吧客人怎么预测每个星期将会出现在酒吧的人数，以及由此导致的数字序列的动力学。请注意，这个问题有两个特点。第一，我们的行为主体很快就会意识到，对有多少人会去酒吧的预测取决于其他人对多少人会去的预测，因为这决定了他们的"到场率"。但是，其他人的预测又取决于他们对其他人预测的预测。运用这种演绎推理时，存在着一个无限的回归。没有任何一个"正确"预期模型可以被假定为共同知识，而且从行为主体个人的角度来看，这个问题无法明确界定。不仅仅这个问题是这样，绝大多数预期问题都是这样。第二，更加令人讨厌的是，任何一个"共同预期"都会被打破或落空。如果所有人都运用预测只有少数人会去的预期模型，那么所有人都会去，从而证伪了这种模型。同样地，如果所有人都相信大多数人会去，那么没有人会去，这样会使这种信念归于无效。因此，每个人的预期将被迫变得不同。

1993 年，我针对这种情况构建了一个模型。假设行为主体在决定去不去酒吧时，他们会采取一种归纳推理的方法，即把他们视为统计学家，每个人都从一系列主观选定的预期模型或预测假说开始"工作"。每个星期，他们根据他们目前拥有的最准确的模型来采取行动，我将这些模型称为他们的活跃预测器。因此，行为主体的各种信念或假说要在它们自己创造的"生态"中相互竞争。

计算机模拟结果表明（如图 12-1 所示），平均到场人数很快就会收敛到 60 这个数值上。各预测器自组织成了一个均衡的生态。在所有活跃的预测中，平均来说有 40% 预测到场人数会多于 60 人，有 60% 预测到场人数将少于 60 人。这种涌现出来的生态从本质上看是有机的，因为虽然活跃预测器组成的"种群"按 60∶40 的平均比率划分为两个"子种群"，但是每个"子种群"的成员永远都在不断地变化。那么，预测器为什么会自组织成平均到场人数为 60 人、所有活跃预测器按 60∶40 的比率划分这种状态呢？为了回答这个问题，不妨假设 70% 的预测器在相当长的时间内都预测出场人数多于 60 人，那么平均来说将只有 30 个人会去酒吧。但是，这个结果验证了那些预测到场人数接近 30 人的预测器，从而会将生态恢复到均衡水平。40%∶60% 这个"天然"组合成了一个涌现出来的结构。"爱尔法鲁酒吧"问题代表了一个具有复杂动力学的微型预期经济。

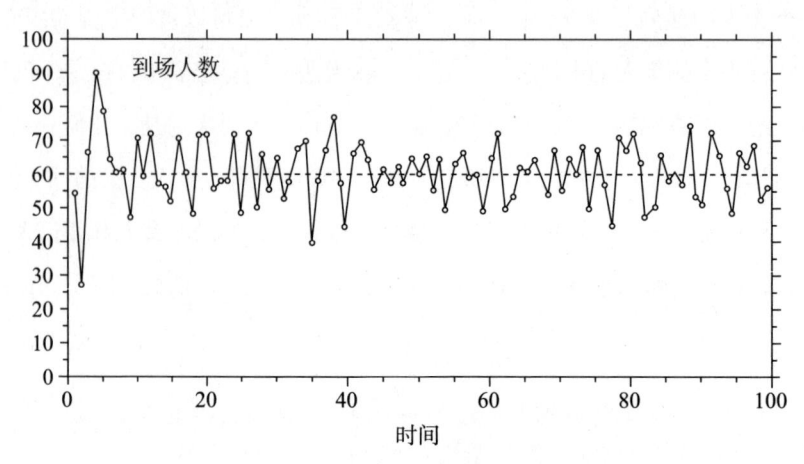

图 12-1 该酒吧前 100 周的到场人数

经济世界怎能少了"泡沫"和"崩溃"

这种思想的一个重要应用是在金融市场领域。关于金融市场的标准理论假设了理性预期,即行为主体会采用统一的预测模型,在平均水平上,模型的有效性可以由其预测的价格得到验证。这个理论在只存在一阶预期的情况下确实很有效,但是它不能解释实际市场上出现的大量"异常现象"。例如,意外的价格泡沫和崩溃、价格变动的高波动期和低波动期的随机交替出现,以及基于近期历史价格模式的技术交易方法的大量使用。

霍兰德、勒巴伦、帕尔默、泰勒和我建构了一个模型,放松了理性预期假设。像在"爱尔法鲁酒吧"问题中一样,我们的假设是,投资者无法直接提出或通过演绎推理的方法推定预期,而是必须自己去发现它们。在我们基于计算机的人工股票市场中,行为主体不断地创造并使用多个关于未来市场价格和股息的假说或预期模型,这些模型都是个人化的、主观的。当然,我们这个人工股票市场中的"投资者",实际上是一些人工智能计算机程序,他们可以生成和舍弃预期假说,并根据他们目前最准确的假说进行出价和要价。股票价格产生于他们的出价和要价,因此最终形成于行为主体的预期。这也就是说,这个基于计算机的市场是一个自足的人工金融世界。像"爱尔法鲁酒吧"一样,它也是一个小型生态。在这个生态中,各种预期在一个由这些预期自身创造的世界中相互竞争。

在这个基于计算机的人工市场中,我们发现了两种"相"或"体制"。如果设定参数使我们的人工行为主体只能缓慢更新他们的假说,那么预期的多样性会迅速坍塌成为同质的理性预期。原因是,如果大多数投资者的预期都接近理性预期,那么由此而得到的结果,即价格将验证这种预期,同时预期模型"种群"出现的偏差或突变预测都将被证明是不准确的。在这种特殊情况下,标准的金融理论仍然成立。但是,如果假说的更新率稍有增加,那么市场就会出现"相变",转入"复杂体制",并呈现出我们在真实市场中观察到的那些"异常现象",从而开启了一个丰富多彩的"心理世界"。不同信念,不会随着时间的流逝而收敛。在由各种假说组成的"种群"中,像"如果市场趋于上升,那么预测价格会上涨1%"这样的预期规则一旦随机出现,就会相互加强,因为只要有足够多的投资者根据这类预期规则采取行动,那么价格确实就会上涨。因此,相互加强的预期的子群体出现后,行为主体就会在这些预期上"投下赌注",这样技术交易就出现了,从而导致偶尔的价格泡沫和崩溃。在我们的人工模拟市场中,也出现了在价格波动的高峰期之后,低波动期随之而来的现象。这是因为,如果一些投资者发现了新的可以带来利润的假说,他们就会使市场出现些微的变化,进而导致其他投资者也改变他们的预期。因此,所有尺度上的信念变化都会像雪崩一样造成市场波动,导致市场上高波动期和低波动期交替出现。实际的金融市场也呈现这些现象,因此我们不妨推测,实际的金融市场是属于这种复杂的体制的。

经济是依赖于过程的、有机的和永远进化的

经济学已经花费了整整两个世纪的时间研究均衡,即不要求进行进一步行为调整的静态模式。现在,经济学家终于开始研究经济中的结构涌现和模式展开了。复杂经济学不是静态的传统经济学理论的暂时附属物,而是更加一般的、超越了均衡层面的理论。这种方法的活力在经济学的所有领域都能感觉到:博弈论、货币和金融理论、经济学习、经济史、贸易网络的进化、经济的稳定性,以及政治经济学。它有助于我们了解和应对诸如市场不稳定性、垄断的出现和

贫困的持续性等众多现象和问题。它告诉我们，政策要想成功，只能通过影响经济结构形成的自然过程，而不能通过强行实现某种静态结果。

当然，即使我们超越均衡框架去观察，经济模式有时也会落入标准经济学的简单的、同一的均衡当中。然而，更加常见的情况必然是，经济模式时刻处于变化中，总是为我们呈现新异行为和涌现现象。因此，复杂经济学认为，经济不是确定的、可预测的、机械的，而是依赖于过程的、有机的、永远在进化的。[2]

未来的经济学原则

表 13-1 是我于 1979 年 11 月 5 日写在我的研究笔记上的,现在我把它收录在本书中。这不仅是因为,在过去很多年里,这张表被引用了很多次,而且还因为本书收录的这些文章的思想源头就在这张表中。

表 13-1　　　　　　　　　新旧经济学的对比

旧经济学	新经济学
收益递减	报酬递增将大行其道
以边际主义为基础(新古典)	其他可能的原则(例如会计原则)
最大化原则(利润动机)	秩序原则
偏好给定	偏好的形成将成为核心研究议题
个体自私	个体不一定自私
社会只是背景	制度走上前台,成为各种可能性、秩序和结构的主要决定者之一
技术给定或根据经济来选定	技术从一开始就是可变的,然后倾向于固定

续表

旧经济学	新经济学
本质上是决定论的、可预测的	非决定论的。因为振荡和奇异吸引子（以及类似的东西）不可预测
建立在19世纪的物理学理论的基础之上（均衡、稳定性、决定论的动态）	建立在生物学理论的基础之上（结构、模式、自组织、生命周期）
时间。完全不考虑时间（德布鲁）	时间成为核心
对时间做表面化的处理（增长理论）	时间与年龄紧密联系
基本不考虑年龄	个体生命成为核心因素。年龄就是时间
强调数量、价格与均衡	强调（位置、技术、制度及机会的）结构、模式和功能
经济的元素是数量和价格	经济的元素是模式和机会。在每个社会，相容的结构完成特定功能（参阅人类学）
所用的语言：19世纪的数量和博弈论，不动点拓扑	更定性化的语言。承认博弈论有更多定性用途。其他有用的定性数学工具
实际上没有代际之分	世代更替成为核心。经济体的成员在不断变化、人口的年龄结构也在不断变化。经验"代代相传"
大量使用各种统计指标	关注个体生命。每个人都是独立的、不同的。不断在个体层面与总体层面之间切换。将出现不同的福利指标且只是粗略的度量。个体寿命成为一个指标
因为一切事物都处于均衡，所以不存在真正意义上的动力学。（这类似于周期运动的单摆。）没有真正意义上的变化，而只有"动态的悬浮"	经济永远处于"时间边缘"上，不断向前迈进。结构永远在组合、退化和发展变化。这一切之所以发生，是由于外部性、收益递增、交易成本、结构性排斥所导致的不稳定的运动

续表

旧经济学	新经济学
如果不存在外部性，同时所有人的能力都相等，那么我们就会到达天堂	外部性和人与人之间的差异成了驱动力量。天堂并不存在。经济系统永远在展开自身
绝大多数问题都无法回答。统一的系统不可兼容	许多问题仍然很难回答。但是假设已经很清晰
"可检验的假说"（萨缪尔森语）。假设存在各种定律	模型拟合数据（例如实验数据）。拟合就是拟合。真正的定律不存在。定律会改变
将研究对象视为结构简单的事物	将研究对象视为天生复杂的事物
把经济学视为"软"的物理学	将经济学视为极其复杂的科学
交换和资源驱动经济发展	外部性、差异、秩序规则、相容性、心智结构、家庭、可能的寿命以及收益递增驱动了制度、社会和经济

1979年，我在奥地利国际应用系统分析研究所工作。我阅读了很多生物学论著，其中特别是雅克·莫诺（Jacques Monod）和弗朗索瓦·雅各布（Francois Jacob）的工作成果，以及布鲁塞尔和斯图加特的几个研究小组关于自组织系统的研究成果。以这些思想为基础，加上我自己的思考，我逐渐认识到，未来的经济学与传统的经济学必定会大异其趣。未来的经济学是基于不同的原则的。我把我当时想到的"未来的经济学原则"写在了我的笔记本上，结果就是这张表。它还包括了一些关于人口统计学的想法，因为那是我当时最感兴趣的领域之一。

引 言　复杂性思维造就复杂经济学

1. 这本文集指的是《经济中的收益递增与路径依赖》(*Increasing Returns and Path Dependence in the Economy*)，布莱恩·阿瑟著，美国密歇根大学出版社，1994年出版。

2. 请参阅约翰·霍兰德和约翰·米勒（John Miller）的文章《经济理论中的人工适应主体》(*Artificial Adaptive Agents in Economic Theory*)，载于《美国经济协会会议文章》，1991年。

3. 请参阅达米安·夏利（Damien Challet）和张翼成（Yi-Cheng Zhang）的文章《协作组织在少数者博弈模型中的出现》，载于《理学A》(*Physica A*)，1997年。

4. 请参阅阿瑟于1993年发表在《科学美国人》第5期上的文章。

5. 请参阅理查德·伦斯基（Richard Lenski）等人的文章《复杂性特征的进化起源》(*The Evolutionary Origin of Complex Features*)，载于《自然》，2003年。

6. 请参阅阿瑟于1999年发表在《科学》杂志上的文章。

01 什么是复杂经济学

1. 请参阅《作为一个进化的复杂系统的经济》(*The Economy as an Evolving Complex System*)各卷。第一卷的主编是阿罗、安德森和派因斯,于 1988 年出版;第二卷的主编是阿瑟、布卢默和莱恩,于 1997 年出版;第三卷的主编是布卢默和杜尔劳夫,于 2005 年出版。关于"复杂经济学"思想的历史,请参阅丰塔纳(2010)和阿瑟(2010 b)的文章,更通俗一些的解释,请参阅沃尔德罗普(1992)和拜因霍克(2006)的著作。复杂经济学已经有了多种形式的变体,包括生成经济学(generative economics)、互动行为主体经济学(interactive agent economics)、基于行为主体的计算经济学(agent-based computational economics),请参阅爱泼斯坦(2006 a)、米勒和佩奇(2007)、特斯法齐和贾德(2006)的文章。

2. 关于复杂经济学的一般方法,也请参阅阿克斯特尔(2007)、科兰德(2000,2012)、爱泼斯坦(2006)、法默(2012)、贾协(2006)、基尔曼(2011)、罗瑟(1999)、特斯法齐(2006)等人的文章。"复杂经济学"这个术语是阿瑟于 1999 年首次使用的,见阿瑟(1999)的文章。

3. 请参阅布劳格(2003)、布朗克(2009,2011)、卡西第(2009)、科兰德等人(2009)、戴维斯(2007)、法默和格林纲科普洛斯(2008)、基尔曼(2010)、科普尔和卢瑟(2010)、克鲁格曼(2009)、米罗斯基(2002),以及辛普森(2002)的论著。

4. 1909 年,在与熊彼特交谈时,瓦尔拉也曾经表达过类似的观点,"从根本上说,生命是被动的,只有在受到自然或社会的影响时,才会调整自己来适应。因此,关于静态过程的理论,事实上就构成了整个理论经济学"(塔布,1999;莱斯曼,2004)。

5. 正如凯恩斯在 1937 年所指出的,"对于欧洲战争的前景、铜的价格以及今后 20 年的利率等事件,没有任何科学依据可以让我们得出可计算的概率。我们根本不知道"。

6. 索罗斯在1987年将此称为"反身性"（reflexivity）准则。

7. 对此，一种标准的反对性观点认为，如果允许行为主体的推理不是演绎式的，那么就意味着接受任意性的存在。靠什么去阻止行为主体，不会在这种随意的信念或行为中进行特别的选择，以达到某些有利的结果呢？这种情况当然是有可能发生的，但是这并不能证明退回到那种不切实际的"理性"行为模型的合理性。我们强调的观念是，不能为了简化分析而假设某种行为，而必须假设能够使模型更符合实际的行为。

8. 事实上，将这种情形称为"有限理性"可以说是用词不当。它意味着行为主体并没有利用自己所掌握的全部推理能力，而这在不确定性情形下往往是错误的。

9. 当然，"当前状况"也包括相关的历史或对于历史的记忆。

10. 现代计算思想将计算视为持续的、同时的、并发的、分布的，而且也是概率化的。请参阅美国计算机协会2010年的"普遍存在研讨会"中《什么是计算》（*What Is Computation?*）一文，也可以参阅拜因霍克的论著（2011）。

11. 在前面，我曾经指出经济的未来是不确定的，严格地说就是经济中并不存在完美的算法规则。因此，在现在这个思想实验中，我假设了一个"上帝"，他可以决定每个行为主体在所有情况下的行为反应。

12. 包括它是否收敛，或始终停留在某个极限的给定领域内。

13. 例如，在著名的"爱尔法鲁"问题中，请参阅阿瑟1994年的文章，其中就出现了一个这种类型的生态系统。在那个生态系统中，存在一个全局均衡吸引子状态，但是个体的预测却一直在不断变化。打个比喻，这就像虽然单棵树是一直在变化，但是整个森林的形状却可以保持不变。

14. 需要注意的是，我们总是可以将任何一个算法模型重写为方程式的模型，因为任何图灵机的计算都可以用方程式来表示，因此严格地说，基于计算机的分析和标准的分析一样都是数学分析。请参阅爱泼斯坦2006年的论著。

15. 关于计算在数学、物理学、生物学和地球科学等学科中构建理论模型时的作用，请参阅罗伯逊（2003）、贝利（2010）和蔡廷（2006）的文章。

16. 当然，我们也可以将这个过程建模为一个包括了交通堵塞在内的稳态随机过程，并人为地称之为"均衡"过程。一些新古典模型就是这样做的，请参阅安杰勒托斯（Angeletos）和拉（La）(2011) 的文章。这类模型似乎可以否定我的观点，因为我说过标准经济学并不处理非均衡问题。但是，更细致的考察表明，这种非均衡行为一直包含在总体均衡的表象之下，特别包含在一些保持静止的总体随机过程之中，因此被认为处于"均衡"之中。这类模型拓展了"处于均衡"之中的新古典主义范式，但是它们的核心是非均衡过程，因此我将它们纳入到这里来讨论。

17. 请参阅索罗斯1987年的文章，他认为"股票市场就是各种不同的观点接受检验的地方"。

18. 关于社会网络，相关文献可谓汗牛充栋。例如，读者可参阅阿尔伯特等人（Albert et al., 2002）、艾伦和盖尔（2000）、梅等人（2008）、纽曼等人（2006）的论著。网络可能是相互"维稳"的，如当一家银行为另外一家银行提供保险时，也可能会相互破坏，如当损失级联性波及整个金融体系时。网络拓扑学研究事件如何快速传播，以及网络互联性是否能提高网络的稳定性，请参阅谢弗尔等人（Scheffer et al., 2012）的文章。

19. 它们的概率与$\exp(-|传播长度|)$成正比，而不是与大的正态偏差指数$\exp(-(传播长度)^2)$成正比。

20. 在标准经济学中，这些特征之所以不会出现，是因为标准经济学认为行为主体只会对给定的均衡价格做出反应，不会因其他行为主体的行为影响价格的波动而做出反应，因此单个行为主体的随机变化是独立的，是可以加到一起的。这就导致了正态分布。

21. 因此,这种形式的经济学就被称为"复杂经济学"。

22. 在经济学中,关于"中观"(meso)这个术语的早期用法,请参阅多普弗(Dopfer,2007)、埃尔斯纳和海因里希(Elsner & Heinrich,2009)的文章。

23. 但是一般而言,这种说法并不正确,许多经济状况并不拥有导致均衡吸引子的力量。

24. 对于经济形成的研究,还有其他复杂性方法,可以参阅希尔达科(Hildago)和豪斯曼(Hausmann)(2009)、莱恩等人(2009)的文章。关于结构变化,请参阅诺思(1981)的文章。

25. 熊彼特在1912年认为新产品、新技术组合是经济形成,用他的话来说是"经济发展"的主要动力。

26. 政治经济学家威廉·塔布(William Tabb),在1999年对结构性变化进行了这样的阐述:"技术革命和政治变革为各种各样的经济可能性创造了条件,而后者又为看似稳定的若干可持续的时期创造了条件。在这些时期中,为适应累积的社会结构变化而设计的监管制度,会呈现出一种有序的进步表象。这些制度形式虽然适合某个发展阶段,但是随着新力量的发展和新的生产关系的出现,就变成了拖累,生机勃勃的市场力量会带来各种各样的社会问题。当这些问题严重到了必须解决的地步时,新的规则、新的监管法规和新的制度就会破壳而出。"

27. 类似的观点也适用于胚胎发展理论、生化过程理论、分子基因理论,以及细胞生物学理论。例如,有丝细胞分裂模型不涉及任何数学方程,却有一系列便于理解的可能是复杂的阶段和步骤。

28. 读者也许可以试着将这个理论翻译成我们熟悉的术语,如劳动、资本和增长等。这是有可能做到的,但我更倾向于将它作为"想象"或理解经济变化的另一种有效途径，就像 MRI 成像仪不同于传统的 X 射线成像仪一样。

29. 2006 年，沃尔夫冈·波拉克和我成功地利用计算机，构建了一个关于创造过程的模型，在这个模型中，通过对以前的技术，即电路进行组合，越来越复杂的技术，即数字逻辑电路从最初的简单技术中涌现出来。

30. 关于经济学的这两大"分支"，请参阅塔布的出色的分析（塔布，1999），也请参阅布朗克（2009）的文章。

31. 请参阅霍尔特等人（2010）和戴维斯（2007）的文章。

02 "爱尔法鲁酒吧"问题

1. 关于这种解决问题的方法的心理学文献，请参阅 R. 尚克（Schank）和 R. P. 阿贝尔森（Abelson）（1977）、戴维·鲁梅尔哈特（David Rumelhart）（1980）、戈登·H. 鲍尔（Gordon H. Bower）和欧内斯特·希尔加德（Ernest R. Hilgard）（1981），还有约翰·霍兰德等人（1986）的文章。当然，并不是所有决策问题都是以这种方式解决的。绝大多数日常动作，如步行或驾驶，都是在潜意识引导下完成的，即"模式-认知"直接映射为动作。对于这种情况，互联主义模型可以解释。

2. 类似的结论，也适用于进化博弈论中的各种策略，不过两者之间还是有所不同。在进化博弈论中，并不存在大量个人的主观预期模型，而只有少数策略在相互竞争。

3. 这让我们想起传奇棒球运动员约吉·贝拉（Yogi Berra）说过的很著名的一句话。当有人问他，为什么不再去圣路易斯著名的鲁杰里（Ruggeri）餐馆吃饭了？他的回答是："不会再有人去那里了，那里实在太拥挤了。"

03 圣塔菲人工股票市场

1. 这篇文章的一个早期版本，请参阅帕尔默等人（1994）的文章。

2. 关于这个问题的经典论述，请参阅卢卡斯（1978）的文章，或者迪巴（Diba）和格罗斯曼（Grossman）（1988）的文章。

3. 有关证据请参阅弗兰克尔（Frankel）和弗鲁特（Froot）（1990）的文章。

4. 在此不妨引述最成功的交易者之一乔治·索罗斯在 1994 年所说的一段话："这种有效市场理论对金融市场运行方式的解释，严重歪曲了现实……这个明显不真实的理论，竟然被如此广泛地接受，这实在是一件令人啧啧称奇的事情。"

5. 有关圣塔菲研究所的人工股票市场的早期报告，见帕尔默等人（1994）的文章。

6. 还有第二个解，那是一个常数指数增长的解，通常可以通过适当的横截性条件将它排除掉。

7. 这个术语是汤姆·萨金特在 1993 年首创的。像我一样，萨金特也认为，在宏观经济背景下，为了形成预期，行为主体需要先成为某种"市场统计学家"。

8. 将归纳推理应用于资产定价和决策问题的早期研究，请参阅我以前写的几篇文章（阿瑟，1992，1994，1995）。例如，"爱尔法鲁问题"，也请参阅萨金特（1993）的文章。关于心理学以及适应问题的相关文献中对归纳推理的研究，请参阅霍兰德等人（1986）、鲁梅尔哈特（1977），以及尚克和阿贝尔森（1977）的文章。

9. 在一定意义上，他们是在利用市场数据来学会运用适当的预期模型，并在预期模型之间切换。完美的归纳理性当然也是不确定的。会学习的行为主体的智力可高可低，在不知道他人的学习方法时，无法先验地确定他们的学习方法是不是最有效的。他们要想知道他们的方法的有效性，只有用市场数据来检验。

10. 在写作本章时，我们发现，如果我们只改变遗传算法的调用速率，那么这两种体制都会出现，而且结果在本质上是相同的。

11. 在一个更简单的模型中，布卢姆（Blume）和伊斯利（Easley）在1982年从数学上证明了，理性预期均衡的进化稳定性。

12. 我们也尝试过，当这些实验运行到100万期时，也没有观察到技术交易位消失的迹象。

13. 这里的峰度指的是过量峰度，如峰度 −3。

14. 自相关的波动率，通常与广义自回归条件异方差时间序列拟合，因此这种行为被称为"广义自回归条件异方差行为"。请参阅波勒斯莱弗等人（1990）、古德哈特和奥哈拉（1995）的文章。

15. 对于不同模型中的波动率聚类的讨论，请参阅尤瑟弗米尔（Youssefmir）和胡伯曼（Huberman）（1995），以及格兰南和斯温德尔（Grannan & Swindle，1994）的文章。

16. 模型设计时的不同选择会导致不同的结果。我们在评估预期信念的准确性时，所依据的是它们的准确性，而不是它们带来利润的能力。在现实世界的市场中，这种替代方案可能会产生不同的结果。例如，在存在"滑点"的情况下，即指市场一方的交易者很难找到市场另一方的交易者时，如果根据上涨预期买进时用利润而不是用准确性来验证，那么就会得到不同的结果。尽管没有证明，但是我们还是认为，这两个标准会导致相同的定性结果。

17. 索罗斯在1994年也提出了这样的观点，我们在这里采用了他的"反身性"这个术语。

04　收益递增和路径依赖

1. 见 H. 金（H. Kim）、A. 莫尔斯（A. Morse）和 L. 辛加勒斯（L. Zing-ales），

《自20世纪70年代以来经济学中的重要工作》,载于《经济展望杂志》,2006年,第20卷,第4期。

2. 罗森伯格(Rosenberg,1982)称之为"干中学",请参阅阿特金森和斯蒂格利茨(1969)的文章。例如,像波音727这样的喷气式飞机的设计,不仅经历了反复的修改,同时还通过航空公司的飞行,积累了大量实际的使用经验,所以它们在结构健全性、机翼设计、有效载荷能力和发动机效率等方面都有了显著的改进。

3. 这里使用了一些我引入的术语(阿瑟,1983)。"资助开发的技术"(sponsored technologies)是专有的、能够被定价和策略性地加以操纵的;"无资助技术"则是通用的,不能被操纵或定价的。

4. 在技术正处于不断改进的时候,使用者在某些情况下"暂且等待一段时间"可能是合算的,但这会导致技术不被采用。请参阅巴尔塞和李普曼(Balcer & Lippman,1984)、马默(Mamer)和迈克卡德尔(McCardle)(1987)的文章。为了避免这个问题,我们可以假设采用者需要先采用某种过时的技术,该技术在时间 $\{t_i\}$ 分崩离析。

5. 更现实的情况是,技术带来的货币收益具有不确定性。对于这种情况,我们可以假设一个冯·诺伊曼-摩根斯坦型行为主体,那样一来,表4-1就可以解释为由此而得到的确定的预期效用型收益。

6. 另一个可以用的效率标准是在n次选择之后的总收益。但是,在目前这个问题中,我们的行为主体有两种类型,且具有不同偏好。根据所谓的"贪婪算法",每个行为主体都会选择当前对自己来说最好的选择。很容易就可以证明,在任何收益体制下,总收益的最大化从来都是无法保证的。

7. 在讨论收益递增情况下的商品竞争动力学的文献中,也发现了类似的结果,请参阅斯彭斯(Spence,1981)、弗登伯格(Fudenberg)和梯若尔(Tirole)(1983)的文章。

8. 关于这项研究，更通俗的一个版本请参阅阿瑟、埃尔莫利耶夫和卡尼奥弗斯基（1987a）的文章。

9. 这方面的例子还包括，英国铁路采用的窄轨距，请参阅金德尔伯格（Kindleberger，1983）的文章；美国的彩色电视制式；20世纪50年代的编程语言FORTRAN；当然还有QWERTY键盘，请参阅阿瑟（1984）、戴维（1985）、哈特威克（Hartwick，1985）的文章。在这些例子中，收益递增的来源是网络外部性，而不是学习效应。法勒尔（Farrell）和沙隆纳（Saloner）还研究了被锁定的技术标准的突破（1985，1986）。

10. 有趣的是，迟至1904年，弗莱彻（Fletcher）还说："……除非汽油动力汽车这些令人反感的特点全都突然消失了，否则它必定会被它那个不令人讨厌的对手，即蒸汽动力汽车赶出市场。"

11. 对非凸性和路径依赖的重要性的早期研究，请参阅戴维（1975）的文章。

12. 受资助的技术之间的竞争，受这个缺失的市场的影响较小。提供资助的厂商能够更容易地独占日后的收益，因此他们有动机去开发最初成本昂贵但有前途的技术。此外，为资助技术开发的投资者提供融资的金融市场，以及为那些可能做出"错误"选择的采用者提供保险的保险市场，也能够减轻风险厌恶者的损失。当然，如果一种产品获得了成功并锁定在了市场上，那么也可能会出现垄断定价问题。关于相关政策的进一步讨论，读者可以参阅戴维（1987）的文章。

13. 对于影响技术的其他选择机制，请参阅多斯（Dosi，1988）、多斯等人（1988），以及梅特卡夫（Metcalfe，1985）的文章。

05　经济中的过程与涌现

1. 因为一个先验的跨期均衡，几乎肯定不能算是一个机制。

2. 诺曼·帕卡德（Norman Packard）在圣塔菲研究所1987年会议上的报告，

谈到了这个"动态系统"方法的问题。他指出:"如果一组相关变量随时间变化,那么状态空间本身就是随时间变化的,这与常规动力系统模型不相称。"

3. 约翰·霍兰德提交给圣塔菲研究所 1987 年的会议文章完美地、准确地勾勒了这些特征。关于"圣塔菲方法"的早期描述,读者也可以阅读圣塔菲研究所经济研究计划 1989 年 3 月的那篇通讯稿《涌现特征》。

4. 不过委托代理理论和交易成本经济学除外,在这两种理论中,会出现一个简单的层级结构。

5. 在这里,我们不需要细究构成经济"单位"和"层次"的到底是什么,因为这因问题情境而异。

6. 关于交互网络的社会学文献汗牛充栋。入门型文献,读者可以阅读诺里亚(Noria)和埃克勒斯(Eccles)的论著。格兰诺维特(Granovetter)撰写的一篇题为"经济社会学的解释问题"的文章非常值得一读。关于方法论方面的讨论,请参阅沃瑟曼(Wasserman)和福斯特(Faust)的综述。

06 再好的经济和社会系统也会被"玩弄"

1. 关于经济学对 2008 年金融危机,以及其他危机的"失语",有关的批判性论著,请参阅科兰德等人(2008)、科普尔和卢瑟(2010)的文章。

2. 1991 年版的《微软词典》,是在第一层含义上使用"剥削"一词的:对现有机会的利用和提炼。该辞典还对"剥削"与"探索"进行了对比,"探索"指不断寻找新的机会。在本文中,"剥削"一词同时包含了这两个要素,因此我们将要讨论的是,行为主体如何探索机会并利用它。

3. 维基百科在 2010 年 10 月 9 日将"玩弄"定义为:"为了得到自己想要的结果,而'使用'本来旨在保护系统的规则和程序去操纵系统。"

4. 请参阅怀特(White,2009)的论著。

5. 请参阅尼克尔斯（Nichols）和柏林纳（Berliner, 2007）的论著。

6. 请参阅克里斯特尔（Chrystal）和迈曾（Mizen, 2001）的论著。

7. 关于我在这里描述的这些步骤的具体实现方法，请参阅阿瑟等人（1997）的文章。

8. 一种相当符合现实的做法是，我们可以允许行为主体共享哪些策略有效的信息，并允许这种信息在种群中传播。同时，我们可以假设，如果某种策略是有效的，那么人们将会注意到它并生成该策略的各种变体，即他们将会围绕这个策略进行"探索"。

07 技术究竟是如何进化的

1. 奥格本（Ogburn）早在1922年就提出了新的技术由原先存在的组件，即技术构建而成的观点。另外，肯普弗特（Kaempffert）在1930年也指出，新技术是"机械元素的复合体，而这些元素是作为社会遗产的一部分而积累起来的"。关于这个思想的更全面和更严格的论述，请参阅阿瑟的相关文章。

2. 我们可以说，在"集体意义"上，技术是自我生产的或自创生（autopoietic）的。"自创生"这个术语是马图拉纳（Maturana）和万利拉（Varela）首创的。当然，技术自身创造了自身这个论断是需要证明的。从根本上说，所有技术都是从对现象的驾驭和利用中创造出来的。但是现象又是通过现有的物理设备和手段，即通过现有技术而被驾驭的。因此，如果我们认同现象被现有技术利用了，同时我们把创造新技术归入人类活动的类别，那么我们就可以说技术自身创造了自身。

3. 对于这个网络，更加恰当的定义方法是看什么带来了什么，什么使得什么成为可能，而不能仅仅简单地用每种新技术中包含什么组件来定义。

08 技术进化所引发的经济进化

1. 这个定义取自 Dictionary.com 网站，WordNet 3.0，美国普林斯顿大学，2008 年。

2. 关于工业革命的历史，请参阅兰德斯（1969）、莫克尔（1990）和阿什顿（1968）等人的文章。

3. 这句话引用自 M. E. 罗斯（1981）。也请参阅 P. W. 巴特里普（Bartrip）和 S. B. 布曼（Burman），于 1983 年发表的文章。

4. 拉普（Rapp）在 1989 年也提出了一个类似的想法。

09 复杂性的进化

1. 这个引文要感谢丹·麦克谢（Dan McShea）的指点。

2. 通用电气飞机发动机公司的迈克尔·贝利（Michael Bailey）的个人通信。

3. 如果它们可以很容易地相互替换的话，载体确实会改变。例如，假设对任何一种基础资产都可以创设期权，那么在这种情况下，载体可以而且确实在快速改变。但是，基础资产的本质属性，即作为一个承载了不确定价值的对象，却在所有情况下都依然是必要的，而且不会改变。

10 认知科学

1. 正文引用的诗句来自爱尔兰诗人叶芝的诗《经柳园而下》(*Down by the Salley Gardens*)，是其中的第 1、2、7、8 句。全诗原文如下：Down by the salley gardens my love and I did meet; She passed the salley gardens with little snow-white feet. She bid me take love easy, as the leaves grow on the tree; But I, being young and foolish, with her would not agree. In a field by the river my love and I

did stand, And on my leaning shoulder she laid her snow-white hand. She bid me take life easy, as the grass grows on the weirs; But I was young and foolish, and now am full of tears. 傅浩先生的译文为：我的爱人和我确曾相会在柳园下边，她那一双雪白的小脚款款走过柳园。她让我从容看待爱情，如树头生绿叶，可我，年少无知，不愿听从她的劝诫。我的爱人和我确曾伫立在河畔田间，她那只雪白的小手搭着我斜倚的肩。她让我从容看待人生，如堰上长青草，可我，那时年少无知，如今悔泪滔滔。

11 确定性的终结

1. 这个例子是在普雷斯科特（Prescott）和维斯克（Visscher）的文章"具有远见的企业的序贯选址决策"的基础上改写的，原文载于《贝尔经济学杂志》，1977年。

结　语　复杂的经济需要复杂经济学

1. 我避免给出"复杂性"和"复杂系统"的确切定义。从技术上讲，我描述的系统是指"自适应非线性网络"（adaptive nonlinear networks）——这是约翰·霍兰德使用的术语，并且在通常情况下，它们表现出与潜在模式的多样性或与子结构的一致性或传播有关的某些特性。我将这样的系统称为"复杂"系统。复杂系统的定义差别较大。

2. 感谢J. 卡斯蒂（J. Casti）和史蒂文·杜尔劳夫对这篇文章的点评。

01 什么是复杂经济学

ACM Ubiquity Symposium: *What Is Computation?* 2010.

Angeletos, G-M., and J. La'O, "Decentralization, Communication, and the Origins of Fluctuations," NBER Working Paper 17060, NBER, Cambridge, MA, 2011.

Albert, R., H. Jeong, and A-L. Barabasi, "Attack and Error Tolerance of Complex Networks," *Nature*, 406, 379–382, 2000.

Allen, F., and D. Gale, "Financial Contagion," *Journal of Political Economy*, 108, 1, 1–33, 2000.

Arrow, K., P. Anderson, and D. Pines, *The Economy as an Evolving Complex System*, Addison-Wesley, Reading, MA, 1988.

Arthur, W. B., "Competing Technologies, Increasing Returns, and Lock-In by Historical Events," *Economic Journal*, 99, 116–131, 1989.

Arthur, W. B., "Bounded Rationality and Inductive Behavior (the El Farol problem)," *American Economic Review Papers and Proceedings*, 84, 406–411, 1994a.

Arthur, W. B., *Increasing Returns and Path Dependence in the Economy*, University of Michigan Press, Ann Arbor, MI, 1994b.

Arthur, W. B., S. Durlauf, and D. Lane, eds. *The Economy as an Evolving Complex System II*, Addison-Wesley, Reading, MA, 1997.

Arthur, W. B., J. H. Holland, B. LeBaron, R. Palmer, and P. Tayler, "Asset Pricing under Endogenous Expectations in an Artificial Stock Market," in *The Economy as an Evolving Complex System II*, (*op. cit.*), 1997.

Arthur, W. B., "Complexity and the Economy," *Science*, 284, 107–109, 1999.
Arthur, W. B., "Out-of-equilibrium Economics and Agent-based Modeling," in L. Tesfatsion and K. Judd, (*op. cit.* below), 2006.

Arthur, W. B., and W. Polak, "The Evolution of Technology in a Simple Computer Model," *Complexity*, 11, 5, 2006.

Arthur, W. B., *The Nature of Technology*: *What It Is and How It Evolves*, The Free Press, New York, 2009.

Arthur, W. B., "Exploitive Behavior in Policy Systems," Mss., IBM Almaden, 2010a.

Arthur, W. B., "Complexity, the Santa Fe Approach, and Nonequilibrium Economics," *Hist. Econ. Ideas*, 18, 2, 149–166, 2010b.

Axtell, R., "What Economic Agents Do: How Cognition and Interaction Lead to Emergence and Complexity," *Rev. Austrian Econ.*, 20, 105–122, 2007.

Bailey, J., *Emerge: The Data-Rich Mathematical Infinitesimals of Life, MAPematics*, The Mapematics Institute, 2010.

Beinhocker, E., *The Origin of Wealth: Evolution, Complexity, and the Radical Remaking of Economics*, Harvard Business School Press, Cambridge, MA, 2006.

Beinhocker, E., "Evolution as Computation: Integrating Self-Organization with Generalized Darwinism," *J. Inst. Econ.*, 7, 3, 393–423, 2011.

Blaug, M., "The Formalist Revolution of the 1950s," *J. History of Economic Thought*, 25, 2, 145–156, 2003.

Blume, L., and S. Durlauf, *The Economy as an Evolving Complex System III*, Oxford University Press, New York, 2006.

Brock, W. A., J. Lakonishok, and B. LeBaron, "Simple Technical Trading Rules and the Stochastic Properties of Stock Returns," *Journal of Finance*, 47, 1731–1764, 1992.

Bronk, R., *The Romantic Economist: Imagination in Economics*, Cambridge University Press, Cambridge, UK, 2009.

Bronk, R., "Epistemological Difficulties with Neoclassical Economics," *Rev. Austrian Economics*, 2014.

Cassidy, J., *How Markets Fail: The Logic of Economic Calamities*, Farrar, Straus and Giroux, New York, 2009.

Chaitin, G., *Meta Math! The Quest for Omega*, Vintage Books, New York, 2006.

Chaitin, G., *Proving Darwin: Making Biology Mathematical*, Pantheon Books, New York, 2012.

Colander, D., and R. Kupers. *Laissez-Faire Activism: The Complexity Frame for Policy*, Princeton University Press, Princeton, NJ, 2014.

Colander, D. (ed.), *The Complexity Vision and the Teaching of Economics*, E. Elgar, Cheltenham, UK, 2000.

Colander, D., M. Goldberg, A. Haas, K. Juselius, T. Lux, H. Föllmer, A. Kirman, and B. Sloth, "The Financial Crisis and the Systemic Failure of the Economics

Profession," *Critical Rev.*, 21, 2, 2009.

Davis, J., "The Turn in Recent Economics and Return of Orthodoxy," *Cambridge J. Econ.*, 32, 349–366, 2008.

Dopfer, K., "The Pillars of Schumpeter's Economics: Micro, Meso, Macro," in Hanusch and Pyka, eds., *Elgar Companion to Neo-Schumpeterian Economics*. E. Elgar, Cheltenham, UK, 2007.

Elsner, W., and T. Heinrich, "A Simple Theory of 'Meso: ' On the Co-evolution of Institutions and Platform Size," in *Journal of Socio-Economics*, 38, 843–858, 2009.

Epstein J., *Generative Social Science*, Princeton University Press, Princeton, NJ, 2006a.

Epstein, J., "Remarks on the Foundations of Agent-based Generative Social Science," in Tesfatsion and Judd, eds., *op. cit.* (below), 2006b.

Farmer, J. D., and J. Geanakoplos, "The Virtues and Vices of Equilibrium and the Future of Financial Economics," *Complexity*, 14, 8, 11–38, 2008.

Farmer, J. D., "Economics Needs to Treat the Economy as a Complex System," Mss., 2012.

Fontana, M., "Can Neoclassical Economics Handle Complexity? The Fallacy of the Oil Spot Dynamic," *J. Economic Behavior & Organization*, 76, 584–596, 2010.

Fontana, M. "The Santa Fe Perspective on Economics," *Hist. Econ. Ideas*, 18, 2, 167–196, 2010.

Galla, T., and J. D. Farmer, "Complex Dynamics in Learning Complicated Games," Mss., 2012.

Haldane, A. G., "Rethinking the Financial Network," Speech at Financial Student Assoc., Amsterdam. Bank of England, 2009.

Harris, D. J., "Joan Robinson on 'History versus Equilibrium,' " J. Robinson Centennial Conference, Burlington, VT, 2003.

Hildago, C. A., and R. Hausmann, "The Building Blocks of Economic Complexity," *Proc. Nat. Acad. Sci.*, 106, 26, 10570–10575, 2009.

Holland, J., K. Holyoak, R. Nisbett, and P. Thagard, *Induction*, MIT Press, Cambridge, MA, 1986.

Holt R., J. Rosser, and D. Colander, "The Complexity Era in Economics," Middlebury College, 2010.

Hommes, C. H. "Bounded Rationality and Learning in Complex Markets," in Rosser, J. B., (*op. cit.* below), 2009.

Judd, K., "Computationally Intensive Analyses in Economics," in Tesfatsion and Judd, eds., (*op. cit. below*), 2006.

Keynes, J. M., "The General Theory of Employment," *Quarterly Journal of Economics*, 51, 209–233, 1937.

Kirman, A., *Complex Economics*, Routledge, New York, 2011.

Kirman, A., "The Economic Crisis Is a Crisis for Economic Theory," *CESifo Economic Studies*, 56, 4, 498–535, 2010.

Kopel, M., "Oligopoly Dynamics," in Rosser, J. B., (*op. cit.* below), 2009.

Koppl, R., and W. Luther, "BRACE for a New Interventionist Economics," Fairleigh Dickinson University, 2010.

Krugman, P., "How Did Economists Get It So Wrong?" *New York Times*, Sept. 6, 2009.

Lane, D., D. Pumain, S. van der Leeuw, and G. West (eds.), *Complexity Perspectives in Innovation and Social Change*, Springer, Berlin, 2009.

LeBaron, B., W. B. Arthur, and R. Palmer, "Time Series Properties of an Artificial Stock Market", *Journal of Econ. Dynamics and Control*, 23, 1487–1516, 1999.

Lindgren, K., "Evolutionary Phenomena in Simple Dynamics," in C. Langton, C. Taylor, J. D. Farmer, and S. Rasmussen, eds, *Artificial Life II*, Addison-Wesley, Reading, MA, 1991.

Louca, F., "Bounded Heresies: Early Intuitions of Complexity in Economics." *Hist. Econ. Ideas*, 18, 2, 77–113, 2010.

May, R., S. Levin, G. Sugihara, "Complex Systems: Ecology for Bankers," *Nature*, 451, 893–895, 2008.

Miller, J., and S. Page, *Complex Adaptive Systems: An Introduction to Computational Models of Social Life*, Princeton University Press, Princeton, NJ, 2007.

Mirowski, P., *Machine Dreams: Economics Becomes a Cyborg Science*, Cambridge University Press, Cambridge, UK, 2002.

Newman, M., A-L. Barabasi, and D. Watts (eds.). *The Structure and Dynamics of Networks*, Princeton University Press, Princeton, NJ, 2006.

North, D., *Structure and Change in Economic Theory*, Norton, New York, 1981.

Palmer, R. G., W. B. Arthur, J. Holland, B. LeBaron, P. Tayler, "Artificial Economic Life: A Simple Model of a Stock Market," *Physica D*, 75, 264–274, 1994.

Perez, C., *Technological Revolutions and Financial Capital*, E. Elgar, Cheltenham, UK, 2002.

Reisman, D., *Schumpeter's Market: Enterprise and Evolution*, E. Elgar, Cheltenham, UK, 2004.

Robinson, J., "Time in Economic Theory," *Kyklos*, 33, 2, 219–229, 1980.

Robinson, J., "What Has Become of the Keynesian Revolution?" in J. Robinson, ed. *After Keynes*, Basil Blackwell, Oxford, 1973.

Robertson, D. S. *Phase Change: The Computer Revolution in Science and Mathematics*, Oxford, New York, 2003.

Rosser, J. B., "On the Complexities of Complex Economic Dynamics," *J. Econ. Perspectives*, 13, 4, 1999.

Rosser, J. B., ed. *Handbook of Research on Complexity*, E. Elgar, Cheltenham, UK, 2009.

Samuelson, P. A., *Foundations of Economic Analysis*, Harvard University Press, Cambridge, MA, 1983 (originally 1947).

Sargent T. J., *Bounded Rationality in Macroeconomics*, Clarendon Press, Oxford, UK, 1993.

Scheffer, M., S. Carpenter, T. Lenton, J. Bascompte, W. Brock, V. Dakos, J. van de Koppel, I. van de Leemput, S. Levin, E. van Nes, M. Pascual, and J. Vandermeer, "Anticipating Critical Transitions," *Science*, 338, 19 Oct. 2012.

Schumpeter, J. A., *Das Wesen und der Hauptinhalt der theoretischen Nationalökonomie*. Dunker & Humbolt, Leipzig, 1908.

Schumpeter, J. A., *The Theory of Economic Development* (1912), Oxford University Press, London, 1961.

Schumpeter, J. A., *History of Economic Analysis*, Allen and Unwin, London, 1954.

Shackle, G. L. S., *Uncertainty in Economics*, Cambridge University Press, Cambridge, UK, 1955.

Shackle, G. L. S., *Epistemics and Economics*, Transaction Publishers, Piscataway, NJ, 1992.

Simpson, D., *Rethinking Economic Behaviour*, St. Martin's Press, New York, 2002.

Smolin, L., "Time and Symmetry in Models of Economic Markets," Mss., Feb 2009.

Smolin, L., *Time Reborn*. Houghton, Mifflin, Harcourt, New York, 2013.

Solow, R., "Technical Change and the Aggregate Production Function," *Rev. Economics and Statistics*, 39, 312–320, 1957.

Soros, G., *The Alchemy of Finance*, Simon & Schuster, New York, 1987.

Tabb, W., *Reconstructing Political Economy*, Routledge, New York, 1999.

Tesfatsion, L., and K. L. Judd, eds., *Handbook of Computational Economics: Vol. 2. Agent-Based Computational Economics*, North-Holland Elsevier, New York, 2006.

Tesfatsion, L., "Agent-Based Computational Economics: A Constructive Approach to Economic Theory," in Tesfatsion and Judd, *op. cit.*, 2006.

Turing, A. M., "On Computable Numbers, with an Application to the Entscheidungsproblem," *Proc. London Math. Society*, Series 2, 42, 1936.

Waldrop, M., *Complexity*, Simon & Schuster, New York, 1992.

Watts, D., "A Simple Model of Global Cascades on Random Networks," *PNAS*, 9, 5766–5771, 2002.

Wolfram, S., *A New Kind of Science*, Wolfram Media, Champaign, IL, 2002.

02 "爱尔法鲁酒吧"问题

Arthur, W. Brian. "On Learning and Adaptation in the Economy." Santa Fe Institute (Santa Fe, NM) Paper 92-07-038, 1992.

Bower, Gordon H., and Hilgard, Ernest R. *Theories of learning*. Englewood Cliffs, NJ: Prentice-Hall, 1981.

De Groot, Adriann. *Thought and choice in chess*, Psychological Studies, No. 4. Paris: Mouton, 1965.

Feldman, Julian. "Computer Simulation of Cognitive Processes," in Harold Borko, ed., *Computer applications in the behavioral sciences*. Englewood Cliffs, NJ: Prentice-Hall, 1962, pp. 336-359.

Grannan, E. R., and Swindle, G. H. "Contrarians and Volatility Clustering." Santa Fe Institute (Santa Fe, NM) Paper 94-03-010, 1994.

Holland, John H., Holyoak, Keith J., Nisbett, Richard E., and Thagard, Paul R. *Induction*. Cambridge, MA: MIT Press, 1986.

Koza, John. *Genetic programming*. Cambridge, MA: MIT Press, 1992.

Rumelhart, David. "Schemata: The Building Blocks of Cognition," in R. Spiro, B. Bruce, and W. Brewer, eds., *Theoretical issues in reading comprehension*. Hillside, NJ: Erlbaum, 1980, pp. 33–58.

Sargent, Thomas J. *Bounded rationality in macroeconomics*. New York: Oxford University Press, 1994.

Schank, R., and Abelson, R. P. *Scripts, plans, goals, and understanding: An inquiry into human knowledge structures*. Hillside, NJ: Erlbaum, 1977.

03 圣塔菲人工股票市场

W. B. Arthur (1992), "On Learning and Adaptation in the Economy," Working Paper 92-07-038, Santa Fe Institute, Santa Fe, NM.

W. B. Arthur (1994), "Inductive Behavior and Bounded Rationality," *Amer. Econ.*

Rev., 84, pp. 406–411.

W. B. Arthur (1995), "Complexity in Economic and Financial Markets," *Complexity*, 1, pp. 20–25.

A. Beltratti-S. Margarita (1992), "Simulating an Artificial Adaptive Stock Market," mimeo, Turin University.

L. Blume-D. Easley (1982), " Learning to Be Rational," *J. Econ. Theory*, 26, pp. 340–351.

L. Blume-D. Easley (1990), " Evolution and Market Behavior," *J. Econ. Theory*, 58, pp. 9–40.

T. Bollerslev-R. Y. Chou-N. Jayaraman-K. F. Kroner (1990), "ARCH Modeling in Finance: A Review of the Theory and Empirical Evidence," *J. Econometrics*, 52, pp. 5–60.

P. Bossaerts (1995), "The Econometrics of Learning in Financial Markets," *Econometric Theory*, 11, pp. 151–189.

M. Bray (1982), "Learning, Estimation, and Stability of Rational Expectations," *J. Econ. Theory*, 26, pp. 318–339.

W. Brock-J. Lakonishok-B. LeBaron (1991), "Simple Technical Trading Rules and the Stochastic Properties of Stock Returns," Working Paper 91-01-006, Santa Fe Institute, Santa Fe, NM.

W. Brock-C. H. Hommes (1996), "Models of Complexity in Economics and Finance," mimeo, Department of Economics, University of Wisconsin, Madison.

D. M. Cutler-J. M. Poterba-L. H. Summers (1989), "What Moves Stock Prices?," *J. Portfolio Mgmt.*, 15, pp. 4–12.

J. B. De Long-A. Shleifer-L. H. Summers-R. J. Waldmann (1990a), "Noise

Trader Risk in Financial Markets," *J. Pol. Econ.*, 98, pp. 703–738.

J. B. De Long-A. Shleifer-L. H. Summers-R. J. Waldmann (1990b), "Positive Feedback Strategies and Destabilizing Rational Speculation," *J. Fin.*, 45, pp. 379–395.

J. B. De Long-A. Shleifer-L. H. Summers-R. J. Waldmann (1991), "The Survival of Noise Traders in Financial Markets," *J. Bus.*, 64, pp. 1–18.

B. T. Diba-H. I. Grossman (1988), "The Theory of Rational Bubbles in Stock Prices," *Econ. Jour.*, 98, pp. 746–754.

M. Eigen-P. Schuster (1979), *The Hypercycle: A Principle of Natural Self-Organization*, Springer, New York.

E. F. Fama-K. R. French (1988), "Permanent and Temporary Components of Stock Market Prices," *J. Pol. Econ.*, 96, pp. 246–273.

J. A. Frankel-K. A. Froot (1990), "Chartists, Fundamentalists, and Trading in the Foreign Exchange Market," *AEA Papers & Proc.*, 80, pp. 181–185.

D. Friedman-M. Aoki (1992), "Inefficient Information Aggregation as a Source of Asset Price Bubbles," *Bull. Econ. Res.*, 44, pp. 251–279.

C. A. E. Goodhart-M. O'Hara (1995), "High Frequency Data in Financial Markets: Issues and Applications," Unpublished manuscript, London School of Economics.

E. R. Grannan-G. H. Swindle (1994), "Contrarians and Volatility Clustering," Working Paper 94-03-010, Santa Fe Institute, Santa Fe, NM.

S. J. Grossman (1976), "On the Efficiency of Competitive Stock Markets Where Traders Have Diverse Information," *J. Fin.*, 31 pp. 573–585.

S. J. Grossman-J. Stiglitz (1980), "On the Impossibility of Informationally Efficient Markets," *Amer. Econ. Rev.*, 70, pp. 393–408.

J. H. Holland-K. J. Holyoak-R. E. Nisbett-P. R. Thagard (1986), *Induction*, MIT Press, Cambridge, MA.

S. Kauffman (1993), *The Origin of Order: Self-Organization and Selection in Evolution*, Oxford University Press, New York.

J. M. Keynes (1936), *General Theory of Employment, Interest, and Money*, Macmillan, London.

A. Kirman (1991), "Epidemics of Opinion and Speculative Bubbles in Financial Markets," in *Money and Financial Markets*, M. Taylor (ed.), Macmillan, London.

A. W. Kleidon (1986), "Anomalies in Financial Economics: Blueprint for Change?," *J. Bus.*, 59, pp. 285–316 (supplement).

M. Kurz (1994), "On the Structure and Diversity of Rational Beliefs," *Econ. Theory*, 4, pp. 877–900.

M. Kurz (1995), "Asset Prices with Rational Beliefs," Working Paper 96-003, Economics Department, Stanford University.

S. F. Leroy-R. D. Porter (1981), "Stock Price Volatility: Tests Based on Implied Variance Bounds," *Econometrica*, 49, pp. 97–113.

A. W. Lo-C. Mackinlay (1988), "Stock Prices Do Not Follow Random Walks: Evidence from a Simple Specification Test," *Rev. Fin. Stud.*, 1, pp. 41–66.

R. E. Lucas (1978), "Asset Prices in an Exchange Economy," *Econometrica*, 46, pp. 1429–1445.

L. Marengo-H. Tordjman (1995), "Speculation, Heterogeneity, and Learning: A Model of Exchange Rate Dynamics," Working Paper WP-95-17, IIASA.

P. Milgrom-N. Stokey (1982), "Information, Trade, and Common Knowledge," *J. Econ. Theory*, 26, pp. 17–27.

R. Nelson-S. Winter (1982), *An Evolutionary Theory of Economic Change,* Harvard University, Press/Bellknap, Cambridge, MA.

R. G. Palmer-W. B. Arthur-J. H. Holland-B. Lebaron-P. Tayler (1994), "Artificial Economic Life: A Simple Model of a Stockmarket," *Physica* D, 75, pp. 264–274.

J. M. Poterba-L. H. Summers (1988), "Mean Reversion in Stock Prices: Evidence and Implications," *J. Fin. Econ.*, 22, pp. 27–59.

C. Rieck (1994), "Evolutionary Simulation of Asset Trading Strategies," in *Many-Agent Simulation and Artificial Life*, E. Hillenbrand and J. Stender (eds.), IOS Press, Washington, DC.

D. E. Rumelhart (1977), *Human Information Processing*, Wiley, New York.

T. J. Sargent (1993), *Bounded Rationality in Macroeconomics*, Oxford University Press, New York.

R. Schank-R. P. Abelson (1977), *Scripts, Plans, Goals, and Understanding,* Erlbaum, Hillsdale, NJ.

R. J. Shiller (1981), "Do Stock Prices Move Too Much to Be Justified by Subsequent Changes in Dividends?," *Amer. Econ. Rev.*, 71, pp. 421–436.

R. J. Shiller (1989), *Market Volatility*, MIT Press, Cambridge, MA.

A. Shleifer-L. H. Summers (1990), "The Noise Trader Approach to Finance," *J. Econ. Perspectives*, 4, pp. 19–33.

G. Soros (1994), *The Theory of Reflexivity*, Soros Fund Management, New York.

L. H. Summers (1986), "Does the Stock Market Rationally Reflect Fundamental Values?," *J. Fin.*, 46, pp. 591–601.

R. H. Thaler (1993), *Advances in Behavioral Finance*, Russell Sage Foundation, New York.

M. Youssefmir-B. Huberman (1995), "Clustered Volatility in Multiagent Dynamics," Working Paper 95-05- 051, Santa Fe Institute, Santa Fe, NM.

04　收益递增和路径依赖

Agnew, H. (1981). "Gas-cooled nuclear power reactors." *Scientific American*, vol. 244, pp. 55–63.

Arthur, W. B. (1983). "Competing technologies and lock-in by historical small events: the dynamics of allocation under increasing returns." International Institute for Applied Systems Analysis Paper WP-83-92, Laxenburg, Austria. (Center for Economic Policy Research, Paper 43, Stanford).

Arthur, W. B. (1984). "Competing technologies and economic prediction." *Options*, International Institute for Applied Systems Analysis, Laxenburg, Austria. No. 1984/2, pp. 10–13.

Arthur, W. B., Ermoliev, Yu, and Kaniovski, Yu. (1983). "On generalized urn schemes of the polya kind." *Kibernetika*, vol. 19, pp. 49–56. English translation in *Cybernetics*, vol. 19, pp. 61–71.

Arthur, W. B., Ermoliev, Yu, and Kaniovski, Yu. (1986). "Strong laws for a class of path-dependent urn processes." In *Proceedings of the International Conference on Stochastic Optimization, Kiev* 1984, Springer Lecture Notes Control and Information Sciences, vol. 81, pp. 187–300.

Arthur, W. B., Ermoliev, Yu, and Kaniovski, Yu. (1987*a*). "Path-dependent processes and the emergence of macro-structure." *European Journal of Operational Research*, vol. 30, pp. 294–303.

Arthur, W. B., Ermoliev, Yu, and Kaniovski, Yu. (1987*b*). "Non-linear urn processes: asymptotic behavior and applications." International Institute for Applied Systems Analysis. Paper WP-87-85, Laxenburg, Austria.

Arthur, W. B., Ermoliev, Yu, and Kaniovski, Yu. (1988). "Self-reinforcing mechanisms in economics." In *The Economy as an Evolving Complex System* (P. Anderson, K. Arrow, and D. Pines (eds)). Reading, Massachusetts: Addison–Wesley.

Atkinson, A. and Stiglitz, J. (1969). "A new view of technical change." Economic Journal, vol. 79, pp. 573–580.

Balcer, Y., and Lippman, S. (1984). "Technological expectations and the adoption of improved technology," *Journal of Economic Theory*, vol. 34, pp. 292–318.

Bupp, I., and Derian, J. (1978). *Light Water: How The Nuclear Dream Dissolved*. New York: Basic.

Burton, R. (1976). "Recent advances in vehicular steam engine efficiency." Society of Automotive Engineers, Preprint 760340.

Cowan, R. (1987). "Backing the wrong horse: sequential choice among technologies of unknown merit." Ph. D. Dissertation, Stanford.

David, P. (1975). *Technical Choice, Innovation, and Economic Growth*. Cambridge: Cambridge University Press.

David, P. (1985). "Clio and the economics of QWERTY." *American Economic Review Proceedings*, vol. 75, pp. 332–337.

David, P. (1987). "Some new standards for the economics of standardization in the information age." In *Economic Policy and Technological Performance*, (P. Dasgupta and P. Stoneman, eds.) Cambridge: Cambridge University Press.

David, P., and Bunn, J. (1987). "The economics of gateway technologies and network evolution: lessons from electricity supply history." Centre for Economic

Policy Research, Paper 119, Stanford.

Dosi, G. (1988). "Sources, procedures and microeconomic effects of innovation." *Journal of Economic Literature*, vol. 26, pp. 1120–1171.

Dosi, G., Freeman, C., Nelson, R., Silverberg, G. and Soete, L. (eds.) (1988). *Technical Change and Economic Theory*, London: Pinter.

Farrell, J., and Saloner, G. (1985). "Standardization, compatibility, and innovation." *Rand Journal of Economics*, vol. 16, pp. 70–83.

Farrell, J., and Saloner, G. (1986). "Installed base and compatibility: innovation, product preannouncements and predation." *American Economic Review*, vol. 76. pp. 940–955.

Fletcher, W. (1904). *English and American Steam Carriages and Traction Engines* (reprinted 1973). Newton Abbot: David and Charles.

Fudenberg, D., and Tirole, J. (1983). "Learning by doing and market performance." *Bell Journal of Economics*, vol. 14, pp. 522–530.

Hanson, W. (1985). "Bandwagons and orphans: dynamic pricing of competing systems subject to decreasing costs." Ph. D. Dissertation, Stanford.

Hartwick, J. (1985). "The persistence of QWERTY and analogous suboptimal standards." Mimeo, Queen's University, Kingston, Ontario.

Hill, B., Lane, D. and Sudderth, W. (1980). "A strong law for some generalized urn processes." *Annals of Probability*, vol. 8, pp. 214–226.

Katz, M., and Shapiro, C. (1985). "Network externalities, competition, and compatibility." *American Economic Review*, vol. 75, pp. 424–440.

Katz, M., and Shapiro, C. (1986). "Technology adoption in the presence of network externalities." *Journal of Political Economy*, vol. 94, pp. 822–841.

Kindleberger, C. (1983). "Standards as public, collective and private goods." *Kyklos*, vol. 36, pp. 377–396.

Mamer, J., and McCardle, K. (1987). "Uncertainty, competition and the adoption of new technology." *Management Science*, vol. 33, pp. 161–177.

McLaughlin, C. (1954). "The Stanley Steamer: a study in unsuccessful innovation." *Explorations in Entrepreneurial History*, vol. 7, pp. 37–47.

Metcalfe, J. S. (1985). "On technological competition." Mimeo, University of Manchester.

Rosenberg, N. (1982). *Inside the Black Box: Technology and Economics*. Cambridge: Cambridge University Press.

Strack, W. (1970). *"Condensers and Boilers for Steam-powered Cars."* NASA Technical Note, TN D-5813, Washington, D. C.

Spence, A. M. (1981). "The learning curve and competition." *Bell Journal of Economics*, vol. 12, pp. 49–70.

05 经济中的过程与涌现

Baker, W. "The Social Structure of a National Securities Market." *Amer. J. Sociol.* 89, (1984): 775–811.

Clark, A. *Being There: Putting Brain, Body, and World Together Again*. Cambridge, MA: MIT Press, 1997.

Eigen, M., and P. Schuster. *The Hypercycle*. Berlin: Springer Verlag, 1979.

Fontana, W., and L. Buss. "The Arrival of the Fittest: Toward a Theory of Biological Organization." *Bull. Math. Biol.* 56 (1994): 1–64.

Holland, J. H. "The Global Economy as an Adaptive Process." In *The Economy as an Evolving Complex System*, edited by P. W. Anderson, K. J. Arrow, and D. Pines, 117–124. Santa Fe Institute Studies in the Sciences of Complexity, Proc. Vol. V. Redwood City, CA: Addison-Wesley, 1988.

Hutchins, E. *Cognition in the Wild*. Cambridge, MA: MIT Press, 1995.

Noria, N., and R. Eccles (Eds.) *Networks and Organizations: Structure, Form, and Action*. Cambridge, MA: Harvard Business School Press, 1992.

Wasserman, W., and K. Faust. *Social Network Analysis: Methods and Applications*. Cambridge, UK: Cambridge University Press, 1994.

06 再好的经济和社会系统也会被"玩弄"

Appleton, Michael, "SEC Sues Goldman over Housing Market Deal." *New York Times*, Apr. 16, 2010.

Arrow, Kenneth, "Uncertainty and the Welfare Economics of Medical Care," *American Economic Review*, 53: 91–96, 1963.

Arthur, W. Brian. "Bounded Rationality and Inductive Behavior (the El Farol problem)," *American Economic Review Papers and Proceedings*, 84, 406–411, 1994.

Arthur, W. Brian, J. H. Holland, B. LeBaron, R. Palmer, and P. Tayler, "Asset Pricing under Endogenous Expectations in an Artificial Stock Market," in *The Economy as an Evolving Complex System II*, Arthur, W. B., Durlauf, S., Lane, D., eds. Addison-Wesley, Redwood City, CA, 1997.

Axelrod, Robert. *The Evolution of Cooperation*. Basic Books, New York, 1984.

Bibel, George. *Beyond the Black Box: The Forensics of Airplane Crashes*. Johns Hopkins University Press, Baltimore, MD, 2008.

Boyes, Roger. *Meltdown Iceland: How the Global Financial Crisis Bankrupted an Entire Country*. Bloomsbury Publishing, London, 2009.

Campbell, Donald, "Assessing the Impact of Planned Social Change," Public Affairs Center, Dartmouth, NH, Dec. 1976.

Cassidy, J., *How Markets Fail: the Logic of Economic Calamities*. Farrar, Straus and Giroux, New York, 2009.

Chrystal, K. Alec, and Paul Mizen, "Goodhart's Law: Its Origins, Meaning and Implications for Monetary Policy," (http: //cyberlibris. typepad. com/blog/files/Goodharts_Law. pdf), 2001.

Colander, David, A. Haas, K. Juselius, T. Lux, H. Follmer, M. Goldberg, A. Kirman, B. Sloth, "The Financial Crisis and the Systemic Failure of Academic Economics," mimeo, 98th Dahlem Workshop, 2008.

Holland, John. *Adaptation in Natural and Artificial Systems*. MIT Press, Cambridge, MA, 1992. (Originally published 1975.)

Holland, John H., K. J. Holyoak, R. E. Nisbett and P. R. Thagard, *Induction*. Cambridge, MA, MIT Press, 1986.

Jonsson, Asgeir. *Why Iceland?How One of the World's Smallest Countries Became the Meltdown's Biggest Casualty*, Mc-Graw-Hill, New York, 2009.

Koppl, Roger, and W. J. Luther, "BRACE for a new Interventionist Economics," mimeo, Fairleigh Dickinson University, 2010.

Lindgren, Kristian. "Evolutionary Phenomena in Simple Dynamics," in C. Langton, C. Taylor, D. Farmer, S. Rasmussen, (eds.), *Artificial Life II*. Addison-Wesley, Reading, MA, 1992.

Mahar, Maggie. *Money-driven Medicine*. HarperCollins, New York, 2006.

March, James, "Exploration and Exploitation in Organizational Learning," *Organization Science*, 2, 1, 71–87, 1991.

Morgenson, Gretchen (*New York Times* reporter), "Examining Goldman Sachs," NPR interview in *Fresh Air*, May 4, 2010.

Nichols, S. L., and D. Berlner, *Collateral Damage*: *How High-stakes Testing Corrupts America's Schools*. Harvard Education Press, Cambridge, MA, 2007.

Pew Charitable Trusts, "History of Fuel Economy: One Decade of Innovation, Two Decades of Inaction" (www. pewtrusts. org), 2010.

Schneier, Bruce, "Cryptography: The Importance of Not Being Different," *IEEE Computer*, 32, 3, 108–109, 1999.

Suderman, Peter, "Quit Playing Games with my Health Care System," *Reason*, April 5, 2010.

Tabb, William, *The Restructuring of Capitalism in our Time*. Columbia University Press, New York, 2012.

White, Lawrence J. "The Credit Rating Agencies and the Subprime Debacle." *Critical Review*, 21 (2–3): 389–399, 2009.

Zuill, Lilla, "AIG's Meltdown Has Roots in Greenberg Era." *Insurance Journal*, 87, March 3, 2009.

07 技术究竟是如何进化的

Schumpeter, J. A. *The Theory of Economic Development*; Transaction Publishers: New Brunswick, NJ, 1911/1934/1996.

Lenski, R. E.; Ofria, C.; Pennock, R. T.; Adami C. The evolutionary origin of complex features. *Nature* 2003, 423, 139–143.

Beck-Sickinger, A. ; Weber, P. *Combinatorial Strategies in Biology and Chemistry*; Wiley: Chichester, England, 2001.

Kauffman, S. A. *Investigations*; Oxford University Press: New York, 2002.

Bak, P. ; Wiesenfeld, K. Self-organized criticality: An explanation for *1/f noise*. *Phys Rev A* 1988, 38, 364.

Bryant, R. E. Graph-based algorithms for Boolean function manipulation. *IEEE Trans Comput* 1988, 35 (8), 677–691.

Bryant, R. E. Symbolic Boolean manipulation with ordered binary-decision diagrams. *ACM Comput Surv* 1992, 24 (3), 293–318.

Ogburn, W. F. *Social Change*; 1922 (Dell: New York, 1966).

Kaempffert, W. *Invention and Society*. Reading with a Purpose Series, 56, American Library Association: Chicago, 1930.

Arthur, W. B. *The Nature of Technology: What It Is and How It Evolves*; in preparation. (Appeared in 2009, The Free Press: New York.)

Maturana H. ; Varela F. Autopoiesis and cognition: The realization of the living. *Boston Studies in the Philosophy of Science* 42; Cohen, R. S; Wartofsky, M. W., Eds. ; D. Reidel Publishing: Dordrecht, 1973.

Arthur, W. B. *The Logic of Invention*. Santa Fe Institute Working Paper 2005-12-045; Santa Fe Institute: Santa Fe, NM, 2005.

Gehring, W. J. The genetic control of eye development and its implications for the evolution of the various eye-types. *Int J Dev Biol* 2002, 46, 65–73.

08　技术进化所引发的经济进化

Ashton, T. S., *The Industrial Revolution*, Oxford University Press, New York,

1968.

Bartrip, P. W. J. and S. B. Burman, *The Wounded Soldiers of Industry*, Clarendon Press, Oxford, UK, 1983.

Chase, M., *Early Trade Unionism*, Ashgate, Aldershot, UK, 2000.

Fraser, W. H., *A History of British Trade Unionism 1700–1998*, Macmillan, London, 1999.

Landes, David, *The Unbound Prometheus*, Cambridge University Press, Cambridge, UK, 1969.

Mokyr, Joel, *The Lever of Riches*, Oxford University Press, New York, 1990.

Rapp, Friedrich, in Paul. T. Durbin, ed., *Philosophy of Technology*, Kluwer Academic Publishers, Norwell, MA, 1989.

Rose, M. E., "Social Change and the Industrial Revolution," in *The Economic History of Britain since 1700*, Vol. 1, R. Floud, and D. McCloskey, eds., Cambridge University Press, Cambridge, UK, 1981.

Schumpeter, Joseph, *The Theory of Economic Development*. 1912. Reprinted, Harvard University Press, Cambridge, MA, 1934.

09 复杂性的进化

Bonner, J. T. *The Evolution of Complexity*. Princeton: Princeton University Press, 1988.

Constant, E. W. *Origins of the Turbojet Revolution*. Baltimore: Johns Hopkins University Press, 1980.

Darwin C. *From Charles Darwin's Notebooks*, edited by P. H. Barrett et al., 422. Ithaca: Cornell University Press, 1987.

Heron, S. D. *History of the Aircraft Piston Engine*. Detroit: Ethyl Corp., 1961.

Holland, J. *Adaptation in Natural and Artificial Systems*, 2nd ed. Cambridge: MIT Press, 1992.

Holland, J. "Echoing Emergence: Objectives, Rough Definitions, and Speculation for Echo-Class Models." Mimeograph, University of Michigan, 1993.

Kauffman, S. "The Sciences of Complexity and Origins of Order." Working Paper 91-04-021, Santa Fe Institute, 1991.

Koza, J. *Genetic Programming*. Cambridge, MA: MIT Press, 1992.

Lieberman, P. *The Biology and Evolution of Human Language*. Cambridge, MA: Harvard University Press, 1984.

Lindgren, K. "Evolutionary Phenomena in Simple Dynamics." In *Artificial Life II*, edited by C. Langton, C. Taylor, J. D. Farmer, and S. Rasmussen. Santa Fe Institute Studies in the Sciences of Complexity, Vol. X, 295–312. Reading, MA: Addison-Wesley, 1991.

McShea, D. "Complexity and Evolution: What Everybody Knows." *Bio. & Phil.* 6 (1991): 303–324.

Morowitz, H. *Beginnings of Cellular Life*. New Haven: Yale University Press, 1992.

Müller, G. B. "Developmental Mechanisms at the Origin of Morphological Novelty: A Side-Effect Hypothesis." In *Evolutionary Innovations*, edited by Matthew Nitecki, 99–130. Chicago: University of Chicago Press, 1990.

Ray, T. S. "An Approach to the Synthesis of Life." In *Artificial Life II*, edited by C. Langton, C. Taylor, J. D. Farmer, and S. Rasmussen. Santa Fe Institute Studies in the Sciences of Complexity, Vol. X, 371–408. Reading, MA: Addison-Wesley, 1991.

Stanley, S. M. "An Ecological Theory for the Sudden Origin of Multicellular Life in the Late Precambrian." *Proc. Nat. Acad. Sci.* 70 (1979): 1486–1489.

Waddington, C. H. "Paradigm for an Evolutionary Process." In *Towards a Theoretical Biology*, edited by C. H. Waddington, Vol. 2, 106–128. New York: Aldine, 1969.

10 认知科学

Arthur, W. B. (1994), "Complexity in Economic Theory: Inductive Reasoning and Bounded Rationality," *American Economic Review*, 84 (2), 406–411.

Arthur, W. B., J. H. Holland, B. LeBaron, R. Palmer, and P. Tayler (1997), "Asset Pricing under Endogenous Expectations in an Artificial Stock Market," in W. B. Arthur, S. Durlauf, and D. Lane (eds), *The Economy as an Evolving Complex System II*, Reading, MA. Addison-Wesley.

Clark, A. (1993), *Associative Engines*, Cambridge, MA: MIT Press.

Jaynes, J. (1976), *The Origin of Consciousness in the Breakdown of the Bicameral Mind*, Boston: Houghton Mifflin Company.

Laxness, H. (1935), *Independent People*, New York: Vintage.

Rust, J. (1987), "Optimal Replacement of GMC Bus Engines: An Empirical Model of Harold Zurcher," *Econometrica*, 55 (5), 999–1033.

Sargent, T. J. (1993), *Bounded Rationality in Macroeconomics*, New York: Oxford University Press.

结 语 复杂的经济需要复杂经济学

P. Anderson, K. J. Arrow, D. Pines, Eds., *The Economy as an Evolving Complex*

System (Addison-Wesley, Reading, MA, 1988).

W. B. Arthur, S. N. Durlauf, D. A. Lane, Eds., *The Economy as an Evolving Complex System II* (Addison-Wesley, Reading, MA, 1997).

W. B. Arthur, *Sci. Am.* 262, 92 (1990).

W. B. Arthur, *Increasing Returns and Path Dependence in the Economy* (Univ. of Michigan Press, Ann Arbor, Ml, 1994).

A. Marshall, *Principles of Economics* (Macmillan, London, ed. 8, 1920), p. 459.

E. Helpman and P. R. Krugman, *Market Structure and Foreign Trade* (MIT Press, Cambridge, MA, 1985).

W. B. Arthur, *Econ. J.* 99, 116 (1989).

W. B. Arthur, *Math. Soc. Sci.* 19, 235 (1990); P. R. Krugman, *J. Polit. Econ.* 99, 483 (1991); in (2), p. 239; *Geography and Trade* (MIT Press, Cambridge, MA, 1991).

S. N. Durlauf, in (2), p. 81; *J. Econ. Growth* 1, 75 (1996).

W. B. Arthur, *Am. Econ. Rev.* 84, 406 (1994).

J. Casti, *Complexity* 1 (no. 5), 7 (1995/96); N. Johnson et al., *Physica A* 256, 230 (1998); D. Challet and Y. -C. Zhang, ibid. 246, 407 (1997); ibid. 256, 514 (1998).

R. E. Lucas, *Econometrica* 46, 1429 (1978).

W. B. Arthur, J. H. Holland, B. LeBaron, R. Palmer, Paul Tayler, in (2), p. 15; W. B. Arthur, *Complexity* 1 (no. 1), 20 (1995).

See K. Lindgren's classic paper in *Artificial Life II*, C. G. Langton, C. Taylor, J. D. Farmer, S. Rasmussen, Eds. (Addison-Wesley, Reading, MA, 1991), p. 295; H. P. Young, *Econometrica* 61, 57 (1993); L. E. Blume, in (2), p. 425; B. A. Huberman and N. S. Glance, *Proc. Natl. Acad. Sci. U. S. A.* 90, 7716 (1993).

R. Marimon, E. McGrattan, T. J. Sargent, *J. Econ. Dyn. Control* 14, 329 (1990); M. Shubik, in (2), p. 263; W. A. Brock and P. de Lima, in *Handbook of Statistic 12: Finance*, G. S. Maddala, H. Rao, H. Vinod, Eds. (North-Holland, Amsterdam, 1995).

T. J. Sargent, *Bounded Rationality in Macroeconomics* (Clarendon Press, Oxford, 1993); D. A. Lane and R. Maxfield, in (2), p. 169; V. M. Darley and S. A. Kauffman, in (2), p. 45.

D. C. North, in (2), p. 223.

Y. M. Ioannides, in (2), p. 129; A. Kirman, in (2), p. 491; L. Tesfatsion, in (2), p. 533.

P. Bak, K. Chen, J. Scheinkman, M. Woodford, *Ric. Econ.* 47, 3 (1993); A. Leijonhufvud, in (2), p. 321.

R. Axelrod, *Am. Pol. Sci. Rev.* 80, 1095 (1986); K. Kollman, J. H. Miller, S. E. Page, in (2), p. 461.

译者后记

主流经济学"挨批评"的历史已经可以写很多本书了,但是总体来看,批评的效果并不算太好。这可能与批评者未能提出一个可以用来替代"旧经济学"框架的"新经济学"框架有关。

布莱恩·阿瑟本人和他的这本书,似乎就是为了完成这个使命而生的。阿瑟是研究收益递增现象的先驱,也是研究技术的本质及技术与经济的关系的先驱,更是引导经济学思维方式的复杂性转向的一个关键的节点人物。阿瑟把他倡导的新经济思想框架称为"复杂经济学",并把标准经济学作为它的一个特例。复杂经济学认为:经济未必总处于均衡状态;在同一种经济状况下,既可能出现收益递增,也可能出现收益递减;经济系统本身不是给定的,而是在一系列制度、规范和技术创新的不断进化中形成的;个体的行动和战略都处于不断的进化当中,结构随着时间流逝不断形成且不断重组;世界是一个有机的、进化的、充斥着历史偶然性的世界;创新,即经济、技术和制度的变迁不一定是连续的,而是断裂的,新的世界也许会突然取代旧的世界……

复杂经济学主要起源于20世纪80年代的圣塔菲研究所,它的第一个"复杂性"研究项目,就是阿瑟主持的。这本书收录的这些文章,时间跨度超过了

20年。从这些文章中，不仅可以看出阿瑟本人的思想发展轨迹，而且可以了解经济学思想史（科学史）上的一个重要发展时期的一个侧面。

现在，"复杂性"或"复杂系统"一词已经有些被滥用了，阿瑟此书也可起到正本清源的作用。确实，任何一个人，如果真的对复杂性现象、对作为复杂系统的经济感兴趣，阿瑟都是一个他绕不开的人物。

感谢我的妻子傅瑞蓉，她是本译稿的第一位读者和批评者，帮助我改正了不少错误。感谢儿子贾岚晴带给我的快乐。感谢岳父傅美峰、岳母蒋仁娟对贾岚晴的悉心照料。借此机会，还要感谢汪丁丁教授、叶航教授和罗卫东教授的教诲。感谢何永勤、虞伟华、余仲望、鲍玮玮、傅晓燕、傅锐飞、傅旭飞、陈叶烽、李欢、丁玫、何志星、陈贞芳、楼霞、郑文英、商瑜、李晓玲等好友的帮助。

感谢简学，他一再热情邀请我翻译此书，希望我的译文不致令他失望。书中错漏之处在所难免，敬请专家和读者批评指正。

贾拥民
于杭州嵩谷阁

未来，属于终身学习者

我们正在亲历前所未有的变革——互联网改变了信息传递的方式，指数级技术快速发展并颠覆商业世界，人工智能正在侵占越来越多的人类领地。

面对这些变化，我们需要问自己：未来需要什么样的人才？

答案是，成为终身学习者。终身学习意味着具备全面的知识结构、强大的逻辑思考能力和敏锐的感知力。这是一套能够在不断变化中随时重建、更新认知体系的能力。阅读，无疑是帮助我们整合这些能力的最佳途径。

在充满不确定性的时代，答案并不总是简单地出现在书本之中。"读万卷书"不仅要亲自阅读、广泛阅读，也需要我们深入探索好书的内部世界，让知识不再局限于书本之中。

湛庐阅读 App: 与最聪明的人共同进化

我们现在推出全新的湛庐阅读 App，它将成为您在书本之外，践行终身学习的场所。

不用考虑"读什么"。这里汇集了湛庐所有纸质书、电子书、有声书和各种阅读服务。

可以学习"怎么读"。我们提供包括课程、精读班和讲书在内的全方位阅读解决方案。

谁来领读？您能最先了解到作者、译者、专家等大咖的前沿洞见，他们是高质量思想的源泉。

与谁共读？您将加入到优秀的读者和终身学习者的行列，他们对阅读和学习具有持久的热情和源源不断的动力。

在湛庐阅读 App 首页，编辑为您精选了经典书目和优质音视频内容，每天早、中、晚更新，满足您不间断的阅读需求。

【特别专题】【主题书单】【人物特写】等原创专栏，提供专业、深度的解读和选书参考，回应社会议题，是您了解湛庐近千位重要作者思想的独家渠道。

在每本图书的详情页，您将通过深度导读栏目【专家视点】【深度访谈】和【书评】读懂、读透一本好书。

通过这个不设限的学习平台，您在任何时间、任何地点都能获得有价值的思想，并通过阅读实现终身学习。我们邀您共建一个与最聪明的人共同进化的社区，使其成为先进思想交汇的聚集地，这正是我们的使命和价值所在。

CHEERS

湛庐阅读 App 使用指南

读什么
- 纸质书
- 电子书
- 有声书

与谁共读
- 主题书单
- 特别专题
- 人物特写
- 日更专栏
- 编辑推荐

怎么读
- 课程
- 精读班
- 讲书
- 测一测
- 参考文献
- 图片资料

谁来领读
- 专家视点
- 深度访谈
- 书评
- 精彩视频

HERE COMES EVERYBODY

下载湛庐阅读 App
一站获取阅读服务

版权所有，侵权必究
本书法律顾问　北京市盈科律师事务所　崔爽律师

著作权合同登记号　图字：11-2023-142
Complexity and the Economy by W. Brian Arthur
Copyright © Oxford University Press 2015
"COMPLEXITY AND THE ECONOMY, FIRST EDITION" was originally published in English in 2014. This translation is published by arrangement with Oxford University Press. BEIJING CHEERS BOOKS LTD. is solely responsible for this translation from the original work and Oxford University Press shall have no liability for any errors, omissions or inaccuracies or ambiguities in such translation or for any losses caused by reliance thereon.
All rights reserved.

本书中文简体字版经授权在中华人民共和国境内独家出版发行。未经出版者书面许可，不得以任何方式抄袭、复制或节录本书中的任何部分。

图书在版编目（CIP）数据

复杂经济学：经济思想的新框架 /（美）布莱恩·阿瑟著；贾拥民译．— 杭州：浙江科学技术出版社，2023.7（2025.3 重印）
　ISBN 978-7-5739-0656-4

Ⅰ．①复… Ⅱ．①布…②贾… Ⅲ．①经济思想—研究 Ⅳ．①F0

中国国家版本馆 CIP 数据核字 (2023) 第 096139 号

书　　名	复杂经济学：经济思想的新框架
著　　者	[美]布莱恩·阿瑟
译　　者	贾拥民

出版发行	浙江科学技术出版社
	地址：杭州市环城北路 177 号　邮政编码：310006
	办公室电话：0571-85176593
	销售部电话：0571-85062597
	E-mail:zkpress@zkpress.com
印　　刷	河北鹏润印刷有限公司

开　　本	710mm × 965mm　1/16	印　张	23.75
字　　数	303 千字		
版　　次	2023 年 7 月第 1 版	印　次	2025 年 3 月第 3 次印刷
书　　号	ISBN 978-7-5739-0656-4	定　价	99.90 元

责任编辑　朱　莉	责任美编　金　晖
责任校对　张　宁	责任印务　田　文